汉语的魅力

——写作主体的内在修养与佳作论析

党庆兰　著

蘭州大學出版社
LANZHOU UNIVERSITY PRESS

图书在版编目（CIP）数据

汉语的魅力 ：写作主体的内在修养与佳作论析 / 党庆兰著. -- 兰州 ：兰州大学出版社，2025. 6. -- ISBN 978-7-311-06929-2

Ⅰ. H15

中国国家版本馆 CIP 数据核字第 2025H599M0 号

责任编辑 梁建萍
封面设计 汪如祥

书　　名 汉语的魅力——写作主体的内在修养与佳作论析
HANYU DE MEILI XIEZUO ZHUTI DE NEIZAI XIUYANG YU JIAZUO LUNXI
作　　者 党庆兰 著
出版发行 兰州大学出版社 （地址：兰州市天水南路222号 730000）
电　　话 0931-8912613（总编办公室） 0931-8617156（营销中心）
网　　址 http://press.lzu.edu.cn
电子信箱 press@lzu.edu.cn
印　　刷 广西昭泰子隆彩印有限责任公司
开　　本 787 mm×1092 mm 1/16
成品尺寸 150 mm×250 mm
印　　张 22.5（插页2）
字　　数 324千
版　　次 2025年6月第1版
印　　次 2025年6月第1次印刷
书　　号 ISBN 978-7-311-06929-2
定　　价 168.00元

目　录

概　论

写作学是研究文章写作规律的科学，有着悠久的历史。从有文字的那一天起，人类就有了“结绳记事”的写作实践活动，但对写作的研究，则为后世之事。

古代中国，与现代“写作”一词含义相当的是著、作、撰、属、著述、文笔等。“文章”一词，早见于孔子的《论语》和司马迁的《史记》[1]。

从结绳记事，到象形文字出现，再到书面语言的文笔或文章的出现，有关文章写作的研究也随之兴起。通观历史，在我国，有着丰富的理论资源。不过，在先秦两汉时期，写作理论大都散见于历史、哲理、传记、书信和语录等一般著作。到了魏晋时期，则出现了研究写作的学术专著。先是三国时期政治家、文学家曹丕的《典论·论文》，次及西晋文学家陆机的《文赋》。曹丕的专论，涉及文章的社会价值、写作风格、作者个性、体裁分类以及文章评论的态度等，虽较疏略，但影响深远。

在中国写作学研究史上，起到奠基作用的专著当首推陆机的《文赋》。《文赋》的主旨，是研究文章写作的构思过程和表现方式，可视作中国写作学的奠基之作。《文赋》之后，研究写作学的专著与篇什，不胜枚举，写作理论也学派林立，教学流派纷

1 “夫子之文章，可得而闻也。”孔子：《论语》，商务印书馆，2021，第46页；“文章尔雅，训辞深厚。”司马迁：《史记》，崇文书局，2010，第702页。

出。近些年，许多专家、学者更新观念，探索改革，有力地推动了写作理论的发展。据统计，我国已出版的写作学论著和高校写作教材有上百种之多。这百种论著和教材，各有所长，但待开拓之处也显而易见。

一、写作的性质

对于写作的解释，历来不同。主要观点如是：写作即写文章，写作就是写话，写作是一种能力、工具、智力活动和行为过程，写作是作者运用书面语言符号创制文章的精神劳动，写作是通过有组织的语言文字把自己的思想感情有目的地表达出来的一种社会活动，也是一种技能技巧。

上述解释，各有其合理之处。从语言学、心理学、符号学、思维科学和行为科学等不同角度去研究，自然可以得出不同的结论。

我们认为，写作的性质，应从生产、传播和智能活动的性质予以考察。

（一）写作是一种复杂的精神生产

恩格斯在《家庭私有制和国家起源》中谈到，人类两大生产，一是自身的生产，二是物质资料的生产。在这里，还可以再前进一步，即人类有三大生产，一是自身的生产，二是物质资料的生产，三是精神资料的生产。写作，即属于第三种生产。

在文字产生之前，人类就有精神产品的生产，即“结绳”和“绘画”。人类社会经历了一段漫长的结绳和绘画的记事阶段。结绳和绘画是人类最原始的记录手段，也是最古老的记事方式，有的文字即由画演变而来。

文字的出现，把人类社会的思想记载和传播推向了一个崭新的阶段，人类开始把自己的思想用文字记录下来，并进行传播。于是，写作就成为人类社会不可缺少的思想交流方式。

写作，就是文章的制作，就是把思想转化为语言符号，并以一定的体式表达出来的复杂操作。从这个角度说，写作就是一种制作精神产品的精神生产。同物质生产一样，写作也需要原料、设备、工具、设计、加工和组装。其原料是现象、感受、认识，设备是大脑、思维，工具就是语言符号。

（二）写作是一种自觉的传播行为

人类不能没有思想的交流，用时髦的话说，不能没有人际信息沟通。写作正是信息沟通的一种重要方式，也是信息传播的一种主要方式。至于说写作是一种自觉的传播行为，那是因为写作有着明确的目的、方式的选择和效应的预测。目的、方式和效应这三个方面就是自觉性的表现。

第一，传播目的。

写作是一种有明确目的的传播行为。这一点，在实用写作中表现得最为明显。比如，写一份总结，为的是回顾进程、认识规律；写一则广告，为的是宣传产品、扩大销路；写一篇调查，为的是反映情况、辅助决策；写一封书信，为的是安排事宜、沟通情感。

在文学创作[1]中，功利性的目的似乎不明显。其实，只要把写作传播的功利研究从狭隘的功利观中解脱出来，那么，文学创作的目的也同样是明显的。文学创作的目的，往往局限于两个方面，即宣传和教育。比如，电影《牧马人》，教育大家热爱祖国，和祖国一道拉车、爬坡。

第二，传播方式。

为达到传播目的，就必然要进行形式、方法的选择和设计。写作是一种以文字符号为表意工具的传播方式，文字符号的不同

1 现在流行的武侠小说、爱情小说不属于文学，而属于准文学。

选择与组合，就构成了文章的不同体式、不同格调和不同篇幅。传播方式讲的是用什么样的体式、什么样的格调、多大的篇幅去传播。

写作的体式纷繁，因此，文章的品种往往难以归类，也难以计数。在写作教学中，为训练的方便，人们习惯于分为记叙文、议论文、说明文和应用文这四类。这只是体式训练的四种基本型。在文学园地，除诗歌、散文、小说和戏剧这四种传统体裁外，报告文学、传记文学和纪实性文学体裁正在发展之中。实用写作是一个笼统概念，究竟其外延有多大，一时难以确定。其中，新闻写作、科技写作、管理写作已渐趋成熟，大有自成门户之势。再加上传统体式的变革、现代体式的产生，体式之多，难以一一把握。但是，根据目的去选择体式，这是一条基本原则，即形式服从内容的需要，这是不可更改的法则。比如：要感动人，那就会写小说；要说服人，写论文；想推销产品，写说明文。

写作的格调多种多样。“格”，指文章的风格；“调”，指表现的情调。风格，因作者思想作风、文化素养和审美情趣的不同而各有特色；情调，则因作者的生活态度、政治素质和道德修养的不同而雅俗不等。

写作的篇幅，往往受各种时空条件的制约。时间紧迫，以短为宜；时间宽裕，长篇也可。报纸、刊物要求短小精悍，专著、论文则应全面阐述。

总之，在传播目的支配下，传播方式的选择和设计有着高度的灵活性。

第三，传播效应。

目的是行为的开始，效应是行为的归宿。写作，这种自觉的传播行为，明确的目的本身就包含着对效应的预测。写作过程中的一切技巧与方法，都是为实现写作目的、取得预期效果服务的。

写作的传播效应是从读者身上体现出来的。归纳起来，传播效应大体有四种：使人知、使人服、使人感、使人悦。

（三）写作是一种有效的智能开发

写作是一种复杂的脑力劳动。作者从观察生活和分析材料开始，一直到组织结构、运用语言为止，处处都发挥着智力和技能的作用。写作本身就是一种智能活动，因此，智能是写作能力的核心。写作之所以有助于智能的开发，是因为写作是智能的有效训练。

智能，主要是指写作过程中的智力因素，即大脑功能中记忆力、观察力、思维力和想象力等有关的认识能力。此外，在语言表达中，词语的辨析力、句式的组合力和运用各种表达技法的表现力，也属于智力的反映。

在写作过程中，思维与语言的转化，是一种写作所特有的智能开发。写作的智能开发有两方面的内容：一是在思维进程中比较和选择语言符号，不断增强思维的清晰度与精确性；二是在语言运用中推敲和检验思维成果，不断增强语言的准确度与条理性。

思维与语言的这种互促互补作用，可以有效地开发智能、提高智能。

二、写作的本质特征

写作的本质特征，诸多专家和学者特别是写作学家都作了有益的探讨，但观点不一。我们认为，主体性、综合性、实践性、技巧性和功用性是其主要或基本特征。

（一）写作的主体性

关于文章写作的主体性，古代的文章学家就已经认识到了。

唐代著名现实主义诗人杜甫说："文章千古事，得失寸心知"[1]；宋代文学家、历史学家陆游说："天机云锦用在我，剪裁妙处非刀尺。"[2] "文如其人"，这句话在一定范围内具有真理性。有时，"文"不如其人，在这里强调的是主体性。

写作领域，是作者发挥主体作用的广阔天地。写作首先是主体的活动，文章是最具主体性的精神产品。"文如其人""风格即其人"之说，也体现了文章的主体性。由于主体的能力素质各有不同，生活环境、阅历、情感体验、思维角度、思维进程、性格和禀赋等各有不同，因此，有的写得好，有的写不好，或者写不出。写得好，是作者这个主体的各种素质好，并使有利于写作的优势得到了充分发挥的结果；写不好或写不出，是由于作者这个主体的各种素质不太好或比较差。不论是好还是不好，都是由写作的主体性所决定的。

（二）写作的综合性

写作是一种综合性的脑力劳动，它不只是文字功夫的表现，而且是作者多方面的知识、能力和水平的综合运用和集中反映。写作的综合性，主要体现在三个方面：

第一，写作学作为一门独立的学科，融合了现代汉语、文艺理论、古代文学、现代文学、形式逻辑、美学、心理学和传播学等学科的研究成果。在写作基础知识里，有相当一部分的内容与上述学科相互交叉渗透。

第二，写作能力。写作的基本能力包括观察能力、采集能力、感受能力、思维能力、想象能力、结构能力、表达能力和修改能力等。在这里，表达能力是最基本的，但它与其他各种能力又有着密切的联系，缺乏其中任何一种能力，都会影响到写作的

1 杜甫：《偶题》，《中国古代名家诗文集·杜甫集》，黑龙江人民出版社，2005，第347页。

2 陆游：《九月一日夜读诗稿有感，走笔作歌》，《陆游诗选》，生活·读书·新知三联书店香港分店，1981，第166页。

顺利进行和文章的质量。

第三，写作水平。一个人的写作水平，主要是由以下几个相互关联的因素构成的，即作者的思想认识、生活积累、知识结构、文化素养、语言技巧和才情禀赋。好的文章就是这诸多因素的综合体现。

写作的综合性，决定了一个写作的人必须具备多方面的知识、素养和能力素质。如果没有高尚的思想情操、开阔的视野、博大的胸怀，没有多方面的知识储备，没有深广的阅历和感性体验，没有熟练的语言和表现技巧，那么，要想写出好的文章是不可能的。

（三）写作的实践性

学习写作同学习绘画、唱歌、游泳有共同之处，即必须实践。如果学绘画不动笔，学唱歌不练嗓子，学游泳不下水，那么，理论学得再多也不会有实际效果。学习写作，也只有通过写作实践才能学会写作，提高写作水平。

写作的实践性是复杂的、多层次的。它与其他某些理论课、知识课不同。对于某些理论课、知识课，只要你懂了、理解了，学习的目的也就达到了。而学习写作则不是，只懂得一般的知识还不行，因为懂得了写作知识，不等于就能够写出好文章来。学习写作的直接目的，在于把知识转化为写作能力。写作是一个行为过程，这个过程中诸如摄取生活、大脑加工、制出产品等任何一个环节都不能脱离实践。

（四）写作的技巧性

写作有很强的技巧性。如果不熟练地掌握写作技巧，往往会笔不从心，文不达意。所谓技巧，指的是作者选择材料、安排结构、驾驭语言、运用各种写作技法以反映社会生活、揭示主题所表现出的技艺和技能。有一点需要注意，作者的思想水平、生活经验对写作技巧的运用起着制约作用，写作技巧不能弥补作者思想的缺陷和生活经验的不足。

（五）写作的功用性

写作是一种自觉行为。任何人写文章都源于一定的写作动机、意图和目的，有着明显的社会功用性。完全不讲社会功用，无所“为”而“为”，为写作而写作，古今中外，从来没有。对于写作的功用性，中外名家有过许多精辟的论述。比如曹丕《典论·论文》中的语句，“盖文章经国之大业，不朽之盛事”，王充有“劝善惩恶”之说，顾炎武有为“文须有益于天下”“有益于将来和后代”[1]之说。写作，是一项崇高的社会性的公众事业，与人民的利益息息相关。因此，必须讲求社会效果，使它有利于人类的进步和社会的发展。提笔应书民心愿，凝思当虑国前程。

三、写作要求

写作是一门独特的学问和一项特殊的技巧，要求颇多，只能择要而论。

（一）培养良好的文风

文风是讲话和写文章的作风，是人们的思想作风和运用语言的作风在说话和写作上的具体表现，它不是某人、某一些人的说话和写文章的作风，而是一定时代、一定民族说话和写文章风格的总表现、总倾向，它包括相当丰富的内涵。它是一种社会现象，具有鲜明的时代性和民族性。

文风不是文章的风格，风格是指作者在长期的写作实践中形成的比较固定的艺术特点，是一个成熟的作者的思想特点和艺术

1 顾炎武:《日知录》,岳麓书社,1994,第674页。

技巧的综合表现。文风和风格是两个不同的概念，但二者有联系。风格也属于文风范畴，会影响文风。文风的内涵大于风格的内涵。

文风的形成，主要受两方面的影响：一是时代的影响，二是作者素质的影响。

一个时代的特点和社会风尚，一定会影响一个时代的文风。比如，西汉帝王好大喜功，以铺排浮夸为特色，赋体文章便盛行于汉代；齐梁统治者安于江左，淫靡绮丽之诗便充斥于宫廷；宋初君臣乐于太平，雍容华丽而内容空洞的西昆体便统治文坛。

除受时代的影响以外，文风还受作者素质的影响。古人说："文如其人。"任何人的文风，都是他的思想作风、写作态度、文化素养和审美观点等因素的综合反映，所以，不同的人的文章，又往往体现着不同的个性特征。王安石与苏轼生活于同一时代，但是，王安石的文章劲峭，而苏轼的文章活脱；建安七子[1]，虽然同时，但因各人气质不同，为文也各具特色。

文风的优劣，在内容方面表现为真实与虚假、充实与空洞、新鲜与陈腐；在形式方面表现为质朴与浮华、精当与冗繁。

若要培养良好的文风，应做到以下几点：

其一，求真实，戒虚假。

新闻写作有一句口号："真实是新闻的生命。"其实，不只是新闻写作如此，一切文章的写作都不能违背真实的原则，只因文体不同，真实的含义不同，要求不同而已。

1 "建安七子"指公元196—220年即汉建安年间文学家孔融、陈琳、王粲、徐干、阮瑀、应玚和刘桢。"建安七子"，对中国诗、赋、散文的发展均作出过贡献，大体上代表了建安时期除曹操、曹丕、曹植曹氏父子之外的文学成就。"建安七子"之称，始于曹丕所著《典论·论文》。"建安七子"中，除孔融与曹操政见不合之外，其余六家虽然各自经历不同，但都亲身受过汉末离乱之苦，后来投奔曹操，地位发生了变化，获得了安定、富贵的生活。他们多视曹操为知己，想依赖他干一番事业，故而其诗作与曹氏父子多有共同之处。因他们曾同居魏都邺城，又号"邺中七子"。

新闻、史料和知识性的文章，要求有铁一般的事实，来不得半点虚假，来不得想当然、推测和杜撰。

儿童落水，很快被救起。有人却写那施救青年在救人前的思想斗争，说他想到自己受教育多年，想到雷锋等，然后去救人。这就是假，是作者胡编乱造的虚假场景。下水救人，是在极短时间内完成的事，不可能也不允许考虑那么多。

之所以出现虚假文字，主要是因为不当拔高，夸大事实，讲过头话，把三分成绩说成九分，把部分写成全部，把偶然发生的事说成是经常发生的事，甚至主观臆想、无中生有。比如，对“农民红学家”胡世庆报道失实就是一例。

胡世庆，农民出身，初中文化，自学多年，写了多篇有关《红楼梦》和历史研究的文章。1981—1982年，多家报纸对他进行失实报道。比如，把他已申请加入红学会说成已加入红学会，把没被《红楼梦学刊》采用的一篇论文说成已经采用，把尚在拟议中的国际《红楼梦》研讨会说成已经确定，越吹越假。后来，尽管有报刊对有关报道中的谬误予以更正，但在客观上却又给人一个“欺骗”的印象。造成连续报道失实的原因，在于作者分不清拔高和深化主题的界限。

我们说铁一般的事实，并不是不加分析、信手拈来的真实事件。选用事实必须考虑到它的代表性、典型性，决不能以点代面，以偶然代替必然。除此之外，还要考虑到它的思想性，以利于教人。

另一种真实，是艺术的真实。“艺术作品无论如何也不能达到和生活一模一样的程度。即使是工笔画，也只不过画上几百或上千根头发，代表了生活中的几十万乃至几百万根头发。艺术作品永远只能以‘一斑’而窥‘全豹’，以‘一叶落’而盖‘天下秋’。求全的要求在艺术作品中总是要碰壁的。”[1]

文学作品可以虚构，但虚构不同于虚假，它要符合生活

1 云珊:《文学小札》,湖南人民出版社,1979,第45页。

规律。

某长篇小说，写大学生活，有这样一个场景：某天，一教师收到一封信，不知道是谁寄来的，从字体上认不出，从地址上也想不出。于是，他拆封读信，读完之后看到信尾的名字，才知是二十多年前的朋友。事实上，当收到一封信函，也不知是谁寄来的时候，可以肯定，他一定会先看信尾的具名。

某长篇小说，写西安盛夏的夜晚，酷热难眠，一女子只好外出乘凉，然后回屋钻进被窝。太假！盛夏西安，岂能盖被？美术作品也一样。有这样一幅画，画面是青枝、绿叶、红花，那么鲜艳，画名为《月下》。太虚假。

其二，求充实，戒空洞。

所谓充实，就是内容具体，材料丰富，说深说透。文章充实与否，不在于篇幅的长短、文字的繁简，而在于是否适应内容的需要。与充实相反，就是空洞。空洞的文章，往往久读不解其意，细看不见事实，通篇是不着边际的大话、人云亦云的老话、毫无价值的空话、装模作样的假话。

读了一些书，没有真正读懂，就把书中的原理当作教条，不会用它去解释现实生活中的各种现象，不会解决实际问题，只能空洞地搬教条。他们不是为了解决某些实际问题而去写文章，心中无“的”，只好泛泛而谈；手中没有足够的材料，只好用抽象笼统的叙述代替具体的描叙；对所写的东西没有真切的体会，只好勉强抒情。

空洞，即言之无物。比如《英雄颂》：“男英雄，女英雄，战斗英雄，劳动英雄。英雄千千万，个个功不同；杀敌是先锋，生产第一名；英雄没有个人打算，只知为党为国为人民。英雄伟大，英雄光荣。英雄是火车头，英雄是夜明灯；当我们的工作稍一松懈，想起英雄就能前进；当我们遇到困难，想起英雄就能完成。”

这篇《英雄颂》，不着边际，连篇空话。

其三，求新鲜，戒陈旧。

文章切忌随人后。敢于创新，历来被人称赞。立新意、创新也是文风的一个重要问题。

文章陈腐，主要表现在内容和形式两个方面。文章内容陈旧，没有真知灼见，颠来倒去总是使用人们已经用得烂熟了的材料和现成话。不知有多少篇报道，总是说某部门的主要领导从外地开会回来，所做的第一件事就是落实会议精神。另有报道，某军人捡到财物，交还失主，失主热泪盈眶地说："解放军同志，你真是我们人民群众的贴心人呀！"军人则回应："这是我应该做的。"这些话，不能说有什么错，但这是"常常见面"的话，是很多文章"套"惯了的现成话。

有的作者，不是为了恰当地表达内容而去选择、运用某种表达方式，而是套用一定的格式，拿内容往那框框里装，千篇一律。

语言贫乏，颠来倒去就那么几个词儿。说黑，即"像炭一样"；说生活越来越好，都是"芝麻开花节节高"。不是说这些形容和比喻不能用，而是说，老是套用，就没有新鲜感了。

文贵创新。怎样创新？一是要善于发现，二是要善于开掘。同样的主题，可以用新旧不同的题材来表现；同样的题材，可以提炼出深浅不同的主题。这主要取决于作者的开掘能力。

新鲜，取决于开拓能力。

唐代画家戴嵩，善于画牛，与善画马的韩幹齐名，人称"戴牛韩马"。戴嵩的牛画，后世难求。据南宋《清波杂志》记载，北宋书画家米芾的长子米元晖，在书画方面继承了其父的技艺，也取得了一定的成就，被誉为"小米"。小米，善于临写。有人向他推销戴嵩的牛图，于是，他借留数日，临写一幅，然后掉包。后来，卖画者找上门来打假，并解释说：我卖的牛画，"牛目中有牧童影，此则无也"。在这里，先遣责米远晖的人品，再说"牛眼"。画牛眼，只需一点墨，如何能看到人影？故宫藏有戴嵩的《斗牛图》，此画自然也难逃清朝乾隆皇帝的题跋。据乾隆判断，“似指牛目中画童子形，童子目中画牛形”。戴嵩神技，画出了牛眼中的牧童。开掘功夫，一目了然。

作画如此，作文亦然。

其四，求质朴，戒浮华。

炼字炼句，追求文采，无可厚非。但过了头，雕章琢句，堆砌辞藻，失之于浮华，反不如质朴为好。有人参观一缫丝厂，写了篇参观记，文中有这样几句：“马达的轰鸣，机器的飞转，人们的歌声，回荡在上空，震撼着世界。”响声如此之大，怎么工作？其实，车间里没有歌声，上班也不能唱歌。马达声、机器声并不很大，回荡在上空，已经属于夸张，“震撼着世界”，哪有此事？

文章，还是质朴一点好。孔子曰：“辞，达而已矣。”写文章，要尽量少用形容词，而多用动词。

其五，求精当，戒冗长。

精当和冗长的问题，实质上说的是文章的篇幅与文章的内容是否相宜的问题。精当与充实是联系着的，冗长与空洞是联系着的。精当不等于短，冗长也不等于长。判断文章是否精当，最关键的依据是这篇文章的内容是否充实。

所谓精当，就是“文约而义丰”，以尽可能少的文字表达尽可能多的内容。用清人刘熙载的话说是“约其辞文，去其烦重”，“当无者尽无，当有者尽有”。所谓冗长，就是以很长的篇幅表达很少的内容。

关于精当与冗长，请看一个趣谈：一公子写给父亲的信。

“亲爱的慈父般的父亲大人：

“往日你儿子写信啰嗦，今日不敢再啰嗦。无时间写草头大‘万’，故以‘方’字去一点代之。‘代’字与‘伐’字之异，有撇无撇之别也。隔壁富豪盖高楼大厦，与你我父子二人无关，不必管之。咱家屋顶之下，房梁之上，有儿呢帽一顶，望父觅五尺高杆，举而捅之，就日光之下，吹吹打打，打打吹吹，去其尘灰蛛丝，以备冬用。”

就此信所表述的内容来看，其有效文字不多。这个趣谈可算是对冗长的形象化注解。

作为读者，任何人都讨厌冗繁的文章。明朝刑部主事茹太素上万言书，朱元璋叫人给他读。读了6370字以后还没有听到具体意见，说的全是空话，朱大发脾气，把茹太素叫来，打了一顿。第二天晚上，又叫人读一遍，读到16500字以后，才涉及本题。建议五件事情，其中有四件可取、可行的，朱元璋立刻命令主管部门施行。同时指出，这五件事情有500多字就可以讲清楚了，却啰啰唆唆地说了17000多字，这是繁文之过。自己厌听繁文，打了人，承认这是过失，并表扬茹太素为忠臣。为了教育全国官民，又把这件事情的经过亲自写成文章公布，规定了建言格式，并规定，上书只许陈述事实，不许啰唆，反之处罚。经过整顿，他读文件就省了不少时间和精力，工作效率提高了。

文风，与文德是联系在一起的。不良的文风，往往是不良的文德所致。要尊重他人的劳动，反对抄袭；注意社会效果，反对庸俗、低级；要忠实于生活，反对弄虚作假。我们不排斥主旨正确、内容充实的长文章，但我们更提倡写主旨正确、内容充实的短文章。

（二）遵循文面规范

文面即文章的外表，是文章的视觉化，是作者书写风格和文化素养的体现。它属于文章的形式范畴。它由文字书写、标点符号、行款格式等因素组成。

看一篇文章，首先映入眼帘的是文面。大家都知道，第一印象是很重要的。一篇文章，如果文面很糟糕，那么内容再好也不顺眼。

文面的要求，总的来说有两条：一是清爽醒目，二是美观大方。具体地说，要求比较多。下面，从文字书写、标点符号、行款格式三个方面来谈。

首先，关于文字的书写。

现在，办公实现了现代化，不涉及改变字形和文字的随意简化问题，但错别字问题要谈。写文章，错别字很多，比以前的手工书写时代还多，举例如下。

我国著名作家茅盾，原名叫沈德鸿。考大学时因为字迹潦草，他把“沈德鸿”写成了“沈德鸣”。后来发榜时，茅盾在张榜栏内没找到自己的名字，以为自己没有考取。而录取了茅盾的那所大学也感到奇怪，不知道“沈德鸣”为什么没有来报到。后来，经过查询，才知道是因一字之误，茅盾晚报到两个多月。

还有，一老人收到女婿的信，信中说请老人给买一筐杏子，而“杏”字却写成了“否”。老人拿着信思考了一阵，才明白女婿的意思，于是，买了一筐黄杏，邮寄时，老人附了一首小诗：“贤婿来信想吃否，急得老汉满街走。买了一筐小黄杏，不知是否不是否。”

一字之差或一笔之错，并非小事。讲求文面，意义重大。

其次，关于标点符号。

写文章，要加标点符号，而且要使用正确。标点符号虽然不是字和词，但它在文章中所起的作用不亚于字和词。以前，由于文言文不加标点符号，引起断句的争议。现在，写文章要加标点符号，但由于用错标点符号而使语意改变，甚至把语意弄反的例子不少。标点符号的位置不同，文章所表达的意思也就不一样。比如：

“打败了张获得了冠军李”“甲在乙先亡”，这两句话，每句都有两种解释，关键看标点符号的位置。

“今年好，霉气少，没打官司。”这句话，说得很明白。如果把标点符号的位置动一动，那么，意思也就变成了："今年好霉气，少没打官司。"意思完全反过来了。

趣谈：某代有一富翁请来一位教书先生，请他教书，并讲明每天只供简单饭菜。对此，先生满口答应，并立字据，16个字："无鸡鸭亦可无鱼肉亦可青菜一碟足亦。"那富翁把这一句话理解为："无鸡鸭亦可，无鱼肉亦可，青菜一碟足亦。"便签了字。谁知教书先生在第一顿饭开饭时就找富翁交涉，问怎么只有一碟青菜？富翁表示是按合约所办。先生随即拿出合约念道："无鸡，鸭也可；无鱼，肉亦可；青菜，一碟足亦。"原来，教书先生加上了六个标点符号。这样一来，除一碟青菜外，每顿饭还要有荤菜。

据传，有个酿酒商，为了标榜店业兴隆，便写了副对联贴在酒库门上。上联是："酿酒罐罐好做醋缸缸酸"，下联是："养猪大如山老鼠只只亡"。原意是说他店里酒好醋酸，酒糟喂猪肥大如山，而且由于卫生，老鼠都不能生存。店中一学徒见了这副对联，便偷偷地用毛笔在"醋"和"鼠"这两个字后面各加了个逗号，使这副对联变成了："酿酒罐罐好做醋，缸缸酸"，"养猪大如山老鼠，只只亡"。

标点符号的位置不同，文章所表达的意思也就不同。上述标点符号的例子，如果出现在专著和论文等文章中，后果不堪设想，它会改变作者的初衷、作者的观点，影响作者学术成果的效果。

此外，还有行款格式，特别是应用文的款式，更为复杂。此处从略。

（三）重视文章的修改

文章的修改，一般是指从初稿写成到最后定稿的加工过程。它包括作者对初稿的思想内容、篇章结构、语句标点等所做的更换、调整、增补和删削等工作。

修改是写文章必不可少的重要步骤，是提高文章质量的有效措施。前人说："文章不厌百回改"，"善作不如善改"，"文章是改出来的"。这些话，都很有道理。一般说来，文章是越改越好。初稿写出后，完全不改的情况是极少的，几乎没有。中国历来对文思敏捷的人进行赞美，说他们"文不加点""一挥而就"等。对这些赞美，也只能理解为一种笼统的称赞，而不是说这些人真能一字不改，写出来就十全十美。

卡尔·马克思写《资本论》，时间长达40年，中间经过的大小修改不计其数，现存的第二卷前一部分的原稿即多达八种；中国清代小说家、诗人曹雪芹写《红楼梦》，"披阅十载，增删五次"，这五次当然只是指全面修改，个别地方的修改无法计数；中国清代诗人、戏曲作家孔尚任写《桃花扇》，历时15年，三易其稿；俄罗斯批判现实主义作家、政治思想家列夫·托尔斯泰写长篇小说《战争与和平》，修改达七次之多；现代中国作家杜鹏程写小说《保卫延安》，九易其稿；法国启蒙思想家、法学家孟德斯鸠写《论法的精神》，披星戴月，27年。

修改文章，首先要重视修改思想内容方面的问题，同时也要弥补形式方面的缺陷。由于每篇文章初稿存在的主要毛病不同，因而修改的重点也不一样。文章的修改，大体上包括四个方面：

第一，完善主题。

主题是文章的灵魂。文章的观点材料、组织结构和遣词造句都是为主题服务的。主题抓不准、挖不深、表达不清楚，就需要进行再认识或修改加工。主题改好了，其他方面的修改才会有所依据。主题的修改主要从两个方面着手：一是变动主题，二是深化主题。

列夫·托尔斯泰对小说《复活》的主题，经历了10年的修改过程。1889年，他把"科尼的故事"写成中篇小说，表现一个贵族青年的悔罪，说明为人要有道德。这样的主题是肤浅的、一般化的，也缺乏新意。1890年，经过开掘深化，《复活》的主题有了很大突破，由表现道德心理方面转向社会政治方面，作品批判了现存制度，有了社会意义，但却安上了一个幸福的尾巴。后来，作者几经痛苦的探索，思想上又有了新的突破，他把卡秋莎的悲惨命运看作是社会罪恶的必然结果，对专制制度提出了强烈的控诉。《复活》主题的不断完善，使这部作品成了批判现实主义的杰作。

第二，增删材料。

好文章要由观点统帅材料，材料说明观点，做到观点和材料统一。这是写文章的原则，也是增删材料的目的。根据选择材料的要求，需要增删材料的一般有四种情况：当材料有损于表现主题时，应进行删改；当材料堆砌过多，淹没了文章观点时，要删掉那些不够典型的材料；当材料不足而造成文章内容空洞或不够完整时，要增添材料，充实内容；当材料不够准确时，就要订正核实材料。

第三，调整结构。

文章结构的安排，是体现思想内容的重要手段。深刻的主题和生动的材料，要靠完整而严谨的结构来表现。结构的调整，属于文章形式方面的修改，需要考虑的主要有六个方面：层次、段落、开头、结尾、过渡、照应。结构的调整，视情况而定，或重新组合，或做部分调整。

第四，锤炼语言。

对语言文字进行推敲锤炼、加工润色，是修改工作的重要方面。修改语言要注意修辞，讲究文采，对字、词、句要反复琢磨。1932年7月，为纪念左联五位烈士，鲁迅写了首七律：“惯于长夜过春时，挈妇将雏鬓有丝。梦里依稀慈母泪，城头变幻大王旗。忍看朋辈成新鬼，怒向刀丛觅小诗。吟罢低眉无写处，月光如水照缁衣。”在初稿中，第5句和第6句是这样的：“眼看朋辈成新鬼，怒向刀边觅小诗。”后来，鲁迅把“眼看”

改为“忍看”，把“刀边”改为“刀丛”。两个字的改动，效果就不一样了。“眼看”是一般地看，而“忍看”则灌注了作者的悲愤；“刀边”是一般的自然写照，而“刀丛”则写出了白色恐怖。

毛泽东写诗词，也是这样。

《七律·长征》的第5句，原稿为“金沙浪拍悬崖暖”，后改为“金沙水拍云崖暖”。

《念奴娇·昆仑》的第16、17、18句，原稿为“一截抛洋，一截填海，一截留中国”，后改为“一截遗欧，一截赠美，一截留中国”，最后定稿为“一截遗欧，一截赠美，一截还东国”[1]。

《沁园春·雪》的第10句，原稿为“原驱腊象”，后改为“原驰蜡象”。[2]

《卜算子·咏梅》的第4句，原稿为“独有花枝俏”，后改为“犹有花枝俏”；第5句，原稿为“梅亦不争春”，后改为“俏也不争春”；第8句，原稿为“她在旁边笑”，后改为“她在丛中笑”[3]。

《满江红·和郭沫若同志》的第6、7句，原稿为“欲学鲲鹏无大翼，蚍蜉撼树谈何易”，后改为“蚂蚁缘槐夸大国，蚍蜉撼树谈何易”；第16、17两句，原稿为“革命精神翻四海，工农踊跃抽长戟”，后改为“四海翻腾云水怒，五洲震荡风雷激”[4]。

---

1 孟昭诗:《毛泽东诗词修改始末与修改艺术》,华夏出版社,2002,《前言》第8页。

2 孟昭诗:《毛泽东诗词修改始末与修改艺术》,华夏出版社,2002,第90–91页。

3 孟昭诗:《毛泽东诗词修改始末与修改艺术》,华夏出版社,2002,《前言》第8–9页。

4 孟昭诗:《毛泽东诗词修改始末与修改艺术》,华夏出版社,2002,第164页。

四、提高写作水平的途径

在历史上，知识分子靠写文章吃饭，靠写文章成名，靠写文章做官，因而把文章看得很重要，甚至过分重要，从而也产生了某些弊端。那时，写文章是知识分子的职业，它和农工商贾没有直接关系。

如今，情形不同了，写文章已经成为一件很普遍的事，是每个受过教育的人，不论是哪行哪业的，都必须具备的一种能力。可是，写文章并不容易。在古代，十年寒窗，没有培养出多少“唐宋八大家”来，写不通文章的比比皆是。在今天，从小学到中学，从中学到大学，接受了数千学时的语文课教育，进行了无数次的写作实践，提笔仍感困难。

杜甫说：“文章千古事。”曹丕认为，文章是“经国之大业，不朽之盛事”。我们不必像古人那样把文章提到那么高的地位，文章只不过是语言的书面形式，它不是我们追求的唯一学问，不是一切。但是，写文章也不是雕虫小技，不应当忽视，因为，很多工作都离不开它，它和我们所追求的事业有着密切的关系。

写文章不玄妙，但也不容易，甚至很难。那么，该怎样提高写作水平呢？要想提高写作水平，必须从两个方面做起：一是重视自身的全面修养，二是掌握学习写作的方法。在这里，只说重视自身修养。

写作是一项复杂的系统工程，是“多元整合”，是由若干子系统组成的一个大系统。其子系统包括“知识网络系统”“文章构成系统”“文章体裁系统”“写作过程系统”和“作者条件系统”等。它要求作者必须具备多方面的条件，必须重视自身的全面修养。具体地说，有两个方面：

首先，积累生活，拓展知识，扩大信息量。

实际上，积累生活，拓展知识也就是为了扩大信息量。没有丰富的信息，文章就不可能写好。文章的写作过程是作者处理信息的过程。输入、储存的信息量越大，加工信息、制作文章就越容易。

写作信息包括自然信息、社会信息和语言信息。多年前，就有专家依据抽样调查进行测算，一个人的汉语写作要过关，大脑里就必须储存一定的基本信息量。这个信息量以方块汉字“个”为计量的标准单位。尽管这个数据已过去多年，但仍有参考价值。必备的基本信息量为：

自然科学常识30万，社会科学常识30万，社会日常生活知识50万，专业知识350万，相关学科知识100万，词汇100万[1]，典范文章50万，写作理论40万。信息量合计750万[2]。

收集储存信息的途径有两条，一是深入实际、调查研究，二是博览群书。

深入实际也就是深入生活。社会生活的内容是广泛的、丰富的。人们的衣食住行是生活，工作学习是生活，爱情婚姻是生活，各种政治、经济、军事、文化和科技等活动也是生活。生活的信息存在于人与人的关系中。朱熹在《观书有感》中写道：“半亩方塘一鉴开，天光云影共徘徊。问渠那得清如许？为有源头活水来。”这诗句比喻社会生活是写作的信息源，不利用社会生活的信息源，写作就会成为无源之水。

博览群书，同深入实际一样重要。人类的知识，许多已记载于各种书报杂志上。经常阅读书报杂志，可使丰富的知识信息源源不断地输入大脑。大脑贮存信息的容量很大。一个人，如果大脑正常，又始终好学，到古稀之年，脑子里贮存的信息量可相当于五亿册书[3]。

1 词目20000条，每条释义计50字。

2 相当于汉语拼音字母2625万个。

3 江少川主编：《实用写作教程》，华中师范大学出版社，1989，第15页。

“读书破万卷，下笔如有神。”杜甫的这句名言，揭示了阅读与写作的关系。阅读多了，下笔就会很顺手，其原因在于大脑储存的信息多。信息多，写文章时就能信手拈来。

我们常说博览群书，怎样博览？在博览过程中，要处理好两个方面的关系：一是读与思；二是泛读与精读。

读与思。孔子曰：“学而不思则罔，思而不学则殆。”苏东坡说：“故书不厌百回读，熟读深思子自知。”这两句名言，揭示了读与思的关系。如果一个人读得多，思考得多，善于分析和综合，善于联想，那么，用750万个脑细胞所具有的脑力就可使他的思维敏捷，考虑周密，具有较强的写作能力。

泛读与精读。阅读有个量和质的关系。泛读求量，精读求质。泛读，读各类书，以扩大视野。要学会快速阅读，有些只需浏览的书，可一目十行，以便迅速了解全书的总观点，或某个片段的内容，寻找某种资料。学文科的要读一些理工科方面的书，反之亦然。文理结合，往往会组合出许多新的知识。

其次，开拓创造性思维，提高智能。

写作所需要的各种信息输入大脑后，还要经过大脑加工才能转化为文章。大脑加工是写作行为过程的关键，而大脑加工的过程就是思维的过程。要提高大脑加工的能力，就必须讲究思维方法。

由于长期受传统的、单一的思维方式的影响，许多人把复杂的世界简单化了，逐渐形成这样一种思维模式：非好即坏。这样，把复杂的事情简单地分为好事与坏事。今天，现代化建设需要创造性人才，包括创造型写作人才。要创造，就必须克服传统的单一的思维模式，开拓多维的创造性思维。创造性思维是比一般思维更高级、更有价值的思维，是指思考问题时敢于打破思维定势的桎梏，勇于创新。

今天，写作界已经有人把系统论、信息论和控制论[1]引入实用写作。“三论”是相互联系的，是随着近代和现代自然科学技术的发展而创立的新的理论体系和思维方法。

在实用写作中，我们可以按照系统论的相关性原理，对写作系统进行分析，建立实用写作理论的新体系；可以按照信息论的信息计量原理，用数学方法研究写作信息，测定写作所需信息量；可以按照控制论的目的性原理，为提高写作能力，把宏观控制和微观控制结合起来，在写作行为过程中，找出最佳操作点，狠抓写作训练，从而把写作信息转化为写作能力。为提高智力，我们还可以运用求异思维、发散思维和立体思维等创造性思维，加强思维训练，比如，运用求异思维。

求异思维包括逆向思维和变向思维，其特点是在认识和反映客观事物时，不循规蹈矩，不因循守旧，特别注意事物的差异性，大胆提出新的设想、新的见解。比如，名言警句，人们习以为常，成了通说，形成一种思维定势。其实，有些名言警句是就某个角度而言的。

“有志者，事竟成。”这是一句格言，它用来鼓励人们做事要有志气，但反过来想一想，可知此话并不确切。“有志”只是事成的主观条件之一。“有志”事不一定成、不必然成。“事成”，除了需要有志之外，还需要诸多其他主客观条件。

人们常说：“良药苦口利于病，忠言逆耳利于行。”苦口的不一定是良药，逆耳的不一定是忠言；良药也不一定苦口，忠言也不一定逆耳。“世上无难事，只怕有心人。”实际上，世界上是有难事的，如果没有难事，也不需要有心人了。还有，“失败是成功之母。”实际上，失败不一定会带来成功。有的人失败了一辈子，从未成功过，有的失败是成功所致。还有，“物极必反”，其

1 系统论是从系统的思维出发，对事物进行系统分析和处理的科学；信息论是利用数学方法研究信息的计量、传递、交换和贮存的科学；控制论是研究控制系统和被控制系统的一般规律的科学。

实，物极未必反。

求异思维要有科学根据，不是随意地对一切都求异。

第一章

材料的选择与使用要领

材料的本意，是泛指物质生产中的生产原料。在写作中借用这一概念，仍保持着其基本内涵。凡是可以构成文章内容的，都属于写作材料。形形色色的人物，大大小小的事件，千变万化的景色，千差万别的物体，复杂微妙的情感，以及深邃精蕴的哲理等都属于材料。

在科研领域，撰写学术论文、实验报告、综述、述评等科技文章时，常用“资料”这一概念。资料是指经过不同程度整理加工过的材料，主要是书面材料。在文学创作中，常用“素材”“题材”这两个概念。素材是指散存于生活中尚未整理加工的原始材料，而题材则是指文学作品所反映的社会生活和社会现象的某些方面，或经过作者集中、提炼、加工和写入作品的生活资料。素材是零星的、分散的、平常的、原始粗糙的材料，题材是集中的、连贯的、典型的、经过鉴别整理的材料；素材是备用的材料，题材是已经派上了用场的材料。

一、材料的性能与特征

对材料进行分类，是一项比较困难的工作。不同来源、不同属性的材料、不同文体的取材要求、不同角度的用材方法等，使得材料的类型错综复杂。从不同的角度出发，用不同的标准和要求，对材料可以进行不同的分类[1]，每一种分类法都有其道理。为了更清楚地反映出材料的性能和特征，我们把材料分为以下几类。

（一）事实材料和理论材料

事实材料，是指历史上已经发生的或现实中存在的事物，它排斥情感、虚构、想象、臆造等主观因素，也排斥道听途说、张冠李戴、捕风捉影或添油加醋等虚假成分。事实是一切科学活动最主要的依据，是写作活动最初始、最必要的生命基因。学术论文、科学著作等都是以事实材料为依据进行写作的。在科技文献中，事实材料所占比重相当大。搜集材料，首先要从事实材料入手，比如楚汉之争、辛亥革命、抗日战争、北美独立革命、第一次世界大战、第二次世界大战，以及海湾战争等。

理论材料，是人们对事实现象加以抽象而形成的理性的系统认识，是分析综合、系统思辨的产物，也就是说，是各种客观规律在人的意识观念中的概括反映，具有科学性。一般地说，它包括三个方面：

其一，系统的理论体系，完整的学术思想，比如社会契约论、人民主权等。

1 传统的材料分类有三种类型：其一，现实材料和历史材料。这是从时间跨度和时代界限上划分的。其二，直接材料和间接材料。这是从空间跨度和实践界限上划分的。其三，感性材料和理性材料。这是从认识跨度和思维界限上划分的。这种分法，主要是按材料的来源划分的，类别界定比较清楚，但不易显示材料的性能和特征。有的把材料划分为两种类型：其一，富于形象性的材料，比如："人"和"事"，"景"和"物"。这类材料很具体，一般有形、有态、有声、有色，可以用感官去感知它。其二，富于观念性的材料，比如："情"和"理"。这类材料很抽象，眼看不见，耳听不着，不能凭借感官去感知它，但可以凭借理智去认识它。前一种材料形象、生动，往往用来进行寓思想于形象之中的写作，记叙文和小说中所用的许多材料就属于这一类。后一种材料抽象、概括，往往用来进行寓认识于观念之中的写作，议论文中所用的许多材料就属于这一类。

社会契约理论，是17世纪和18世纪最著名的政治理论，其主要代表人物是霍布斯、洛克、孟德斯鸠和卢梭。法国思想家让·雅克·卢梭的社会契约理论最为系统和典型。

卢梭认为，社会秩序是基于人与人之间达成的一种契约关系，这种契约关系规定了各自的权利和义务，从而形成一个有序的社会结构。国家和政府并非自然存在的实体，而是人们通过契约关系自愿建立的。国家的主权来源于人民，一切权力属于人民，政府是主权者的执行者，负责实施法律和维持社会秩序，一切权力的表现和运用必须体现人民的意志，否则可以被主权者限制、改变或收回权力。卢梭的社会契约学说，深刻地影响了欧洲的革命运动和北美独立革命。

其二，具体的科学原理、定律、定理、定义、命题和规则等。

17世纪，自然科学最伟大的成果之一是万有引力的发现。万有引力定律是由英国物理学家、数学家艾萨克·牛顿于1687年提出的自然规律。该定律表述如下：任何两个质点都存在通过其连心线方向上的相互吸引的力。该引力大小与它们质量的乘积成正比，与它们距离的平方成反比，与两物体的化学组成和其间介质种类无关。

17世纪早期，人们已经能够区分很多力，比如摩擦力、重力、空气阻力、电力和人力等。牛顿首次将其中一些看似不同的力准确地归结到万有引力概念里。苹果落地，人有体重，月亮围绕地球运转，所有这些现象都是由相同原因引起的。

万有引力属于自然科学领域中的定律，是物体间相互作用的一条定律，是物理学中的一个基本原理，它描述了任何两个物体之间的相互作用力。这个规律构成了经典力学的基础之一。同时，在更为现代的广义相对论中，引力也被解释为时空弯曲的结果。万有引力的科学意义非常重大，它不仅解释了许多自然现象，还对人类探索宇宙和理解自然规律起到了关键作用，把地面上的物体运动的规律和天体运动的规律统一了起来，对以后物理学和天文学的发展具有深远的影响。它第一次揭示了自然界中一种基本相互作用的规律，是人类认识自然的一座里程碑。

墨菲定理，也称墨菲法则，是20世纪西方文化三大发现[1]之一，由美国空军机械工程师爱德华·墨菲提出。

爱德华·墨菲，是美国空军工程师和火箭专家，曾参加美国空军于1949年进行的一次火箭试验。试验的目的，是为了测定人类对加速度的承受极限。试验项目之一是将16个火箭加速度计悬挂在受试者上方，当时有两种方法可以将加速度计固定在支架上，而不可思议的是，最终却错误地选择了一种可能会造成灾难的方法，将16个加速度计全部装在错误的位置，导致试验失败。对此，墨菲大为愤怒，随即说了一句著名的断言："如果有两种或以上选择，其中一种将导致灾难，则必定有人会作出这种选择。"这一训词，即著名的"墨菲定律"。这一定律，随后成为试验团队的指导原则，确保他们在试验中小心谨慎操作以避免错误发生。之后，定律迅速传播开来。数月之后，这一"定理"被广泛引用在与航天机械相关的领域。

墨菲定律不是一种心理学效应，而是一种数学推理，如果有两种或两种以上的方式去做某件事情，而其中一种选择方式将导致灾难，则必定有人会做出这种选择。通俗来讲就是，如果事情有变坏的可能，不管这种可能性有多小，它总会发生。

墨菲定律，因其简明扼要、与生活密切相关的特点而受到人们的喜爱。经过数十年的传播，现已进入习语范畴，流行于各个领域，其内涵也被赋予无穷创意。

其三，社会公理，即在一个社会系统中，社会成员所共同认同的道德观念、伦理观念和价值观念等方面的标准、规范和原则等。比如，与人为善、尊老爱幼、天下为公、政治与道德的关

1 "墨菲定律""帕金森定律"和"彼得原理"，并称为20世纪西方文化三大发现。

系等。

社会越是向高级形态发展，理论材料的积累就越丰富。

（二）中心材料、背景材料和比照材料

中心材料是最重要的材料，议论文中的议论对象自身的材料，说明文中为说明对象的性质、成因及功能所用的材料，应用文中的事实和根据，文学作品中的主要人物、故事、意境和细节等都属于中心材料。

范文澜，是中国著名的马克思主义史学开拓者之一。他穷其一生之功潜心于中国通史的撰著。所著的《中国通史简编》观点新颖，视野开阔，规模宏伟，风格独特，运用马克思主义理论观点系统叙述中国历史，同时又体现出浓厚的民族特色，堪称里程碑式的著作，开创了一个全新的中国通史体系[1]。

唐太宗李世民是唐朝第二位皇帝，是中国历史上杰出的政治家、战略家、军事家，于公元599—649年在位。唐太宗登帝位，唐朝才开始强大起来。

作者认为，为求国内和平，唐太宗采取了缓和阶级矛盾和各族间矛盾的方法，并取得了极大效果。这个效果的取得，和他的纳谏与用人这两个主要措施分不开。

在纳谏方面，作者以弓箭、人君的明和暗、鼓励直谏三个事例作为中心材料。

作者认为，在封建帝王中，唐太宗应是最善于纳谏者。唐太宗曾对大臣萧瑀说，我少年时就喜爱弓箭，藏有十多张好弓，并以为天下再不会有更好的弓了。近来，我把那些弓拿给弓工看，弓工却说那些弓没有一把是好的。“木心不直，自然脉理都邪，弓固然硬，发箭却不能直。”唐太宗说，我用弓箭定天下，还不能真正懂得弓箭，何况天下的事务，我怎能都懂得。他知道自己

1 赵庆云：《范文澜与中国通史撰著》，《史学理论研究》2017年第4期，第23页。

不是无所不知、无所不能，这就有纳谏的度量了[1]。

关于人君的明和暗，唐太宗问宰相魏征，人君怎样才能明？怎样才是暗？魏征回答是“兼听则明，偏信则暗”，太宗深以为然。唐太宗告诫群臣，中书、门下都是执掌机要的机关，诏书敕令有不便施行的，应该提出异议。现在大家只是一味地顺从，不提反对意见，是不合适的。“如果单做行文书的事，那末谁都会做，何必选拔人才来做这些机关的官。”唐太宗申明各项制度，令各级官员负责实行，军国大事很少出错。

在鼓励直谏方面，唐太宗也堪称少有的“明君”。在众多谏臣中，魏征尤为特出，甚至敢于据理力争，即使引起太宗盛怒。对此，长孙皇后有评价曰：“魏征忠直，正因为陛下是明主。”作者认为，唐太宗“出身大贵族，在战阵上又是奋击无前的猛将，性格非常雄豪，自然忍受不得魏征的直谏，可是他有一个最大的畏惧，就是怕亡国。魏征看准这一点，往往引隋事作例证，使他忍气接受谏诤”。公元643年，魏征病死，太宗哭诉：“用铜作镜，可以正衣冠，用史作镜，可以见兴亡，用人作镜，可以知得失。魏征死去，我丧失了一面镜子。”[2]

在用人方面，作者列举多个事例作为中心材料。

即位之时，唐太宗就申明用人规矩：人君必须至公无私，才能服天下之人。我们的衣食，都取自民众，设立官职，要为民众做事。官职的大小，不能按关系的亲疏、资格的新旧来定，而应选用贤才。如果疏人、新人中有贤才，亲人、故交中有庸劣，那也不能舍贤而取庸[3]。

关于用人，唐太宗说，“为事择官，不可粗率。用一好人，

1 范文澜:《中国通史简编》,修订本,第三编第一册,人民出版社,1965,第95页。

2 范文澜:《中国通史简编》,修订本,第三编第一册,人民出版社,1965,第96页。

3 范文澜:《中国通史简编》,修订本,第三编第一册,人民出版社,1965,第97页。

别的好人都来了；用一坏人，别的坏人都跟着进来”。并接受魏征的用人观：天下未定，主要用人的才干，顾不得德行；天下已定，那就必须才德兼备才可用。他说：“用人如用器，各取所长。”[1]“一个人做事，不能样样都会，我用人总是用他的长处，避免用他的短处。”他认为古帝王往往妒忌有才能之人，而自己却不是那样。他说，我见到别人的才能，好似就是我自己的才能。“人主升进贤良的人，喜爱得要抱到怀里来，黜退犯错误的人，厌恶得要推到沟里去，我敬重贤良，原谅犯错误，使他们都得到适当的待遇。”“人主常憎恨正直人，明杀暗杀，历朝都有。我即位以来，褒奖正直，从没有黜责过一人。”[2]人才就在今世，需随时留心。由于选才不拘一格，故从新人、疏人甚至敌人中得到了许多文武奇才[3]。

上述纳谏和用人的诸多事例，即中心材料，是唐太宗取得政治成效主要因素的两个方面的例证。

学术专著《大国成长的逻辑——现代中国社会的新陈代谢与政治经济演进》中的一节，阐述现代中国“人才市场的开放与人才配置的优化”，所用资料，包括人才引进的城市、大型企业的人才招募攻势、私营企业挖掘人才的举措、“211工程”建设、学科评估、学位点评估和高校“双一流”建设等所有数据均为中心材料。

专著认为，中国的人才大流动，始于改革开放。从改革开放到21世纪初，我国的人才大流动出现了五次高潮。

第一次人才大流动的高潮出现于1978—1983年，其动力是开始改革开放。这次流动，是从专业与工作不对口开始，从中小城

1 范文澜：《中国通史简编》，修订本，第三编第一册，人民出版社，1965，第97页。

2 范文澜：《中国通史简编》，修订本，第三编第一册，人民出版社，1965，第106页。

3 范文澜：《中国通史简编》，修订本，第三编第一册，人民出版社，1965，第97页。

市开始。引进人才，走在最前面的城市有无锡、常州、襄阳、沙市和四平。继上述五市之后，河北、黑龙江、安徽、山东、甘肃、杭州、宁波、温州等省市迅速仿效。

第二次人才大流动的高潮，南迁与西进并举，主流是南迁，涌向海南岛和珠三角。这次人才大流动，开始于1986年，达到高潮的标志是海南人才潮。海南建省，使中华大地各个角落的人都为之激动不已。多年孤悬海外的海南岛，展现出一个史无前例的人才膨胀的情景。去海南，这是一场南征，这支南征大军有10万多人，其主力是大学毕业生、工程师、博士、教授、记者、艺术家[1]。

第三次人才大流动的高潮，开始于1992年，其动力是邓小平南方谈话，改革开放呈现新的局面。这次高潮的特点，是规模大。人才流向还是两个，一是南征，二是西进，西进主要是去新疆。在这一阶段，各地区、各单位都费尽心机，设计高招以吸引人才。乡镇企业、合资企业、外商独资企业为了争夺人才，工资一提再提，挖走了上海某高校的一个教授。挖走了航天部所属的西昌卫星发射中心的月薪只有数百元的几个专家。高校，“211工程”建设之战，炮火轰轰[2]。

第四次人才大流动的高潮出现于2001年，其动力是中国加入世贸组织。这次人才流动的流量和流速远远超过前三次。中国最大的城市上海，为吸引人才，放宽了人才进沪的政策，降低了引进人才的门槛。广东、江苏、浙江等经济发达地区也高招频出，网罗人才。联想集团，在全国各地展开招募人才攻势，私营企业千方百计寻找人才，挖掘人才，不惜高价购买人才[3]。

---

1 党庆兰:《大国成长的逻辑——现代中国社会的新陈代谢与政治经济演进》,兰州大学出版社,2024,第283页。

2 党庆兰:《大国成长的逻辑——现代中国社会的新陈代谢与政治经济演进》,兰州大学出版社,2024,第288页。

3 党庆兰:《大国成长的逻辑——现代中国社会的新陈代谢与政治经济演进》,兰州大学出版社,2024,第292页。

第五次人才大流动始于2015年，直接动力是学科评估、学位点评估和“双一流”建设[1]。

专著认为，市场的作用，就是对资源进行合理的配置，而人才资源的配置应当说是其中最重要的一环。人才大流动，不论是对于我国的现代化建设，还是社会变迁，意义均至为重大。大工业的本性，决定了劳动者的交换、职能的变动、职工的全面流动。我们相信，我国的人才大流动将继续下去，人才市场将日趋与国际接轨、全球一体的人才配置，也将在我国实现[2]。

背景材料和中心材料有联系，但又不属于中心材料的真正范围。它包括历史背景方面的材料和地域背景方面的材料等。马基雅维利政治思想的提出，其历史背景是意大利的分裂；现实背景方面的材料、思想背景方面的材料。

比照材料，是指完整地用来和中心材料进行比较对照的事物、文件和数据等。其中包括三种情况：比较材料、类比和比喻材料、假设材料[3]。

由于上述三种材料所处的地位不同，所以，对它们的要求也不同。

中心材料是最直接、最根本的材料，也是最重要的材料。它要体现写作主要对象自身的特点和性质。但中心材料不等于事实材料，文学创作可以虚构主要情节和主要形象。凡文学作品中描

1 党庆兰:《大国成长的逻辑——现代中国社会的新陈代谢与政治经济演进》,兰州大学出版社,2024,第281页。

2 党庆兰:《大国成长的逻辑——现代中国社会的新陈代谢与政治经济演进》,兰州大学出版社,2024,第293页。

3 比较材料:我们平常说的“不怕不识货,就怕货比货”,就是比较材料的应用。比如,严复在《论世变之亟》中讨论中国急需变革的问题,就用西方的情况来作比较材料。类比和比喻材料:在说明和论证某一问题时,为了使人明了,往往用与论证对象相似或相近的事物进行类比,或用“打比方”的方式来论述。这个与本体相近相似的或“比方”事物、事件,就是类比和比喻材料。《战国策·燕策》中“鹬蚌相争”的故事,就是比喻材料。假设材料:即人们通过想象、假定而形成的材料。文章中常有“假如说”“退一步说”“假定情况是这样的”等说法,指的就是假设材料。因为假设材料往往和中心材料形成对比,所以是比照材料。

述的主要对象，都可以称之为中心材料，但不一定都称之为事实材料。所以，中心材料只能是描述、论证或说明对象自身的材料。

在比照材料中，用于比较的材料，要求和中心材料在情质方面相同、相似或相反，以便进行同性比较或正反对比。

用于类比和比喻的材料，则要求和中心材料在类别、属性和其他某些方面有相通的特点或相应的关系。假设材料不具备任何事实的根据，它完全是一种虚构。它可以是“超前性”的假设，即对未来事件、发展趋势的推测，也可以是对过去事件、情形的其他可能性的假设。

（三）趣闻材料和虚化材料

从材料的不可靠性和变异性方面来看，有趣闻材料和虚化材料。趣闻材料的主要特征是不可靠性，虚化材料的主要特征是变异性。

在趣闻材料中，有真实的，有在流传中发生变异的，有真假参半的，也有没有事实根据的。从内容方面看，这类材料有表现一定科学道理的，有反映人的主观愿望的，有表达人们审美情趣的。它包括轶事、传奇、美谈、传闻、箴言、警句、神话、故事、格言、俚语、谚语和笑料等。有诗曰：“平生无大志，愿得一窖金。周围三十里，浅处半人深。”此即美谈或笑料。

虚化材料是指文学作品中经过创作主体同化、情化和美化而发生变异的材料。它和“题材”概念比较接近，但又不完全相同，它的界限划分的范围比题材更窄一些。也就是说，它仅仅指在文学作品中变异了的材料，而不包括那些写入文学作品但没有发生变异的事实材料。

在一部分文学作品中，也有保持历史真相的材料。报告文学、史传文学等纪实文学用的都是事实材料。在散文中，事实材料也很多。以历史事件为题材的小说，既有虚化材料，也有事实材料。比如，长篇小说《三国演义》，就是所谓“七分实，三分虚”。实际上，虚的成分大于三分。《黑雾红尘——国共重庆谈判的前前后后》一书，有的材料也有虚化成分。从整个文学领域来看，更多地是用虚化材料。虚化材料主要有三种情形，即典型化和概括化、情感化和美感化、想象化和虚构化。

二、材料的作用

材料的作用，是由材料在文章中的地位决定的。俗话说：“巧妇难为无米之炊。”材料属于文章的内容，没有材料就写不出文章来。在写作学中，人们常把主题比作文章的灵魂，把材料比作文章的血肉。具体地说，材料的作用有以下几点：

（一）材料是形成主题的基础

文章的主题不能凭空形成，它只能是在作者分析、研究、消化有关材料的过程中形成的。不占有足够的材料，不对那些材料进行鉴别分析、整理加工，就不可能提炼出一个鲜明而正确的主题来。

作品主题的内涵和外延无论大小，都是对一定材料进行抽象的结果。苏洵的《六国论》和邓拓的《生命的三分之一》等均是这样。

苏洵的《六国论》，其主题是对战国“七雄”纷争的历史材料的抽象。六国[1]为秦所败，关键在于避战贿秦。这个主题，是建立在对已有材料的抽象和推导基础之上的。

六国被秦所灭的教训，是诸多文史学家关注的话题，仅苏轼、苏辙、苏洵就各写一篇文章。苏轼的《六国论》，针对六国久存而秦速亡对比分析，突出强调“士”的作用，认为六国诸侯

1 严格地说，战国“七雄”，不是“七国”，而是“七邦”；不是“六国”，而是“六邦”。国中可以有“邦”，但不能有“国”。

卿相皆争养士是久存的原因。只要把那些“士”养起来，老百姓想造反也找不到带头人了，国家就可以安定了；苏辙的《六国论》，是针对六国不免于灭亡的史实，指出他们相继灭亡的原因是不能团结一致，共同抗战，灭国是咎由自取。

苏洵的《六国论》，不就事论事，而是借题发挥，写作目的不在于总结六国灭亡的教训，而在于警告宋朝统治者勿蹈六国灭亡之覆辙。借古喻今，以资当时统治者借鉴，这是高出苏轼、苏辙之处。六国灭亡，原因颇多。再者，长期战乱，民不聊生，统一乃中国历史发展之必然。对此，苏洵并非不知，在文中也承认这一点：“以赂秦之地封天下之谋臣，以事秦之心礼天下之奇才，并力西向，则吾恐秦人食之不得下咽也。”[1]然而，作者用意并不在此，而在于引出历史教训，讽谏北宋王朝放弃妥协苟安的政策，不要用贿赂的方法对待契丹和西夏，警惕重蹈六国灭亡的覆辙。“夫六国与秦皆诸侯，其势弱于秦，而犹有可以不赂而胜之之势。苟以天下之大，下而从六国破亡之故事，是又在六国下矣。”[2]明代文学家何景明也认为“老泉论六国赂秦，其实借论宋赂契丹之事，而卒以此亡，可谓深谋先见之识矣”。

邓拓的杂文《生命的三分之一》，其主题的形成基础是班固的《汉书·食货志》《汉书·刑法志》、刘向的《说苑》、李延寿的《北史·吕思礼传》。

《食货志》记载：“冬，民既入；妇人同巷，相从夜绩，女工一月得四十五日。” 这几句话，使人感到奇怪，怎么一月能有四十五天呢？再看颜师古的注：“一月之中，又得夜半为十五日，凡四十五日也。”这就清楚了，邓拓认为，原来我国的古人不但比西方各国的人更早地懂得科学地、合理地计算劳动日，而且早就知道日班和夜班的计算方法。一个月本来只有三十天，古人把每个夜晚的时间算作半日，就多了十五天。从这个意义上来说，

1 苏洵:《嘉祐集》,商务印书馆,1924,第12页。

2 苏洵:《嘉祐集》,商务印书馆,1924,第12页。

夜晚的时间实际上不就等于生命的三分之一吗[1]？这就是“生命的三分之一”这一命题的由来。

作者认为，对于这三分之一的生命，不但历代普通民众如此重视，就连许多大政治家也颇为重视，并举例说，班固在《汉书·刑法志》里记述秦始皇在夜间看书学习的情形：“秦始皇躬操文墨，昼断狱，夜理书。”刘向在《说苑》里记载，春秋战国时有许多国君都很注意学习，晋平公就是其中之一。晋平公问于师旷曰：“吾年七十，欲学恐已暮矣。”师旷曰：“何不炳烛乎？”师旷劝70岁的晋平公挑灯夜读，争取这三分这一的生命不至于继续浪费。李延寿在《北史·吕思礼传》里记述，北周政治家吕思礼勤学的情形：“虽务兼军国，而手不释卷。昼理政事，夜即读书，令苍头执烛，烛烬夜有数升。”作者感慨，仅是烛灰，一夜就燃出数升之多，可见夜读是何等勤奋[2]！

（二）材料是表现主题的支柱

在学术论文中，论点靠论据即材料支撑；在文学作品中，主题靠题材表现；在新闻写作中，“闻”靠事实说话。报告文学作家理由说过：“报告文学的生命在于奔跑”，写报告文学是“六分跑三分想一分写”。“奔跑”就是跑材料，抓取典型事实材料。宋代人朱熹说过：“作文须是靠实”“不可架空纤巧”“大要七分实，只二三分文”。

楚汉战争，是秦汉之际西楚霸王项羽和汉王刘邦为争夺政权而进行的一场大规模战争。战争历时三年有余，战地之辽阔，规模之巨大，用兵韬略之丰富，前所未有。刘、项大战70次，小战40次。刘邦苦战三年，屡败屡起，身受重伤12次。公元前202年，垓下决战，项羽败死。刘邦为帝，建立汉朝。战争的波澜壮阔的历程和深远的意义，至今仍为人津津乐道。中国历史学家范

1 王必胜编:《邓拓散文选集》,百花文艺出版社,1996,第130页。

2 王必胜编:《邓拓散文选集》,百花文艺出版社,1996,第131页。

文澜所著《中国通史简编》，对战争的结局及其原因进行了较为详尽的分析。

项羽的兵力和声威，远超刘邦，而最后却兵败自刎。究其原因，作者认为主要有两个方面，一是人心向背，二是用人。上述论点，是靠如下论据即材料作为支撑的。现在，我们来看作者的论述。

第一，从人心向背来考察。

关于人心向背，作者选用了三个方面的材料，其中包括统治方法、民众基础和根据地建设。

作者认为，项羽大封诸侯王，企图把统一的中国拉回到割据分裂的旧时代里去，这是违反历史潮流的措施。项羽封诸侯王，受封的六国旧贵族忙于维持自己的地位，无力助战，许多贫寒出身的野心家，分不到封地，心怀不平。领主残余分子都有极大的野心，受封者不满所得封地，未受封者更为不满。兵力虽强，决不能逃避战败自杀的末路。他的败死，是领主残余势力的一个大挫折，也是农民阶级要求国家统一的一个大胜利。”[1]刘邦采用张良之计，不轻易分封诸侯王，使部下有受封希望，出力助攻项羽。

关于民众基础，作者认为，项羽过于残暴，其凶狠程度超过秦二世，为广大农民所痛恨。这种痛恨，不仅是秦民，也有一般的关东民众，其拥护者只是一些怀揣野心的领主残余分子。项羽从垓下逃到阴陵，向农夫问路，农夫故意错指方向，因而被汉兵追及，此即民众厌弃他的明证。刘邦出身农民，懂得农民的疾苦，又身为亭长，懂得地主阶级的统治方法，也得到广大农民特别是旧秦国农民的拥护。开始起义，便得沛县，以萧何、曹参为首的全部县吏，成为起义军的领导骨干。此后逐步扩大，直到建立朝廷，最基本的人物还是沛县吏[2]。刘、项两人所依力量不同，

1 范文澜:《中国通史简编》,修订本,第二编,人民出版社,1965,第21页。

2 范文澜:《中国通史简编》,修订本,第二编,人民出版社,1965,第21页。

所以后果也不同。

项羽战败，不敢回彭城，也不敢渡江回会稽，因为他知道没有民心可靠的根据地。此外，重要的谋士良将，大都在项羽那边失意，而跑到刘邦这边来。刘邦有关中作为根据地，萧何替他留守后方，输送兵卒粮饷，战败后常得补充，有时甚至十多岁的幼童，60岁的老人也被补充上战场，秦民并不怨恨[1]。

第二，从用人来考察。

关于刘邦知人善任，作者选用了多个材料，其中包括善用张良、陈平、樊哙、周勃、灌婴、娄敬、韩信和彭越，以及封韩信为齐王之事等。

“张良是贵族，陈平是游士，樊哙是狗屠，周勃是吹鼓手，灌婴是布贩，娄敬是车夫，韩信是流氓，彭越是强盗，都被恰当地使用，各尽其所长。”韩信夺得齐地，派人见刘邦，请求刘邦封自己为假齐王。此时，刘邦正被项羽围困，日夜盼望韩信前来援救，没想到他却想自立为王，于是便破口大骂。张良、陈平两谋士知道这时候不该得罪韩信，便暗中踢刘邦的脚，刘邦醒悟，改口大骂道，大丈夫立功做真王就是了，做假王干什么。于是，随即封韩信为齐王[2]。

文章的主题，要靠材料来表现。材料是表现主题的支柱，是表达主题的物质基础。材料是第一性的，主题是第二性的。“主题先行”是错误的，其错误在于把主观臆想当成“真理”去寻找与之相适应的材料，而抛弃大量的与之不相适应的材料，用个别例外的或歪曲了的材料作为论证的依据。

（三）材料是文章结构的组成部件

在设计文章结构时，人们总要根据自己掌握的材料来规划格局。比如，学术论文、较长的通讯和调查报告等，往往需要分几

1 范文澜:《中国通史简编》,修订本,第二编,人民出版社,1965,第22页。

2 范文澜:《中国通史简编》,修订本,第二编,人民出版社,1965,第22页。

个部分，而这几个部分就是按照已有材料的不同属性和表现中心思想的需要划分的。

《红楼梦》是一部具有世界影响力的人情小说，一部从各个角度展现女性美和中国古代社会百态的史诗性著作。当代中国美学与艺术学家顾春芳的《〈红楼梦〉里的生活美学》一文，在绪论部分这样表述："对贾府大观园中雅致精美的生活予以浓墨重彩的描摹，构成了小说独特的艺术风格与审美格调。""大观园作为'有情之天下'的象征以及人间的另一个'太虚幻境'，展现了中国古代典雅生活的极致。""从《红楼梦》中，我们可以整体性地领略节令、饮食、祭祀祈福和文化活动中所体现出的从物质到精神的生活美学。这种生活美学通过视觉、听觉、味觉、嗅觉等各种感官的美妙而又精致的体验呈现给读者。""我们谈论《红楼梦》的'生活美学'并不是说《红楼梦》里的生活是尽善尽美的，我们有意避开《红楼梦》的一些沉重话题，暂时忘却大观园外的污浊世界，从戏曲文化、饮食文化和香文化三个方面一窥大观园里的雅致生活。"[1]

本论部分是论文的主体，篇幅较长，作者很自然地分为三个部分：第一部分写《红楼梦》中的戏曲文化，第二部分写饮食文化，第三部分写香文化。

在戏曲文化部分，作者统计："《红楼梦》中藏着一部元明清经典戏曲史。《红楼梦》有四十多个章回先后出现了和戏曲有关的内容，主要有三类，第一类是各种生日宴会、家庭庆典中，由家班正式演出的传奇剧目；第二类是各类生日宴会、家庭庆典出现的演出，但是没有提及剧名；还有一类是诗句、对话、酒令、谜语、礼品中涉及的戏曲典故以及其他曲艺形式。""小说中出现的剧目和演出主要呈现六种类型：昆腔剧目、弋阳腔剧目、元代杂剧、南戏经典、曲艺表演、动物把戏。"[2]

1 顾春芳:《〈红楼梦〉里的生活美学》,《红楼梦学刊》2023年第3辑,第52页。
2 顾春芳:《〈红楼梦〉里的生活美学》,《红楼梦学刊》2023年第3辑,第58页。

在饮食文化部分，作者认为，小说对贾府的饮食作了细致传神的描写。根据统计，小说出现的美食多达一百八十多种。在前八十回中，人工制作的饮食有八十种，干鲜果品十四种。关于饮食描写，形成了一份完整、独具一格的红楼食谱[1]。

在香文化部分，作者认为：“《红楼梦》对香品、香具、用香的描写丰富、具体，且理法并重，时有妙论，既符合当时上层社会的用香状况，又有文人用香的色彩，典雅而富有韵味。”小说提到的香的类别繁多，据粗略统计，全书二十多个章回里出现了诗词、歌赋、对联、典故、酒令、成语中提到的香。此外，香器、香料、香品、香丸、香物等分布在四十多个章回中。“大观园可说是名副其实的众‘香’国，出现了各类香花和香草：百合香、福寿香、梅花香饼、安息香、龙脑、麝香、沉香在小说中弥散，香囊、香珠、香串、香粉、香露、香木雕品不尽其数；太虚幻境、大观园、贵族世家、神仙道观、怡红院、潇湘馆、蘅芜苑、拢翠庵……乃至每个女儿的闺房中，都氤氲着特殊的香气。黛玉的‘幽香’、宝钗的‘冷香’、秦可卿的‘甜香’……更有‘稻香村’‘藕香榭’‘梨香院’‘蘅芜苑’‘绛云轩’‘暖香坞’等。”[2]

本论之后，是结语。其中一段，如此表述：“从生活美学的角度研究《红楼梦》，对进一步拓展《红楼梦》的叙事研究有着重大意义。研究小说与戏曲、饮食、香等中华文化与习俗的关系，并拓展研究《红楼梦》的叙事美学是红学研究中一个尤为关键的美学问题。”[3]

1 顾春芳：《〈红楼梦〉里的生活美学》，《红楼梦学刊》2023年第3辑，第58页。

2 顾春芳：《〈红楼梦〉里的生活美学》，《红楼梦学刊》2023年第3辑，第68–69页。

3 顾春芳：《〈红楼梦〉里的生活美学》，《红楼梦学刊》2023年第3辑，第72–73页。

（四）材料是选定表达方式的依据

写文章时，采用什么样的表达方式，一方面要根据表达的需要，另一方面还要根据材料的性质。比如，写作的对象是有关“桥”的事情。如果材料是“桥”上发生的一件事，就采用叙述的方式；如果材料反映“桥”的结构和性能，就采取议论的方式；如果材料是作者站在“桥”上产生的情思感怀，那就必须采用抒情的方式。这样，文体就和材料发生了直接的关系。有些材料可以写成多种文体，有些材料则只能写成特定的文体。比如，有的简短的新闻材料，只能写成消息，而不能写成论文或说明文。

（五）材料可成为情感的载体

这一作用，在文学作品中最为常见。在文学作品中，材料常和思想情感融合在一起。所谓“情景交融”“物我合一”“神用象通”等就是例证。

当代中国作家曲波，在回忆写长篇小说《林海雪原》之时，是这样把材料和情感融合在一起的：“1955年2月的春节前某天半夜，我冒着大雪回家，一路还在苦思着怎样才能写好这部小说，如何突破文字关等。及抵家，一眼望见那样幸福地甜睡着的爱人和小晶晶，一阵深切的感触涌上我的心头。我想起了八年前的今天，在北满也正是刮着狂风暴雪，那也正是飞袭威虎山的前夜；而今天，祖国已空前强大，在各个建设战线上都获得了辉煌的成就，人民生活也正在迅速提高。我的宿舍是这样的温暖舒适，家庭生活又是如此的美满，这一切，杨子荣、高波等同志没有看到，也没有享受到。但正是为了美好的今天和更美好的将来，在最艰苦的年月里，他们献出了自己最宝贵的生命。夜，是如此的宁静，我望着窗外飞舞着的雪花、茫茫的林海、皑皑的雪原，杨子荣、高波、陈振仪、栾超家、孙大德、刘蕴苍、刘清泉、李恒玉等同志的英雄形象与事迹，又一一在我的脑海浮现。写！突破一切困难！‘为人民事业生死不怕，对付敌人一定神通广大’。战友不怕流血，歼灭敌人，我岂能怕流汗突破文字关，这是我应有的责任，这是我在党的文学战线上应尽的义务。

“那时起，每晚我都加班三至四小时，星期天和假日是我写作最带劲的时间。在写作过程中，深深体会到这个劳动是艰苦的，但我的精神是愉快的，应该说，它是一种极美好的享受。当写到高潮的地方，就搁不下笔，时常是为了第二天的工作才强制着自己放下笔。在写得入神的时候，我曾不止一次地被战友们的事迹感动得觉得不是坐在温暖的宿舍里写东西，而是完全回到了当年的林海雪原中，和小分队重又战斗在一起。”[1]

在实用文写作中，也有用材料寓示思想情感的情况，但更多的是用材料说明作者的思想观点。当然，实用文中的材料和文学作品中的材料有着本质的差异。

专著《大国成长的逻辑——现代中国社会的新陈代谢与政治经济演进》的“新阶层的崛起与社会资源的有效配置”一节，作者如此表述：“在一些大城市，随处可以见到不‘在编’的传媒‘文化打工族’。这类打工族，是记者、编辑、摄像师、制片人，甚至是部门负责人、策划者，他们是‘体制外’的文化人。他们来自外地或当地、附近或远方，背着大背包、戴着防晒帽，风尘仆仆、风风火火，访谈、组稿敬业而又有实效。这类打工族，很多人已成就斐然，他们在大变革时代显示了自己的生存能力和适应能力。但是，他们却很少有一般文化人的优越感。由于处于‘体制’之外，自然不能享受‘体制内’的诸如住房、职称、公费医疗等福利待遇。当然，他们也很少谈起此类的话题，很少有抱怨或牢骚，只是凭本事挣钱养活自己，凭兴趣选择自己喜欢做的工作。偶尔，他们也会谈起背井离乡的初衷，谈起青春梦幻和

1 曲波：《关于〈林海雪原〉——谨以此文敬献给亲爱的读者们》，《林海雪原》，人民文学出版社，1964，第524页。

漂泊的感受，但心情是颇为复杂的。”[1]

总的说，在写作活动中，材料占有举足轻重的地位，它直接决定着文章、作品的内容与形式，关系到写作活动的成败。记叙文有无生动的情节、细节，说明文有无具体的资料、数据，议论文有无可靠的论据，都会影响到文章的质量和效果。有人写作文常苦于没东西可写，其中一个重要原因就是缺乏材料。“米不够，水来凑。”勉强动笔，谈些空泛的道理，堆砌些豪言壮语，或谈些没意思的事情，都不能写出具体、真切的内容。而要解决这个问题，必须首先在采集材料上下工夫。

三、材料选择的原则

古人谈写作，强调“博观而约取”。今人则提出了“选材要严”的主张。占有材料是多多益善，而运用材料并非如此。运用材料，要求严选，使用精华部分。在写作时，只有根据所写文章或作品的具体要求，对材料进行严格的挑选，取其最合用的适量材料。

怎样选？从繁杂的材料中挑选优质的。积累材料要“以十当一”，而使用材料则要“以一当十”。要选出好的材料，首先必须掌握选材的原则。

（一）选材要围绕主题

主题是在占有材料的基础上形成的。主题一旦形成和确定，它就作为文章的中心，反过来统率材料，支配材料的选择、使用和安排。文中所用的材料，都必须紧紧围绕主题，为表现主题服务。

选择材料的主要目的，是为了用最恰当的材料把主题表现得

1 党庆兰:《大国成长的逻辑——现代中国社会的新陈代谢与政治经济演进》,兰州大学出版社,2024,第314页。

更为充分、突出、深刻，是为了使材料更好地为主题服务，因此，必须根据表现主题的需要决定材料的取舍、主次和详略。具体地说：

能够有力地说明观点、表现主题和有助于表现特定情感和实现写作意图的材料就选取；和主题有一定联系，不写就不足以说明问题，或者不写就会造成某些缺漏的材料，应作为选择的对象；与主题无关，不能说明和表现特定主题或情感的材料就坚决舍弃。

（二）材料要真实

写作要正视历史，面对现实，实事求是，坚持真理，反对弄虚作假。要对读者负责，对社会负责；如果涉及真人真事，也要对所写的对象负责。选择真实可靠的材料，就是这种负责精神的表现。

无论什么类型的文章都要真实，只是真实的含义有所不同。应用性、纪实性的文章要求材料与实际生活的事实相符，理论文章要建立在真实可靠的论据上，文学作品则要达到艺术的真实。在各类文章的写作中，应根据各自对真实性的不同要求，选择相应的材料。任何文章的写作都反对虚假。

1971年，年代特殊。有报纸报道，某高校的一个新生在开学典礼上发言，说在她出发之际，其父亲送她“三件宝”，并叮嘱：“送你一把锄头，要挖掉修正主义根子；送你一条扁担，要勇挑革命重担；送你一双草鞋，要永远走在革命路线上。”这段话，纯属虚构。

在写作中，发生材料“失真”现象的原因是多方面的。就实用写作而言，材料“失真”的原因主要有：主观编造，无中生有；或者凭借想象，虚构情节；或者抓住一点，以偏概全；或者浮夸吹牛，言过其实；或者粗心大意，核对不严；或者把计划当现实，文章发表在事实发生之前等。要完全消除材料“失真”现象，不是一件容易的事。要做到真实，关键在于作者要有严肃的写作态度和严格的求实精神。

（三）材料要典型

要使材料充分地表现主题，就要选择最富有特征、最有代表性、最有说服力、最能概括和揭示事物本质的材料，这就是典型材料。

典型材料具有普遍意义，能通过个别反映一般，用到文章中可以起到以一当十、以少胜多的作用，使文章精粹有力。

比如，撰写某单位的工作总结，在肯定成绩时，要选择有代表性的材料，首先要从总体上把握事物的本质，然后挑选若干典型的例子加以说明。在写一个国家的工业发展时，要写出其工业生产总值及其在世界工业生产总值中的比重，这样才有说服力。

长篇小说《水浒传》中武松打虎的故事，充分地表现了武松的神勇和胆略；“大漠孤烟直，长河落日圆”两句诗，典型地体现了特定时刻的中国西部风光；“山僧不解数甲子，一叶落知天下秋”两句诗，抓住了秋叶飘落这一典型材料。

还比如，同样是描写吝啬鬼的贪财，吴敬梓在《儒林外史》中刻画严监生，用的是临死还嫌两根灯草费油而迟迟不肯咽气的细节；巴尔扎克笔下的葛朗台在临死前向神父忏悔时还想抢他手中镀金的十字架。这两个典型材料都具体、生动地显示出被描写对象要钱不要命的性格。

还有，通过对范进生活的前后变化的描写，吴敬梓把科举制度在当时何以会有那么大的威力，作了具体的描写和揭露。中举之前，范进穷苦不堪，住的是草房，12月时还穿身单衣，冻得发抖，应试回来，家人已饿多日。可是，中举之后，一切都变了，银子、房子、土地和奴仆都有了。科举，本来是对地主阶级知识分子最有利的制度，但其魔力巨大，诱使那些非地主出身的贫寒士人也都在做着像范进那样的美梦，想在一个变化之间成为社会上的支配者，成为统治阶级的一员。为了过上这样的生活而拼命读八股文者，越读越无知，越读越麻木。这种人，除去钻营科举外，差不多已失去了生活能力，在一次次考试受挫之后，精神近于分裂。在看到自己中举的喜报时，范进也曾惊喜得发了疯，后被其岳父胡屠户一个巴掌打醒过来。这样的精神状态，是和这些人的具体生活相符的。作者通过范进中举这一典型材料，深刻地揭露了科举制度是如何在起着使人愚昧、使人精神堕落的作用。

（四）材料要新颖、有时代特色

新颖，是说材料要有新鲜感；生动，是说材料以及对于材料的具体表达要有感染力。

选取新颖、生动、具有时代特色的材料，便于生发新意，使文章的内容新鲜、活泼。也只有这样，才能写出新时期的特点。“李杜诗篇万口传，至今已觉不新鲜。江山代有才人出，各领风骚数百年。”在任何一个时代，寻找新的材料、表现新的思想，都是学界努力追求的重要方面。

现代中国报告文学作家徐迟写《哥德巴赫猜想》，即一例。为了写好《哥德巴赫猜想》，在进京的当天，徐迟就入住了中科院的一家招待所，先从外围进行调查。在那里，白天黑夜都排满了采访日程。写好这篇报告文学，最关键的是如何深入到这位数学怪才的内心世界。为了解陈景润的专业，时已年过花甲的他还买了马克思的《数学手稿》一书，逐字逐句地啃读。此外，他还先后阅读了《中国古代数学史》，华罗庚的《堆垒素数论》《数论导引》等著作。其实，花工夫最多的，是“啃”陈景润的学术论文[1]。

有人问徐迟，陈景润的学术论文是否好懂？徐迟表示：“不好懂，但是要写这个人必须对他的学术成就了解一二。虽然对于数学，不能叫都懂，但对数学家本人总可以读懂。”在数学研究

1 李满星：《科学的春天：〈哥德巴赫猜想〉写作刊出历程》，《文史春秋》2017年第12期，第21页。

所，徐迟去了陈景润经常出入的图书馆，去了他的办公室，跟他一起进食堂，一块儿聊天，还去看了“文革”中陈景润被毒打滚下楼来的那个楼梯。很快，他和陈景润成了知心的朋友。原本自我保护意识很强的陈景润，这时候打开心扉，同徐迟说了很多心里话[1]。

徐迟的激情迸发了：“我不懂科学，但我懂得人，懂得科学家的为人，也就可以写一点科学了。”徐迟以诗人的心灵，与不为外人所知的数学王国相通了。

一个星期的采访，一个星期的写作，一个星期的修改，一个星期发稿。

《哥德巴赫猜想》这篇报告文学，把一个“畸形人”“怪人”还原成了一个正常人，在塑造科学家形象方面走在了时代前列，成为中国文学史上一部里程碑式的作品。一时间，人们相传，各大城市街头，出现了一幕罕见的景象：许多人一大早就在邮政报刊零售门市部和零售亭前排起了长龙，为的是能买到刚出版的《人民文学》，因为那上面有一篇题为《哥德巴赫猜想》的报告文学[2]。

今天，随着生活节奏的加快，新事物层出不穷，写作者就更要紧跟时代的步伐，及时地抓住有价值的写作对象。这就要求写作者必须真正深入到沸腾的现实生活中去，开阔眼界、增长知识、更新观念，站在时代精神和科学思维的高度，把握现实生活的特色。当然，这并不意味着绝对舍弃一切旧材料，旧材料也可以从新角度应用，用新方法研究旧材料，化腐朽为新奇，给读者以具有时代精神的新启示。

---

1 李满星:《科学的春天:〈哥德巴赫猜想〉写作刊出历程》,《文史春秋》2017年第12期,第22页。

2 李满星:《科学的春天:〈哥德巴赫猜想〉写作刊出历程》,《文史春秋》2017年第12期,第23页。

四、材料使用的要领

材料经过筛选之后，即可用来写作。在写作中，材料的使用，即如何使用材料是有讲究的。要领如是：

（一）安排次序

面对复杂的问题和丰富的材料，要善于将材料分类排队，梳理得有条不紊。然后，根据写作结构提纲，将材料安排在恰当的位置上。这就像调兵布阵，将校尉士卒按部就班，各司其职，各尽其责。材料只有安放在恰当的位置上，才能充分发挥其作用。

在记叙性文章中，主要是安排先后次序，或纵式、横式，或穿插，都应根据表达文章主题的需要。比如，司马迁写《李将军列传》，总体是纵式安排，中间穿插细节。李广是汉代名将，身经70余战。作者重点选择了四个战役，按先后顺序排列，中间穿插李广的治军方法、个性爱好及生活细节。文章内容丰富，有张有弛，波澜起伏，有力地表现了主题。

在学术论著和议论文中，主要是把材料统筹安排在具体的论点或分论点之下，其关键是材料与观点要配合紧密。如果在一个论点下使用几个材料，那么，重点材料和典型材料应安排在突出的位置上。

学术专著《大国成长的逻辑——现代中国社会的新陈代谢与政治经济演进》的“社会的第一次转型与现代文明的起步”一节，提出论点：“20世纪的中国，有三次重大社会转型。第一次是辛亥革命，第二次是中华人民共和国成立，第三次是改革开放。这三次转型，都是中国社会的重大变革，都是中国历史的巨大跨越。第一次转型，无论是把它划进中国近代史还是把它并入现代史，其意义都是划时代的。第一次转型，不仅在于根除了延续2000多年的中国封建专制制度，还在于它基本上完成了中国政治、经济和社会意识的完整转变，为第二次更加伟大的转型提供了更加现实的条件。”[1]

在上述论点之下，有三个分论点，使用了三个材料。一是封建帝制的废除与共和制的建立，二是第一个较为完备的现代化战略的设计，三是社会革命和思想文化领域的革命。

三个分论点分别是：20世纪中国社会的第一次转型，为中国根除了封建帝制，建立了共和制度，改变了中国历史发展的基调，基本上完成了中国从王朝国家到民族国家的跨越，把中国政治推进到程度较高的世俗化时代。20世纪中国社会的第一次转型，为中国设计了第一个较为完备的现实的中国现代化战略，明确了中国现代化的发展目标与方向，推动了中国经济的转变。20世纪中国社会的第一次转型，基本上完成了中国社会革命和思想文化领域的革命，开启了中国现代社会意识之门[2]。

（二）确定详略

使用材料要详略适当。确定材料详略的因素是多方面的，其主要方面有看文章的体裁、看读者对象、看材料自身的特点、看同一材料出现的次数、看作者的独特感受和写作个性等。

首先，看文章的体裁。一般地说，在记叙性的文章中，具体、生动和表现力较强的材料应该详写；在议论性文章里，使用事实材料只是概括的，不宜细写事情的过程。

其次，看读者对象。一般地说，读者熟悉而易懂的材料，宜概括，而读者感到新颖生动或较难理解的材料应详写。

复次，看材料自身的特点。对于表现主题或论点起重大作用的骨干材料和典型材料应详写，对于表现主题或论点属于一般情况的材料宜概括。

1 党庆兰:《大国成长的逻辑——现代中国社会的新陈代谢与政治经济演进》,兰州大学出版社,2024,第5页。

2 党庆兰:《大国成长的逻辑——现代中国社会的新陈代谢与政治经济演进》,兰州大学出版社,2024,第6页、8页、12页。

再次，看同一材料出现的次数。如同一材料在文章或作品中前后重复出现，可根据情况或先略后详，或先详后略。比如，《儒林外史》中写范进中举就是先详后略。范进是个穷苦读书人，侥幸中了举人，看了报帖就喜得发了疯。他先是笑了一声说到："'噫！好了！我中了！'说着，往后一跤跌倒，牙关咬紧，不省人事。"[1]被人用水灌醒后，"又拍着手大笑道：'噫！好！我中了！'"他一边笑，一边满街乱跑。大家没有办法，只好去请范进的岳父胡屠户。胡屠户进门见了老太太，"老太太哭着告诉了一番。"范进的母亲"告诉了一番"什么？当然是范进见帖后发疯的经过。由于胡屠户不知情况，老太太必得详述。但范进发疯的情况前面已经写过，再写就是重复，所以，只用"告诉了一番"一句交代过去。这是先详后略的写法。

最后，根据作者的独特感受和写作个性。

同一材料，不同的作者会有不同的理解。有的材料，能够使某一作者的独特感受和写作个性得到充分表现。在这种情况下，作者可采用独特的详略用材方式。范仲淹的《岳阳楼记》，虽是"楼记"，但有关岳阳楼本身的材料，比如此楼的来历、变迁、重修经过、宏伟壮观的景象及名人题写的诗赋等却略而剪之，只是说："予观夫巴陵胜状，在洞庭一湖。衔远山，吞长江，浩浩荡荡，横无际涯；朝晖夕阴，气象万千。此则岳阳楼之大观也，前人之述备矣。"[2]所以，作者就不在此处多费笔墨了，而把视线从岳阳楼大观处移开，去写别人不曾写过的景象和感受。

作者以在不同的时间登楼远眺所看到的典型景色及其所引起的不同感受为重点，分别述写了不同的人在不同的情况下登楼所产生的情绪和感慨，表达了"悲"与"喜"、"忧"与"乐"的不同情怀。

1 吴敬梓：《儒林外史》，人民文学出版社，1981，第33页。

2 范仲淹：《岳阳楼记》，吴楚材、吴调侯选：《古文观止》，中华书局，1959，第420页。

作者首先极写迁客骚人的悲或喜，继而表达自己“不以物喜，不以己悲。居庙堂之高，则忧其民；处江湖之远，则忧其君”的情感，抒发了“先天下之忧而忧，后天下之乐而乐”[1]的胸怀。

作者以迁客骚人作比较，反衬自己对悲与喜的独特理解，从而表现了自己与这些人不同的襟怀。他既写出了失意的愤懑，又以爱国忧民的壮志规劝、勉励了友人和自己，发出了不同凡响的强音。

可见，《岳阳楼记》在用材料方面采取了“人详我略”“人无我有”的用材方式。当然，从另外一个角度即从“记”字来说，《岳阳楼记》是文不对题，或可曰“跑了题”。文中并没有“记”，而是“感”或“抒怀”。当然，作者没有见过岳阳楼，自然无法写“记”。如果是高考作文，一定是零分了。

（三）灵活表述

使用材料，在安排好次序、确定详略之后，就是用什么样的笔墨来表述了。使用材料要求灵活。因此，应根据文章使用的场合不同，用多种方法、多副笔墨来表述材料。比如，要引用某个材料，可以采取节录式，也可以采取转述式。节录时，或节录其中一段文字，或节录其中一句话，或节录几个字。节录多少，要根据文章内容的需要。节录引用，注明出处。

用转述式使用材料，则比较灵活，无须校对原文字标点，详略也方便，而且，在表述过程中往往可以渗入作者的感情色彩。比如，毛泽东在《一个极其重要的政策》一文里，为了说明“精兵简政”的政策，采用转述式，使用了两个材料：

“何以对付敌人的庞大机构呢？那就有孙行者对付铁扇公主为例。铁扇公主虽然是个厉害的妖精，孙行者却化为一个小虫钻

1 范仲淹：《岳阳楼记》，吴楚材、吴调侯选：《古文观止》，中华书局，1959，第421页。

进铁扇公主的心脏里去把她战败了。柳宗元曾经描写过的‘黔驴之技’，也是一个很好的教训。一个庞然大物的驴子跑进贵州去了，贵州的小老虎见了很有些害怕。但到后来，大驴子还是被小老虎吃掉了。我们八路军新四军是孙行者和小老虎，是很有办法对付这个日本妖精或日本驴子的。目前我们须得变一变，把我们的身体变得小些，但是变得更扎实些，我们就会变成无敌的了。”[1]

毛泽东在使用“黔之驴”的材料时说：“一个庞然大物的驴子跑进贵州去了”，而不说“黔无驴，有好事者船载以入”。这正是活用，而不能认为是用材料不准确。活用更切合当时的实际，更便于表达作者的情感。

现代中国哲学家杨耕，在谈到和哲学结缘时表示，他原本喜爱数学，但后来却学了哲学，“从‘误入’哲学到‘钟情’哲学”，又到“走向哲学深处”。他这样表述：“从苏格拉底的‘认识你自己’到康德的‘人是目的’，从普罗泰戈拉的‘人是万物的尺度’到费尔巴哈的‘人是人的最高尺度’，从亚里士多德的‘人是政治动物’到马克思的‘人是社会存在物’，从黑格尔的‘人类历史是自由意识的进展’到马克思的‘人的自由而全面发展’……哲学家们仿佛用一只‘看不见的手’牵引着我不断地走近哲学，同时，哲学也在不断地走近我。感谢哲学，它使我‘看透人生’‘看破红尘’‘波澜不惊’‘荣辱不惊’。‘人要学会走路，也得学会摔跤，而且只有经过摔跤，才能学会走路’。对于我来说，亲情与友情，委屈与磨难，都是财富，一笔不可缺少的财富。‘假如你不想受苦，你就不能正确思考’。”[2]

在谈到哲学与政治的关系时，杨耕表示：“哲学不等于政治，哲学家不是政治家。有的哲学家想方设法远离甚至脱离政治，但

1《毛泽东选集》，人民出版社，1991，第882-883页。

2 杨耕：《重读马克思与走进马克思——我的学术自述》，《北京师范大学学报》2012年第6期，第133-134页。

政治需要哲学。没有哲学论证其合理性的政治，缺乏理性和逻辑说服力，缺乏理念和精神支柱，很难获得人民大众的拥护。”[1]“哲学不可能脱离政治，哲学总是以自己独特的方式蕴含着政治。正如雅斯贝尔斯所说，哲学既离不开政治，也离不开政治的后果。哲学总是具有自己特定的政治背景，或多或少地蕴含着政治，具有这种或那种政治效应。”[2]“哲学与时代的统一性首先是通过它的政治效应来实现的。哲学家既要有自觉的哲学意识，又要有敏锐的政治眼光，才能把握时代精神，才能走向现实的深处，从而适应和超越现实。”[3]

学术专著《大国成长的逻辑——现代中国社会的新陈代谢与政治经济演进》中有一章，写北大荒的开发。

“以城市知青为主体的大规模的开发，是1967—1978年北大荒开发的主要特征。54万城市知识青年的辛勤劳动，有力地推动了北大荒的发展，使北大荒进入了军垦时期和兵团时代。”

“据统计，1968—1977年，北大荒仅安置的城市知青即达54.9567万人。其中，北京88316人，上海11.7224万人，天津52945人，浙江29712人，黑龙江25.3963万人，其他省市7407人。这支由50多万知识青年组成的队伍，是北大荒开发以来投身开发和建设北大荒的诸多队伍中人数最多、流动性最大、文化程度最高的一支队伍，也是最具朝气和生命力的一支队伍。”

“这个充满朝气活力的青年群体，怀着‘到边疆去，到最艰苦的地方去’的理想来到北大荒，像当年的转业官兵和青年垦荒队员一样，在渺无人烟的祖国的东北边疆搭棚建场、垦荒辟地。他们披星戴月、披坚执锐、披荆斩棘，一起‘分担寒潮、风雷、

1 杨耕:《重读马克思与走进马克思——我的学术自述》,《北京师范大学学报》2012年第6期,第140页。

2 杨耕:《重读马克思与走进马克思——我的学术自述》,《北京师范大学学报》2012年第6期,第144页。

3 杨耕:《重读马克思与走进马克思——我的学术自述》,《北京师范大学学报》2012年第6期,第144页。

霹雳’，‘共享雾霭、流岚、虹霓’。”[1]

“上述知青群体，在垦区挥洒青春大约10年，于20世纪70年代末、80年代初开始陆续返城。返城之时，他们中的大部分成员带着对垦区的眷恋离开了北大荒，回到了自己的家乡，同时也有一部分青年毅然决然地做了‘留守阵地、坚守岗位’的选择。虽然留守的知青不足20000人，但他们能够在如此悲壮的返城大潮中信守自己的诺言，放弃与家人团聚的机会，确也难能可贵。还有一些青年，已长眠于那片土地。在北大荒，几乎每个农场都有知青的墓碑。那些墓碑，与复转官兵和老拓荒者的墓碑并肩而立。”[2]

至于个体与整体、知青与垦区命运的关系，《北大荒人之歌》作了较好的表述：

“第一眼看到了你，爱的热流就涌出心底。站在莽原上呼喊，北大荒啊我爱你！爱你那广袤的沃野，爱你那豪放的风姿。

“几十年风风雨雨，我们同甘共苦在一起。一起分享春光的爱抚，一起经受风雪的洗礼。你为我的命运焦虑，我为你的收获欢喜。

“啊，北大荒我的北大荒，我把一切都献给了你。你的果实里有我的生命，你的江河里有我的血液。即使明朝啊我逝去，也要长眠在你的怀抱里。”

“北大荒的开发和建设历程证明，大规模的持久的群众运动，无论其起初动机如何，只要与最基层的现实相结合，就一定会催生出在现实基础上对美好理想追求的强大力量。大规模的城市知青上山下乡的特殊历史，造就了一代特殊的知青群体。这个群体，以其对国家的忠诚和青春的热情，以及由农村艰苦生活磨炼而成的成熟力量，为国家克服危机、为农村和边疆建设、为60年

1 党庆兰：《大国成长的逻辑——现代中国社会的新陈代谢与政治经济演进》，兰州大学出版社，2024，第150页。

2 党庆兰：《大国成长的逻辑——现代中国社会的新陈代谢与政治经济演进》，兰州大学出版社，2024，第152页。

代那场运动后国家的复苏和发展道路的转型做出了有目共睹的贡献。”[1]

在写作过程中使用材料，可以运用各种表述方法。使用材料能不能灵活，还要看语言表达能力高低。从某种意义上说，写作才能就是驾驭材料的才能。并非把材料堆砌起来即成文章，就像砖瓦木石不等于房屋一样。建筑艺术在于材料的排列、组合方式，写作艺术在于材料和语言的使用技巧。

1 党庆兰:《大国成长的逻辑——现代中国社会的新陈代谢与政治经济演进》,兰州大学出版社,2024,第153页。

第二章

主题的提炼与表现

“主题”一词，原是一个音乐术语，指乐曲中的主旋律，表现一个完整的音乐思想，是乐曲的核心。由于“主题”的含义适应性较强，所以，其他文章的写作也可以使用。后来，这个术语被广泛地应用到整个学术领域。

主题就是作者在反映生活现象、发表主张或说明事物时，通过文章的全部材料和表现形式所表达的核心思想与主要意向，它并非文章所提出的主要问题，也不同于课题、论题和题材[1]。议论性的文章，主题一般是以判断的形式出现，用论据来证明这个判断；记事性的文章和文学作品，主题一般不以判断的形式出现，而是通过所写的人物和事件体现出来。

1 问题只是事物的矛盾，是尚未解决的疑问。主题则是作者通过文章所要告诉人、说服人、感染人的最基本的观点或思想，是作者通过对事物矛盾的分析或描述所表现出的带有倾向性的看法，它包含着作者对客观事物的基本评价或情感倾向。课题主要是指研究或讨论的主要问题，同一课题可以写出表达不同主题的文章。论题是议论文作者所要论证的对象，但有时也指证明中需要确定其真实性的判断，也就是作者所要证明的基本观点，因此，议论文的主题有时也被称作论题。广义的题材是指作品所反映的社会生活领域，狭义的题材是指经过作者选择和剪裁写进作品里的材料。主题和题材是紧密结合、相互依存的，文章是主题和题材的统一体。在文章里，题材与主题是说明与被说明、表现与被表现的关系。主题靠题材去说明或表现，题材靠主题组织和贯穿。

一、主题的地位

主题是构成文章内容的重要因素之一。主题的作用可以从主题是文章的精神、主题是文章的统帅两个方面来理解。

（一）主题是文章的精神

说起文章的主题，人们往往想到常说的“主题是文章的灵魂”这句话。在这里，没有用“灵魂”概念，而是用了“精神”概念。“灵魂”之说，用得太多、太久，没有新鲜感了，故用“精神”这一概念。

主题是文章的精神内核，是蕴藉于文章有机体之内的生命能源。一篇文章，如果没有主题，那也就没有生命了。有的文章虽有主题，但却意念平庸、浅薄，不能给读者提供多少精神能量，这样的文章是苍白无力的。如果文章的主题是错误的，那么，它就会在读者中产生副作用。所以说，主题是文章、作品的精髓，它集中体现了文章或作品的思想力量、社会效果，决定着文章的价值和意义。

主题的价值，取决于它在社会精神领域中所起的作用。主题所起的积极作用越大，也就越有价值。正确而深刻的主题，能给读者以激励，能产生深远的影响，能经受住时间的考验。比如，范仲淹的《岳阳楼记》，它以“先天下之忧而忧，后天下之乐而乐”的深刻主题而成为传世之作。当然，文章的深刻感人，因素是多方面的，但主题深刻却是首要的。

古人称确定主题为立意。明清学者王夫之曾说：“无论诗歌与长行文字，俱以意为主。”明人黄子肃认为：“意者，一身之主也。”就连林黛玉教香菱写诗也认为“第一是立意要紧”，认为词句是末事，“不以词害意”。这些见解都是正确的。

1995年，上海高考作文题为《责任》。考生在做作文时，使用材料、文章结构雷同者不少，说“大话、套话”的倾向比较明显，好文不多。一考生独辟蹊径，没有就责任的内涵来做文章，而是借事立意，从历史的角度来阐明见解。文章既尊重过去的事实，更着眼于历史发展的未来，阐明一代青年责任之重大。

文章下笔即问：“责任，到底是对过去的忏悔还是对未来的承诺？我曾经向自己发出这样的疑问，然而一次访日参观令我得到了答案。”

紧跟着，作者便陈述访日概况，说那是在读高中一年级的时候，由于其美术作品被送往日本参加比赛，于是他也就随之去日本广岛作了一次简短的访问。在行程的最后一天，作者去了和平纪念馆，也许那天正好是纪念原子弹爆炸48周年的日子，馆内的参观者很多。纪念馆的墙壁上挂满了原子弹爆炸后的凄惨照片，被烟熏焦的肢体，被热浪烫白的皮肤，一阵阵让人作呕。同时，我还看到一位日本夫人正在给孩子讲述当年的惨状，却未提导致这场惨剧的真正的凶手是谁。

走遍整个纪念馆，作者没有看到一点对那场战争的叙述。

在此情况下，作者不禁发问：“是谁该负起当年的责任，是谁使自己的国土被毁？”没有一个人会说自己的国家罪有应得。可是，为什么连一点忏悔都没有？并说：“从日本的展览中不难看出，日本将当年广岛被毁的责任推给了别人。70000人死亡，可是中国大地上又何止77万人被皮靴炮火所践踏。作者认为，日本的和平纪念馆，是一座记恨的石碑，里面没有一个忏悔和承担责任的文字。”[1]

行文至此，作者把笔锋一转，谈责任和未来。那么我们应该怎么办呢？我们应该做些什么呢？“我们的责任该换上另一种含义，我们不需要凭一时的血气方刚，去讨还曾有的血债，而是应该以踏实的学习，坚韧的工作态度，强烈的爱国心去建筑一个抵

1《责任》,载《文汇报》1995年7月13日。

御外来侵略的城墙，而不必再去建造一个记恨馆。”[1]

“对于那些给中国带来灾难的侵略者，‘责任’该是对过去的忏悔，告诫下一代不要再发生同样的悲剧，而对于我们新一代的祖国建设者，‘责任’该是对未来的承诺，挑起建设祖国的重担，发展生产力，加快改革开放的步伐，努力学习，创造新成绩，使那些妄图称霸的国家再也没有可乘之机，使我们这个五千年的文明古国，这个经历战争洗礼的国家永远坚强勇敢辉煌地伫立在世界的东方!”[2]

（二）主题是文章的统帅

“意犹帅也。无帅之兵，谓之乌合。”明清学者王夫之的话，至今没有过时，也许永远不会过时。主题是文章的统帅，它要统管文章的一切，包括题材、结构、标题、表达方式和语言。

首先，主题统帅题材。

同一题材，可以表现出不同的主题，同一主题可以用不同的题材来表现，但选取题材一定要根据主题的需要而定。选的题材典型，就能有力地表现主题，否则就不能，甚至有害于主题的表达。

其次，主题统帅结构。

这是主题统帅文章的一个方面。文章怎样开头，怎样结尾，怎样突出中心，怎样设计巧妙的结构，都要视主题的需要而定，都要遵循这样一个原则，即让主题这根线纵贯全文，使全文成为一个紧扣中心、天衣无缝的整体。

文章离题现象常常发生，其原因主要是不懂得主题在文章中的统帅地位。比如，《毁树容易种树难》这个题，有的考生在正文中谈的是人才培养，后来却又转换方向大谈植树造林、绿化祖国。这样，主题没有纵贯全文，失去了统帅地位。

1《责任》,载《文汇报》1995年7月13日。

2《责任》,载《文汇报》1995年7月13日。

再次，主题统帅标题。

这是主题统帅文章的另一方面。标题的拟定，要适合主题的需要，不注意这一点，轻则名不副实，重则南辕北辙，都不利于主题的表达。

夏收时节，学校组织学生到农村参加了抢收抢种劳动。返校后，有同学以《战地一瞥》为题写了篇文章。文章的主题和内容还可以，但标题不妥。一是“战地”一词不妥，从标题上看不出战地是什么；二是“一瞥”不妥，因为一瞥是旁观的姿态。抢收抢种，作者本人也参与其中，不是“一瞥”。此外，文章所写的对象是“我们”，即群体，而“群体”无法“一瞥”。

1972年，上海一家出版社出了某写作组创作的一部作品，名为《虹南作战史》。该书586页，39.6万字，印行70万册，此外还有根据这部小说编绘的连环画，分多册陆续出版，印行达100万册。

作品以当时上海县七一公社号上大队为原型，着重描绘虹南村农会主任、团支部书记洪雷生，带领虹南村第一个互助组，抵制两极分化，积极投入拆廓战斗，战胜了春荒，增强了互助合作的集体力量。作品是1966—1976年那个特殊年代创作的，创作人员包括专业、业余及干部“三结合”，作品被称为1966—1976年那个“特殊年代”中国大陆上出版的第一部“长篇小说”。

《虹南作战史》，从报告文学脱胎而来，“政论”风格，是报告文学的一种写法。但这不是主要的原因。作者的议论构成了这部小说最基本的叙事特点，是因为小说自始至终都是从路线斗争出发，来诠释“特殊年代”的主流意识形态，它不是从生活本身出发，而是从概念出发编造故事、塑造人物。没有“人物性格发展的必然逻辑”，只有政治概念的演绎[1]。

说是“长篇小说”，其实，它不是小说，也不是报告文学，

1 王尧:《“两条路线斗争”的“文学教科书”——〈关于虹南作战史〉》,《小说评论》2011年第2期,第30页。

也不是诗歌，也不是戏剧，什么都不是。这一点先不谈。我们来看书名《虹南作战史》，好像是军事题材，但内容是农业生产和阶级斗争。很明显，书名没有为主题服务。

复次，主题支配着文章的表达方式和语言的运用。

主题支配文章的表达方式。适合于和有利于主题表达的技法就运用，不适于或有碍于主题表达的技法就不用。所有的技巧和方法都要为表达文章的主题服务。语言的使用也是这样。

主题决定着语言的格调和节奏的快慢，比如，贺词，总不能用悼词的格调。求爱信，也绝不能写成批判稿的格调。语言的使用必须以准确、生动地表达主题为目的。

主题在文章中的地位是崇高的，它是文章的精神和统帅，起支配作用，它的正误决定着文章的成败。“文章可以无，但立意必然存。”话又说回来，“立意是有条件的，或者说是有禁区的，有道德和人格禁区，这个禁区可概括为‘四不可’”。一是不可谄媚权贵，二是不可言不由衷，三是不可名利优先，四是不可人云亦云[1]。

有人认为，主题高于一切。我们说，推高了，只能说它是文章的精神和统帅，它不高于一切，也不能高于一切。起码，不能高于生命，不能高于事实和真理，甚至不能高于情感[2]。人间万事，生命为大。

二、主题的提炼与文章表达的意向

提炼主题也称炼意，就是通过对材料的分析和研究，发掘其内含的意蕴，从而概括、归纳出一个深刻、精要的思想认识，或确定文章表达的主要意向。实际上，主题的提炼过程，也就是主题产生和形成的过程。从某种意义上说，主题的提炼支配着文章

1 史仲文:《汉语是这样美丽的》,北京工业大学出版社,2007,第132-133页。
2 史仲文:《汉语是这样美丽的》,北京工业大学出版社,2007,第134页。

写作的全部过程，并直接影响文章的社会价值。

怎样正确地提炼主题？方法主要有：

（一）开掘事物的本质

怎样开掘？可以摒弃表象开掘事物内在的本质含义，站在时代的高度开掘事物的本质意义，可以根据不同文章的表达功能从不同侧面去开掘事物的本质。

摒弃表象，开掘事物内在的本质含义，就是要对材料进行实事求是的分析和研究，将感性材料进行去粗取精、去伪存真、由此及彼、由表及里的加工，从感性认识上升到理性认识。只有这样，作者的创造性和想象力才能充分发挥出来。

写作都是通过“个别”反映“一般”，通过“个性”来表现“共性”的。无论写什么文章，都不能包罗万象，而只能通过个别的典型事物去表现一个具有普遍意义的主题。文章的主题，是个性与共性的统一。只有把握事物内在的本质，才能把握事物的个性特征，写出的文章才能思想深刻、特点鲜明。

开掘事物的本质，立足点也非常重要。能否把写作对象放在广阔的时代背景中去，也会直接影响到主题开掘的深度。

一个人的写作能力再强，如果只局限于个人的生活圈子或写作对象的狭窄范围，那他就看不到事物之间更广泛的联系和规律，他的文章也就不会较深地触及生活本质，更不会在同代人或后人的心中引起共鸣和反响。这就要求我们在提炼主题时，不能孤立地看待某些人、事、物、景、情和理，不能就事论事，而应该把写作对象放在一定的时代背景下，用全局的眼光去衡量它，看它和周围的事物有什么联系，看它有多大的分量，看它的典型意义何在。这样，我们就可以发现它的本质，正确地理解它的价值，进而发掘它的社会意义或情理意趣。

美国第16任总统林肯，在内战前对南方多次让步。一般认为，之所以让步，是因为林肯软弱。另有著述认为，林肯对南方实行让步政策，是为了防止国家分裂。如不做暂时的让步，那么南方就有在短期内退出联邦的可能。在当时的情况下，让步是明智之举。内战初期，林肯政府没有宣布解放黑人奴隶，为何没有及时宣布解放黑奴？一般认为，是林肯的阶级局限性所致。另有著述认为，内战之初，林肯政府之所以没有宣布解放黑奴，是由当时美国国内特殊政治情况决定的，如果当时即宣布解放所有的黑奴，就有可能引发更多的“奴隶”州脱离联邦，局势会愈加恶化。

根据不同文章的表达功能，从不同的侧面去开掘，也是开掘事物本质的方法之一。

侧重记人的文章，一般应着重通过人物的具体言行展现他的内心世界并显示其思想、性格和道德情操。

侧重状物的文章，一般要注意揭示事物本身的审美价值，或注意揭示作者熔铸于事物中的某种情感或寓意。被称为“沁园春诗人”的陈明远，在20世纪60年代那个“特殊时期”因诗成名，其词作《沁园春·咏石》即这方面的佳作。

“璞玉一方，切琢无疵，磨砺发光。岂怡红公子，命根维系；梁山好汉，天道周行？烈火难熔，狂风不倒，迸出齐天大圣王。传千古，数几多宝库，龙窟云冈。

“谁言铁石心肠？有热血沸腾涌满腔。任悲欢离合，无求德色；嬉笑怒骂，皆为文章。上补青天，下填沧海，裂骨焚身自好强。如偿愿，亦平生不枉，非梦一场！”[1]

侧重论事的文章，一般要反映出的事件所蕴含的思想意义。一个事件的意义常常是多方面的，从哪一点上开掘，必须同主题表达的角度相一致。

明治维新是日本历史发展的转折点，早已成为过去。由于被新的生活光辉所照耀，故而再次进入历史，成为学界研究的热门课题。传统观点认为，明治维新是成功的，是世界历史上少有的成功的改革或革命。在新的生活光辉照射之下，传统观点被质

1 陈明远:《劫后诗存——陈明远诗选》,世界知识出版社,1988,第201页。

疑。论作《论明治维新的初衷与维新的双重命运》认为，在近现代历史上，日本命运上的大起与大落、成功和挫败都与维新相关，明治维新并不完全是史学界所说的那种少有的成功的革命，其命运是双重的[1]。

上述观点认为，在不到一个世纪的时间里，日本从一片稻田之地发展成世界强国，又从世界强国沦为战败国，日本的这种命运上的大起与大落，与明治维新的初衷及其后来的变异有着密切关系。明治政府的以富国强兵为目的的各项改革，推动日本迅速实现了国家的转型，改革的结果符合维新的初衷。以富国强兵为目的发挥民族活力的举措，提升了大和民族的整体素质，凝聚了国家力量，与维新的初衷基本上保持了一致。维新所推行的富国强兵政策及其后来的变异，既增强了日本的国家实力，也推动日本走上了战争的极端，实违维新的初衷[2]。

维新强调富国强兵，富国强兵的观念在客观上是行得通的思维方式，但富国强兵的目的如果极端，极易导致失去理智，走上战争的深渊。明治维新孕育的一群骄横跋扈的日本军人，用残酷的战争玷污了维新的初衷。日本民众用自己的血肉之躯，铸成了富国强兵的大厦，这座大厦最终在第二次世界大战中倒塌。变质了的几乎毁掉整个民族，无论如何都谈不上成功[3]。

侧重抒情的文章，一般应着重披露其隐含和交织在文章中的思想感情。思想感情，是抒情文章的核心，是其结构的内在线索和基本脉络。有时，状物和抒情是联系在一起的。比如，陈明远的词作《沁园春·咏石》。

侧重说明的文章，要注重揭示说明对象的科学内涵。侧重议

1 杨鹏飞:《论明治维新的初衷与维新的双重命运》,《历史教学》2017年第5期,第27页。

2 杨鹏飞:《论明治维新的初衷与维新的双重命运》,《历史教学》2017年第5期,第36页。

3 杨鹏飞:《论明治维新的初衷与维新的双重命运》,《历史教学》2017年第5期,第32页。

论的文章，应致力于事理的剖析，揭示论点和论据之间的内在联系。

（二）开掘深层意蕴

文章的立意，贵在高远、深厚、新颖。为此，作者必须积极开掘深层意蕴。有许多典型材料，在意蕴上都有多层次引申生发的可能。当然，这种多层次的意蕴并不是可以任意加强和拔高的。既然材料有多层次发展的可能，那么，作者在提炼主题和表现主题时，就需要寻找那些最适合自己的精神追求的层次。一旦寻到，就应该在这个层次上尽自己所能生发出最高的精神境界，让作品发挥出最大的思想感情的能量。

主题不仅要统帅文章的机体，最好还能震撼世俗人心，具有足够的社会价值。要做到这一点，就要求主题要达到一定的深度、高度、力度。

提炼主题、开掘意蕴的成败，关键在于意蕴的高低深浅。比如，看到一种社会现象、自然景色，或听到一个有趣的故事，许多人都能很快地想出一些意义来，而这种意义又多是人们惯常思路的产物。这些直接引发出来的意念，虽然并没有什么不妥，甚至不乏真情实感，但是，终究由于太直接、太拘谨、开掘不深，精神升华的幅度太小，使人感觉立意平淡；由于没有超出一般人的社会常态心理，没有自己对生活独特的思考和真知灼见，就发现不了深层的意蕴，提炼不出高远深厚、新颖独特的主题。

在开掘深层意蕴方面，从古至今，事例颇多。

中国宋朝第八位皇帝宋徽宗赵佶，朝政理得不敢恭维，绘画造诣却非常高。宋徽宗热爱绘画，不仅是一位才华横溢的书画家，而且发展了宫廷绘画，广集画家，创建并主管了世界上最早的国家级画院“宣和画院”，同时也是一位评判行家和命题高手。一次考试，考试内容摘古人诗句为题，要求考生画出诗句的意境，构思巧妙，不落俗套，做到笔意俱全。当时出现过一些满分画作。

宋徽宗用唐朝韦应物《滁州西涧》中的名句“野渡无人舟自横”作为考题，让大家作画。考生接到考题之后，立刻忙碌起来。过了一阵子，呈上作品，基本上都是画着一条小河，河上横七竖八地停了几艘破船，没有一个人影儿。很清楚，考生都在“无人”上下功夫。最终，宋徽宗选择了这样一幅画：一个船工，在船上沉沉大睡，旁边放着一支竹笛。宋徽宗给出的解释是：“野渡无人”，并非船上没有人，只是没有渡河的人。这幅画作，比起突出荒野渡口的清幽寂静、船工无事可做的寂寥高出一筹，该画景中有情，含意深长。

“万绿丛中一点红”，也是宋徽宗所出的考题，考题让考生依题作画。有的考生画的是绿草地上开一朵红花，有的画绿树丛中露一段红墙，有的画松林中一棵树上立着一只丹顶鹤等。这些画，虽然都符合题目要求，但宋徽宗仍不满意。独有考生刘松平与众不同，他画万顷碧波，涌出一轮红日，气势磅礴，境界开阔，真正画出了“万绿丛中一点红”的诗意。见画作，宋徽宗大为赞赏，称赞画作“规模阔大，立意超绝”。

从这两个故事中，我们应该认识到，宋徽宗看重的是想象力和含蓄的意境，希望考生所作不但要切合试题，更要另辟蹊径，构思巧妙。

把意境说得最精辟者，当推中国五代时期邺都青莲寺僧大愚向当时后梁最具影响力的山水画家荆浩索画的诗作：“六幅故牢健，知君恣笔踪；不求千涧水，止要两株松。树下留盘石，天边纵远峰；近岩幽湿处，惟藉墨烟浓。”

荆浩作画后，也以诗作答：“恣意纵横扫，峰峦次第成；笔尖寒树瘦，墨淡野云轻。岩石喷泉窄，山根到水平；禅房时一展，兼称苦空情。”荆浩的答诗也不错，偏重笔情墨趣是一个方面。可知，有了意境也需要笔墨来表现。没有笔墨的情趣，尽管你有好的意境，也很难具有逗人爱恋的魅力。

王友琴，北京人，1952年生。中学毕业后，曾作为“知青”下放到云南接受“再教育”。在长达六年的原始森林拓荒的艰苦岁月里，过着盐水下饭的日子。1979年，以全国高考优异成绩考入北京大学，1988年获中国社会科学院文学博士学位，同年赴美，曾先后在斯坦福大学和芝加哥大学任教。

1983年，即本科毕业的那年，她发表散文《在消失了的圆明园里》。散文没有像通常的参观者那样进行一番怀古，也没有去指责清王朝的腐败无能，痛斥侵略者的野蛮罪行，而是通过她在圆明园的废墟上的所感、所想，鼓励人们起来建设新的生活。作者认为：“我们总是告诉下一代，英、法烧了我们的圆明园。为什么不告诉下一代英、法为什么烧我们的圆明园，为什么不告诉下一代圆明园被烧的原因。如果我们不这样考虑问题，终究有一天，我们的什么还会被烧。圆明园之所以被烧，是因为我们腐败。不要重建圆明园，要建立新的工业、新的农业、新的文化和新的科学的价值观。这样，我们的园才不会被烧。我们的祖国经历的灾难太多了，被破坏了的，何止一个圆明园！别人毁掉的，我们感到心疼；自己毁掉的，为何不心疼？”[1]

我们说，要开掘事物深层的意蕴。要做到这一点，就得完成两种超越：一是超越写作对象的自然形态，二是超越一般人对于特定对象的惯常思维。

行文至此，我们再回到宋徽宗出题考画师的话题上来。

徽宗命题“踏花归来马蹄香”，要求考生画出诗句的意境。很多考生画的是一位美人儿，骑着马在花丛中飞奔。宋徽宗说，踏花没问题，可是香没有，这是跑题。大家认为，香是不可能画出来的。徽宗拿出一幅画，整体和大家差不多，关键是这位考生独具匠心，画面如是：一个临近黄昏的夏日，游玩了一天的官人带着女伴骑马回归乡里，马儿疾驰，马蹄高举，几只蝴蝶追逐着马蹄翩跹飞舞，花香萦绕之感表达得淋漓尽致。蝴蝶追逐马蹄，

---

1 王友琴:《在消失了的圆明园里》,《大学生》1983年第1期,第22–23页。

使人即刻想到那是因为马蹄踏花泛起的花香的缘故。画作都是直观概念，如何画嗅觉，确实很难。不过，这幅答卷，考题的涵义被非常巧妙地表现出来，含蓄又有意境。

作画如此，作文亦然。

文章写作，特别是文学创作，不能只是阐释一些自然景象或生活事件，应该是精神财富的创造。因此，作者决不能满足于对写作对象自然形态的简单描摹，不能停留在一般的水平上作出平庸的立意，也不能按照人们通常的思路人云亦云，而应该发人之所未发，言人之所不能言，写出人人心中皆有，但又人人笔下皆无的情理。

比如，人们通常把教师比作蜡烛、园丁，把教师的关心比作母爱，但诗人毛志成却在这一问题上开发出了新意。现代作家毛志成把教师比作烈火、乔木和雄鹰，认为：

关于蜡烛的寓言已经很老很老
早该走出那一点卑微火焰的苍凉
只有这样才敢于宣布自己是烈火
在烘烤世界的同时也爆发着自己的夺目辉煌

关于园丁的童话已经很旧很旧
早该走出小小花圃的感伤
只有这样才敢于承认自己是乔木
在绿化世界的同时也为一切大厦提供着硬质栋梁

关于母爱的比喻已经过分绵软
早该走出母亲的瞳孔的凄惶
只有这样才敢于自负是雄鹰
因为有了自己的高翔才带出了雏鹰的高翔[1]

除文学之外，历史学也是。一般认为，历史就是人类过去活

1 毛志成:《挺立起另一种辉煌》,《中国教育报》1992年5月12日。

动的记录，是一种文字记载。关于其功用、所面临的“危机”及其使命，学术专著《在大数据时代相逢——对十六世纪以来世界历史恢宏场景的新解读》如此表述：

“一切学科的发展和科技的创新皆以服务于社会为目的，自然科学是这样，包括历史学在内的社会科学也是这样。”“今天，在以科学和技术为先导的现代化浪潮的席卷之下，人类知识正进行着整体重建，历史学也被卷入其中，并陷入了前所未有的困境即由中心走向边缘。”

“历史学出现危机，受市场冷落，既是时代转换和社会变革所致，也与其缺乏现实关怀等因素有关。从历史学所应担负的使命说，目前受冷落，要从主观上找原因。随着社会的长足迈进，历史学已远远落后于现实社会的需要，故而产生了危机。要摆脱危机，就必须直面现实社会和未来，如果历史学不敢直面现代和未来的话，那就理应被人忘记。从市场方面说，受冷落也属于正常现象，除特殊时期之外，历史学永远不会像经济学及其实用分支学科那样成为显学，但根本因素还是与现实社会需要的距离有关。”

“历史学要为现实服务，其生命力就在于为现实服务，其最高使命是面向社会需要。我们认为，历史研究不能自言自语，不能仅仅是历史学家之间的对话，历史要和大众对话、和现实对话、解答时代课题。‘一切真正的历史都是当代史’，历史所关怀的是现实生活。纪念死去的人，是为了今天活着的人；研究过去，是为了今天和未来的事业。”

“我们认为，历史学要为现实服务，这是崇高使命，但仅仅适应现实的历史学是不够的，除适应现实之外，还要高瞻远瞩。只有既立足现实又超越现实，既为现实服务又面向未来、为社会发展指引方向，历史学科之树才能常青。”[1]

1 杨鹏飞：《在大数据时代相逢——对十六世纪以来世界历史恢宏场景的新解读》，兰州大学出版社，2017，第1-2页。

上述表述，即超出了一般的社会常态心理，彰显了作者对历史、现实和生活独特的思考和见解，提炼出了高远深厚、新颖独特的主题。

三、表现主题的方法

提炼出一个好的主题之后，在行文时还应运用恰当的方式和方法把主题表现出来。

在表现和阐明主题时，就要注意严格把握思想界限。在什么样的生活基础上提炼的主题，就用什么样的材料去表达；在什么思想范畴内确定的主题，就在什么思想意义上去发挥。切记，既不能使思想认识仅仅停留在事物的表层上，触及不到深层的本质，也不能随意超出一定的界限人为地夸大和拔高。否则，就会损害主题。

“板凳宁坐十年冷，不写文章一句空”的现代中国历史学家范文澜，写中国封建帝王唐太宗李世民，既没有停留在事物的表层上，也没有超出一定的界限人为地夸大和拔高，对其评价始终限定在“封建帝王”这一高度。

唐太宗李世民是唐朝第二位皇帝，是中国历史上杰出的政治家、战略家、军事家，公元599—649年在位。唐太宗登帝位，唐朝才开始强大起来。范文澜写了唐太宗取得贞观之治和被称为英明的封建皇帝的根本原因。在民众观方面，选了五个方面的事例：

第一，隋朝灭亡的教训。作者认为，隋朝是唐太宗的一面宝鉴。隋朝的盛衰兴亡，给了唐太宗深刻的印象，特别是农民起义，使他不得不在事实面前认识了民众的巨大威力。“得罪了民众，就像隋炀帝那样集全部权力于一身的皇帝，也难逃亡国杀身的后果。”[1]由于功业巨大，唐太宗的骄矜心和享乐心也有所滋长。不过，他始终不敢放弃隋朝这面镜子，经常以“慎终如始”警戒自己[2]。隋亡的教训，使唐太宗认识到：“要巩固自己的统治权，就必须不得罪民众，这是他取得贞观之治的根本原因，也是他被称为英明的封建皇帝的根本原因。”[3]

第二，对君与民关系的认识。在此方面，作者引用了唐太宗对朝臣的训词：“人君依靠国家，国家依靠民众，刻剥民众来奉养人君，好比割身上的肉来充腹，腹饱了身也就毙命，君富了国也就灭亡。所以，人君的灾祸，不是从外面来，总是由自己造成的。大抵人君嗜欲太盛就要多费财物，多费财物就要加重赋税，加重赋税民众就要愁苦，民众愁苦国家就要危殆，国危了人君哪得不丧亡。我经常想这个道理，所以不敢纵欲。”还说：“我在朝廷上，要说一句话，总得思考再三，怕说错了害民，因此不敢多说话。”[4]

第三，教子。晚年立子李治为太子，随事训诲。见太子吃饭，就说：“知道耕种的艰难，你就常常有饭吃。”见骑马，就说：“你知道马的劳逸，不用尽它的力气，你就常常能骑它。”见乘船，即说：“水可以载船，也可以覆船，民众好比水，人君好比船。”[5]此外，还总结历史上各朝的统治经验，作《帝范》12篇，传授给继承人唐高宗，并对唐高宗说：“修身治国，都说在这本书里。我死时用不着再说别的话了。”又说，“你应当学古代

1 范文澜:《中国通史简编》,修订本,第三编第一册,人民出版社,1965,第93-94页。

2 范文澜:《中国通史简编》,修订本,第三编第一册,人民出版社,1965,第106页。

3 范文澜:《中国通史简编》,修订本,第三编第一册,人民出版社,1965,第93-94页。

4 范文澜:《中国通史简编》,修订本,第三编第一册,人民出版社,1965,第94页。

5 范文澜:《中国通史简编》,修订本,第三编第一册,人民出版社,1965,第94页。

圣王。像我这样，做过不少烦劳民众的事，说不上尽善尽美，是不足为法的。我功大过小，所以还能保持大业。你没有我的功劳却承受我的富贵，竭力学好，也只能得个平安；如果骄懒奢侈，那就连生命都保不住。要建立一个国家，成功很艰难，破败却很容易；要保持一个帝位，失去很容易，稳固却很艰难。你得爱惜呵！你得谨慎呵！”[1]人，难得有自知之明，何况是功成业就的帝王，唐太宗列举自己的过失诰戒唐高宗，可谓有自知之明。”[2]一个封建统治者，不可能超越这样的观点去认识民众，能够有这样的观点就是难得的封建统治者[3]。

第四，偃武修文，改善政治。即位初年，和朝臣讨论如何治民，唐太宗赞同魏征的观点：“民众遭受战乱的痛苦，教化正容易见效。譬如给饥人做饭，给渴人饮水，是不很费力的事。”随即定“偃武修文，中国既安，四夷自服”之方针，专心从善政治，以使百姓安宁。

第五，民族政策。谈到少数民族，唐太宗说：“从古以来，都是贵中华，贱夷、狄，我独不取这种偏见，同等看待汉族和非汉族人。”[4]公元626年，地方官奏称僚人反叛，请发兵镇压。唐太宗不许，并解释：“僚人居深山，有时出来掠夺，相沿成习惯，不算反叛。地方官如果公平对待，自然相安无事，那可轻动干戈，杀害他们，难道他们不是我的民众么！”“中国是汉族和少数族共有的中国，唐太宗对待各少数族较为持平，因此，境内各族

1 范文澜:《中国通史简编》,修订本,第三编第一册,人民出版社,1965,第107页。

2 范文澜:《中国通史简编》,修订本,第三编第一册,人民出版社,1965,第107页。

3 范文澜:《中国通史简编》,修订本,第三编第一册,人民出版社,1965,第94页。

4 范文澜:《中国通史简编》,修订本,第三编第一册,人民出版社,1965,第106页。

间很少有战事，并且还有诸多独立部落要求内附。”[1]

不同体裁的文章，表现主题的方式和方法不同。

记叙文要通过事件的发展变化和人物的活动来曲折地表现主题；议论文要运用逻辑推理的方法，用可靠的论据和严密的论证来证明基本的观点即文章的主题。但无论什么文章，其主题的表达都应力求具体生动，力求取得良好的表达效果。

表现主题的方式和方法是多种多样的，没有一个固定的程式。但按其表现得明显与否来划分，大体可分为三类，即直接显现、含蓄暗示和藏露结合。

（一）直接显现

直接显现主题的方法又叫“点意法”，即在文章的某一个部位，用鲜明、简练的语言，直截了当地把主题思想说出来。这种文章，观点明确、中心突出，读后很快就能理解和掌握中心思想。议论文、说明文和各种实用性文章都采用这种方法表现主题。有的记事、写人和抒情性文章也采用这种方法来显示、突出主题。

怎样直接显现？

直接显现，可以“题中见意”，即在文章的标题上直截了当地显示出主题，使读者一看标题就明白全文的主题。比如，《实践是检验真理的唯一标准》《论尼采的政治思想》《试论联邦政府在近代美国经济发展中的作用》。

直接显现，可以“开宗明义”，即在文章的开头就直接表现中心思想、基本观点，或说明写作意图，使读者一开卷就可把握全文的要领。

直接显现，也可以“文中点意”，即在记叙、论述、描写或抒情发展到一定阶段时，在文章中间自然而然地引出主要论点或

1 范文澜:《中国通史简编》,修订本,第三编第一册,人民出版社,1965,第95页。

重要思想，并用简洁明白的语言把它点出，从而引起读者注意，帮助读者更好地理解全文。

直接显现，还可以“卒章结意”，即在文章的结尾简明地归纳出文章的中心内容，明确点出主题。比如，贾谊的《过秦论》、杜牧的《阿房宫赋》。

（二）含蓄暗示

含蓄暗示，又叫“寓意法”，即把主题寓于对事件、人物、情节、景物及细节的描述中，不由作者直接说出，而让读者自己去体会。记叙类文章，特别是文学作品多采用这种方法。因为文学作品是用形象、感情去感染人的，所以要让读者通过艺术欣赏的审美活动，在潜移默化中受到启发和影响。因此，作者往往不把自己的思想观点、主观意图直截了当地讲出来，而是通过生动的故事、栩栩如生的艺术形象或深邃的艺术意境把主题含蓄曲折地暗示给读者。

怎样含蓄暗示？可以“寓意于事”，即把主题寓于对事件的叙述中，让故事本身显示其社会意义、思想意义和审美价值。作者只作叙述，让情节自然展开，不作明确的评价，不表示鲜明的态度，不直接说明讲述这个故事的目的，只把自己的倾向和情意隐含于叙述的文字中，使读者去品味故事所含的意义。比如，蒲松龄的《崂山道士》，写王秀才拜师学道，但此人好逸恶劳，图慕虚名，心术不正，不修大道，而求小术。学到一点“穿墙术”就干起损人利己的勾当，结果碰了个头破血流。这个故事告诉人们，像王秀才那样走歪门邪道是必然要碰壁的。但是作者在作品中，对此却无一字说明，只是把这个意思渗透在故事里，让读者去领会。

含蓄暗示，可以“寓意于景”，即把主题思想融化在景物描写中。这种写法，从字面上看，作者似乎是客观地描写景物，实际上，作者的思想、观点和意图却融进了字里行间，表现出特有审美情趣或精神追求。许多作品的景物描写都有一定的寓意，以写景为主的诗歌和抒情散文尤其如此。

含蓄暗示，也可以“托物寓意”，即运用比喻或象征的手法，把作者的情志隐藏在所描述的事物中，借某一具有象征意义的事物，曲折地表达主题。比如，苏联作家高尔基的散文诗《海燕》。在暴风雨来临之前，海燕常在海面上飞翔。因此，俄文里的“海燕”一词含有“暴风雨的预言者”之意。高尔基的这篇诗作，按海面景象的发展变化分成三部分，描绘了海燕面临狂风暴雨和波涛翻腾的大海时的壮丽场景。“在苍茫的大海之上，狂风翻卷着乌云。在乌云和大海之间，一只海燕如黑色的闪电一般，正高傲地展翅翱翔。它时而掠过波浪，时而像箭一样冲向乌云。它呐喊着，在它勇敢的呐喊声中，乌云听到了喜悦。在这呐喊声中，还有对暴风雨的渴望！”[1]通过对海燕在暴风雨来临之际勇敢欢乐的形象的描写，反映了1905年革命前夕俄罗斯急剧变化的局势和民众的心态：“暴风雨！暴风雨就要来了！”“让暴风雨来得更猛烈些吧！”[2]

还有，毛泽东的《七律·冬云》：“雪压冬云白絮飞，万花纷谢一时稀。高天滚滚寒流急，大地微微暖气吹。独有英雄驱虎豹，更无豪杰怕熊罴。梅花欢喜漫天雪，冻死苍蝇未足奇。”[3]

含蓄暗示，还可以把主题渗透在人物形象的塑造中，即通过人物形象的塑造来表现主题。这是小说、戏剧和影视文学等常用的手法。文学作品要创造出典型环境中的典型性格，通过人物命运的变化，形象地反映现实生活的本质及其内在规律，因此，作者的意图多不直接写出，而是通过对人物的描写来表达。用这种方法暗示主题，既可以让主题渗透在对人物肖像的描写中，也可以渗透在人物的语言、行动和心理活动中，还可以把主题寓于人

1 高尔基：《海燕》，江苏凤凰文艺出版社，2018，第3页。

2 高尔基：《海燕》，江苏凤凰文艺出版社，2018，第4页。

3 中共中央文献研究室编：《毛泽东诗词集》，中央文献出版社，1996，第133页。

物的矛盾纠葛中。比如，长篇小说《红楼梦》的作者，通过王熙凤之口预示出贾府终归要落得“树倒猢狲散”的结局，也道出了封建大厦将倾的趋势，这反映了作者对现实的深刻认识，深化了整个作品的主题。还比如，小说《水浒传》，通过对众多英雄人物走向梁山的描述，形象地体现了“官逼民反”的主题。

（三）藏露结合

用直接显现的方法表现主题，文章是外露的，但如果过于直露、浅显，让人一览无余，对有些文章来说，效果未必会好。用含蓄暗示的方法表现主题，主题是隐藏的，但若藏之过甚，隐而不现，读过几遍还不知所云，效果也不会好。为了发挥以上两类表现主题的方法的优点，避免直露浅显或晦涩玄奥的弊端，还可以采用藏露结合的方法表现主题。

唐志契，明代著名画家、绘画理论家，生活在明朝中期，当时正是中国绘画艺术繁荣昌盛的时期。他在绘画领域有着卓越的成就，其绘画理论更为后世所推崇。在论及绘画时，他说：“善藏者未始不露，善露者未始不藏。”

宋徽宗出题，“竹锁桥边卖酒家”。如何画？考生都把重点放在酒家上，两旁是竹子，中间是酒家。48岁的应试者李唐，独辟蹊径，没有重点描绘酒家，而只画了一座小桥，桥边画了一大片竹林。林深之处，斜挑一幅酒帘，上写“酒”字，切合“竹锁”的深意。宋徽宗说的这个“锁”字，是要画家在“藏”字上下功夫，而李唐的画作恰恰表现了“藏”。将酒店“藏”于竹林之中，只露一招儿，其趣在半含半露之中。这种“露其要处而隐其全”的艺术手法，使徽宗大为赞赏。

接着，徽宗出了“深山藏古寺”一题，考生明白了重点在“藏”字，有了上次经验，大多在荒山之间画出幡竿，因为幡竿是佛寺的标志。宋徽宗不以为然，表示：重复就没有创新，再说，这也太荒凉，失去藏的感觉，没有灵动性。一位高明的应试者则没有画庙，只画了深山阴谷中的一条被踩光的石径，一头通向深山，一头有一小和尚在溪边担水。很明显，小和尚担水去哪里？当然是去被深山所“藏”的古寺。这幅画作，着意在“藏”字上做文章，给人以“画有尽而意无穷”的艺术享受。“善藏者，未始不露；善露者，未始不藏。”绘画讲究藏得自然，藏得巧妙，藏得有诗情画意。这幅画作，获得了徽宗好评。

对于表现文章的主题来说，就是既不要全藏，也不要全露，而是隐藏起一部分，显露出一部分，犹如“春色满园关不住，一枝红杏出墙来”，既不把园内那万紫千红的春色全部展现在读者面前，也不把它完全隐藏。

在文学创作中，美国著名作家海明威把创作喻为冰山，提出了“冰山理论”。他说：“冰山在海里移动很是庄严雄伟，这是因为它只有1/8露在水面。”所谓“1/8露在水面”，就是说有7/8的思想蕴含在形象背后，见诸笔端的虽只有1/8，但读者却能强烈地感受到1/8背后的力量，这种“藏”与“露”的结合会使作品更加耐人寻味。

《孔乙已》，是近代中国文学家鲁迅的短篇小说，也是鲁迅在“五四”运动前夕继《狂人日记》之后发表的第二篇白话小说，最初发表在1919年4月的《新青年》。这篇小说，选取了当时社会的一角，即鲁镇的咸亨酒店，艺术地展现了19世纪末期中国贫苦知识分子的生活状况。当时的中国，尚处于清王朝的封建专制统治之下，科举制度仍是使中国贫苦知识分子进入上层的唯一制度途径。只有通过科举，少数的读书人才能进入上层社会，而绝大多数知识分子则仍处于社会下层。小说主人公孔乙已，即典型。

在这里，只谈小说的“藏”与“露”。

首先，小说的开篇之“藏”。

小说的开篇，勾画了酒店的环境：酒店的格局，布有曲尺形的大柜台。酒店的酒客，有两个不同的等级，一是以底层劳动民众为主的“短衣帮”，二是以地主阶级、有钱人和读书人为主的“长衫客”。“短衣帮”因生活贫困、社会地位低下，在酒店里只能站着吃饭，而“长衫客”却可以坐在酒店专属的隔壁房子里慢慢地喝，要酒要菜，呼唤伺候。这里的伙计，也有等级，有的专门侍候长衫客，有的专门招待短衣帮，有的连侍候人的资格也没有，只能做温酒一类的杂事。掌柜，对小伙计是一副凶相。在这个环境的背后，藏着封建社会阴暗的一角，藏着等级差别、腐朽的势利眼，以及人与人之间互不信任的关系等，藏着生活在这个环境里的孔乙己的悲剧命运的必然性[1]。

其次，人物出场之“露”。

孔乙己在酒店初次出现，就给人留下了深刻印象。他，身材高大，面容青白，胡须乱而花白。因为他是站着喝酒的唯一穿长衫的人，所以引人注目。既然穿长衫，就应走进酒店专属的隔壁房子里坐着吃喝，但他却不是，也不能，他只能跟短衣帮一样，在柜台外站着喝酒，不伦不类。

孔乙己穿的虽是长衫，可又脏又破。对人说话，满口“之乎者也”，让人半懂不懂。简笔自描，却颇丰富、细腻、传神。站着喝酒这个细节，表明孔乙己不是地主阶级的一员，不是有钱人。按理说，孔乙己应该把那件又脏又破的长衫脱下来，融入短衣帮的人群里，可孔乙己又不愿承认自己的穷困潦倒，甚至还觉得自己要比“短衣帮”高贵，要摆一摆读书人的架子。孔乙己不仅不肯脱下表示身份的破长衫，而且还满口文言，用以炫耀学问。面对酒客带讥讽之意的“你真的识字吗?”的疑问，他“露”出“不屑置辩的神气”[2]。至此，封建时代读书人的那种自负、鹤立鸡群的感觉完全流露出来。

当人们讥笑他“连半个秀才也捞不到”之时，孔乙己“露”

1 李伟:《见微知著——略谈鲁迅小说〈孔乙己〉的“露”与“藏”》,《作文教学研究》2009年第3期,第105页。

2 鲁迅:《孔乙己》,北京联合出版公司,2021,第4页。

出颓唐不安的表情，脸上也笼上一层灰色[1]。

再次，人物出场之“藏”。

孔乙己读过书，但没有进学，又由于不会营生，越过越穷，以至于混到将要讨饭的地步。无奈，免不了偶尔做些偷窃之事。提及偷窃，孔乙己便为自己“窃书不能算偷”的行为诡辩，声称“窃书不能算偷……窃书！……读书人的事，能算偷么？”[2]这里就有一个“藏”，藏着一个穷酸、迂腐、死要面子的落拓封建文人的扭曲心理。

孔乙己把自己考不上秀才当成生平最大的憾事，甚至比偷东西被揭发还要难受。这里又是一个“藏”，藏着孔乙己对封建教育的一无所知，藏着打在这个走上穷途末路仍念念不忘科举的读书人身上“万般皆下品，惟有读书高”的深刻烙印。

此外，作品还有一个更为沉重的“藏”，藏着一个即将崩溃的封建社会，藏着一个可笑、可怜又可悲的灵魂，也藏着作者对不幸封建文人“哀其不幸”的同情、“怒其不争”的无奈，藏着对封建社会封建文化教育和科举制度最为强烈的控诉。

“任何艺术创作，都是藏锋不露的，往往是用意十分，下语三分，水上的1/8和水下的7/8，一个露，一个藏；一个小，一个大；一个少，一个多；一个较为简单，一个更为复杂。露是有限的，藏是无限的。正因为无限，才有供人想象的余地”，“7/8只不过是比喻，其实，你想象的能力有多大，它便有多大，这是因人而异的。它是变量，这个变量是艺术容量”[3]。

鲁迅一生，描绘了诸多微不足道的小人物与平常事。“这是1/8，其背后的7/8却是一个广博而沉重的藏：藏着一切悲剧的真正本源，藏着一个长期而痛苦的思索，藏着低贱灵魂的痛苦挣扎，藏着对社会人生苍凉而深刻的世界观、人生观、价值观甚至

1 鲁迅:《孔乙己》,北京联合出版公司,2021,第4页。

2 鲁迅:《孔乙己》,北京联合出版公司,2021,第3页。

3 李伟:《见微知著——略谈鲁迅小说〈孔乙己〉的“露”与“藏”》,《作文教学研究》2009年第3期,第106页。

生死观的代表，藏着一种博大精深的哲学。”[1]

四、确定主题的要求

主题是作者在反映生活现象、发表主张或说明事物时，通过文章的全部材料和表现形式所表达的核心思想与主要意向。确定主题的要求有多个方面，这里谈主要的：

（一）主题要正确

这是写文章最基本的要求。主题正确，是指文章的思想观点符合客观世界的真实情况。主题是否正确关系到文章的成败。主题正确，文章才有社会意义。

主题正确与否，立意高不高，关键不在于“写什么”，而在于“怎么写”，在于作者的思想，在于作者的认识水平。作者的世界观和立场，对于文章的主题正确与否起着决定性的作用。

（二）主题要鲜明

这是指文章的主题要明确，作者的态度要明朗。爱什么，恨什么，拥护什么，反对什么，毫不含糊。当然，不同体裁的文章，表现主题的方式不同，议论性文章和说明性文章大多是把观点直接地表现出来，而文学作品，特别是小说和戏剧，则是通过故事情节的展开来表达的。

（三）主题要集中

这里的“集中”，是“单一”的意思。一般说来，一篇文章只能有一个主题。主题切不可枝蔓丛生，而要重点突出，集中、深刻。古人的经验是“立意要纯”“意多乱文”，这是正确的。一

1 李伟:《见微知著——略谈鲁迅小说〈孔乙己〉的“露”与“藏”》,《作文教学研究》2009年第3期,第106页。

个作品只能有一个中心。中心多了，就等于没有中心。秦牧的散文《土地》，所用的材料涉及古今中外，但非常集中。该文从2600多年前晋公子重耳出亡的故事，谈到中国皇帝的封侯仪式，谈到华侨离乡时所带的“乡井土”，还谈到明代妇女的头饰、守卫小岛的解放军战士和兴修水利的事迹。似海阔天空，无所不及，但文章的主题却很集中，这就是要人们珍惜用血汗保卫和开发的土地，为祖国的建设贡献力量。

散文《土地》，是现代作家秦牧的代表作，此作从历史和日常生活中的见闻谈起，以土地为对象，时而展现新时代的风貌，时而追叙惨痛的历史，时而歌颂新社会的建设者和保卫者，时而写到古代的封疆大典，时而又将笔触延伸到殖民者的暴行，从古到今，从草木禽兽到人情世态、到故事传说、到现代科技，都囊括其中。但从未离开土地，非常集中。

《土地》这个题目，大家也许会感到无从下手。抬头看天，低头见地，普通极了，有什么东西可以付诸笔墨？另一方面，长城内外，大河上下，一直到全国960多万平方公里的土地，显得茫无边际，又怎能理得出头绪，抓得住要点？

文章的开头，不忙于从“土地”写起，而是如此表述：“我们生活在一个开辟人类新历史的光辉时代。在这样的时代，人们对许许多多的自然景物也都产生了新的联想、新的感情。不是有无数人在讴歌那光芒四射的朝阳、四季常青的松柏、庄严屹立的山峰、澎湃翻腾的海洋吗？不是有好些人在赞美挺拔的白杨、明亮的灯火、奔驰的列车、崭新的日历吗？睹物思人，这些东西引起人们多少丰富和充满感情的想象！”[1]作者先谈“光芒四射的朝阳”“四季常青的松柏”等，一口气列举了八个事物，这明显是“放”，等到读者目不暇接之际，作者突然另起一段，简洁地写下一行文字：“这里我想来谈谈大地，谈谈泥土。”[2]这是“收”，先

1 秦牧:《秦牧文集》,第一卷,春风文艺出版社,1983,第54页。

2 秦牧:《秦牧文集》,第一卷,春风文艺出版社,1983,第54页。

“放”后“收”，“收”时又多姿多彩，不断蓄势。

“这里我想来谈谈大地，谈谈泥土。”

“当你坐在飞机上，看着我们无边无际的像覆盖上一张绿色地毯的大地的时候；当你坐在汽车上，倚着车窗看万里平畴的时候；或者，在农村里，看到一个老农捏起一把泥土，仔细端详，想鉴定它究竟适宜于种植什么谷物和蔬菜的时候；或者，当你自己随着大伙在田里插秧，黑油油的泥土吱吱地冒出脚缝的时候，不知道你曾否为土地涌现过许许多多的遐想？想起它的过去，它的未来，想起世世代代的劳动人民为要成为土地的主人，怎样斗争和流血，想起在绵长的历史中，我们每一块土地上面曾经出现过的人物和事迹，他们的苦难、愤恨、希望、期待的心情？”[1]

“有时，望着莽莽苍苍的大地，我骑着思想的野马奔驰到很远很远的地方，然后，才又收住缰绳，缓步回到眼前灿烂的现实中来。”[2]

《土地》篇幅较长，这就要求行文时繁简得体，疏密有序，前后勾连，互相衬托。几个场景：

从写2600多年前春秋时代晋国公子重耳在亡命途中发生的故事，古代中国皇帝把疆土封赠给公侯时的仪式，劳动者为了土地而进行的连绵不断的悲壮斗争，诸多可歌可泣保卫土地的抗敌爱国故事，到几个世纪以来那些当年被迫得走投无路的破产的中国农民漂流到海外去谋生，离乡别井的人们在远行之前包藏在身边“乡井土”。再到中华人民共和国成立后进行的土地改革，海岛战士日夜守卫祖国海疆的场景，以及珠江三角洲、华南地区、雷州半岛、潮汕平原，到今天世界范围内许许多多被殖民者奴役着的地方，也正在进行着驱逐侵略者、保卫国土的斗争。

之后，是感慨：“在我们看来很平凡的一块块的田野，实际

1 秦牧:《秦牧文集》,第一卷,春风文艺出版社,1983,第54页。

2 秦牧:《秦牧文集》,第一卷,春风文艺出版社,1983,第55页。

上都有过极不平凡的经历。在几十万年之间，人类在这上面追逐着野兽，放牧着牛羊，捡拾着野果，播种着五谷，那时候人们匍匐在大自然的威力之下，风雨雷霆，电光野火，都曾经使他们畏惧颤栗。几十万年过去了，人类进入了阶级社会，一片片的土地像被戴上了镣铐似的，多少世代的农民，在大地上流尽了血汗，却挣不上温饱，有多少人在这一片片土地上面仰天叹息，椎心痛恨！又有多少人揭竿起义，画着眉毛，扎着头巾参加战斗，把压迫他们的贵族豪强杀死在这些土地上面。到了近代，又有多少人民的军队为了从封建地主阶级手里，把土地夺回来，和帝国主义的军队、剥削者的军队在这上面鏖战过。”[1]

直到作品结尾，作者还笔酣墨饱地抒发：“让我们捧起一把泥土来仔细端详吧！这是我们的土地呵！怎样保卫每一寸的土地呢？怎样使每一寸土地都发挥它的巨大潜力，一天天更加美好起来呢？”[2]

在《我怎样写〈谁是最可爱的人〉》一文中，魏巍说，原来也想写好几个意思，但最后没有那样做，后来认识到面面俱到，想告诉人家这个，又想告诉人家那个，结果问题提得不明确，更不能深入地解决问题，因此，只写了一个意思，即志愿军战士是我们最可爱的人。这样，主题就单一了、集中了。

（四）主题要深刻

深刻是指主题能够揭示事物的本质，反映事物的内部规律性。这是主题的深刻。

一篇文章，主题是否深刻，往往反映着作者对生活认识的程度。20世纪60年代，出现了雷锋这个英雄典型。很多人都以雷锋的事迹为题材写了诗，但是，直到今天，仍在传颂的却是贺敬之的《雷锋之歌》。

1 秦牧:《秦牧文集》,第一卷,春风文艺出版社,1983,第58页。

2 秦牧:《秦牧文集》,第一卷,春风文艺出版社,1983,第60页。

假如现在呵
我还不曾
不曾在人世上出生，
　　假如让我呵
　　再一次开始
　　开始我生命的航程——
在这广大的世界上呵
哪里是我
最迷恋的地方？
　　哪条道路呵
　　能引我走上
　　最壮丽的人生？
面对整个世界，
我在注视。
　　从过去，到未来，
　　我在倾听……
八万里
风云变幻的天空呵
今日是
几处阴？几处晴？
　　亿万人
　　脚步纷纷的道路上
　　此刻呵
　　谁向西？谁向东？
哪里的土地上
青山不老，
红旗不倒，
大树长青？
　　哪里的母亲

能给我
纯洁的血液、
坚强的四肢、
明亮的眼睛？[1]
……

好诗不厌百回读。这首诗写得好，就因诗的主题比其他一些诗歌更深刻。贺敬之以他自己对雷锋精神的真知灼见和对雷锋事迹的深切感受，从时代高度提炼了这首诗的主题。通过雷锋这一英雄典型，回答了“人，应该怎样生？路，应该怎样行？”的问题。

我们要求主题要深刻，但深刻并不是要求把话说尽说绝。须知，深刻常常同含蓄联系在一起。要使文章具有深刻性，就要抓住本质来写。抓住了本质，也就深刻了。

（五）主题要新颖

新颖，是指文章的主题要有新颖的观点、独到的见解。一篇文章所表现的内容，如果是人们早已知晓的，那它就没有什么价值了。

报告文学作家徐迟去采访数学家陈景润，他得到的第一印象是：陈景润是一个生活在数学王国里的人，只是偶然才回到人间。他以这个感受为中心基调，写下了《哥德巴赫猜想》。徐迟的这个感受是独特的，比一般化地单纯地描写他如何刻苦钻研，如何带病演算数学题要深刻得多、新颖得多。

罗斯福新政是美国历史上的一次重要改革，也是世界历史上的著名改革之一。多年来，对新政的研究，众多的专家和学者都予以了高度关注，倾注了大量心血，并取得了丰硕成果。学界的论争，主要集中在新政的指导思想、阶级性质、实施期限以及历史作用等方面。

关于罗斯福新政的历史作用，观点颇多。有学者认为，新政

1 贺敬之:《雷锋之歌》,中国青年出版社,1963,第1–2页。

的作用是消极的，并以彻底失败而告终；有的认为新政是急救药方，拯救了美国资本主义制度，完成了其使命；有的认为新政缓解了经济危机，为美国在二战中的胜利奠定了物质基础；有的认为新政局部地改变了生产关系，使20世纪30年代垄断资本主义的发展出现了新规律；有的认为新政给美国资本主义带来了活力，它不是摧毁而是维护了私有制，使财富与权力的分配较为合理了一些[1]。

学术专著《相信进步——罗斯福与新政》认为新政以福利保障来缓和社会财富分配不公的弊病，开辟了美国现代化新模式，推动美国走上了现代福利国家的道路。这一观点，体现了创新。

专著认为，"工业社会财富分配不公与机会不平等必然导致一部分人的贫困，甚至极端贫困，特别是在经济不景气的年代。在自由放任的教条控制下，人们总认为贫困是个人的事，是个人的原因造成的。大萧条改变了这一观念，因为它是对所有人的威胁。千百万人的失业与贫困绝不是个人问题，而且，只有采取集体防御才能对付这一威胁。大萧条使政府采取应急的防御措施，这就是福利保障。从此，一个不管人民吃穿的政府变成一个保证人民最低生活水准，保证温饱的政府。联邦政府成为人民生活的保证人。美国从工业化使少数人富裕或成为巨富以来，到新政开始走上福利国家之路，反映了美国现代化模式的改变：政府不仅要保护在工业化、现代化中获得的私有财产，还要保证那些一无所有、一贫如洗的人的基本生活。这是政府要履行的主要职责。正是这个新模式，正是人民的温饱有了保证，使新政以来的美国社会保持了稳定。"[2]

上述两文，见解的新颖和观点的独到之处，一目了然。

1 杨鹏飞:《万紫千红总是春——对20世纪50年代以来世界近现代史学术进展的综合考察》,载杨鹏飞、张玉霞主编:《世界史教学与研究(第二辑)》,兰州大学出版社,2019,第279-280页。

2 陈明、李庆余、陈华:《相信进步——罗斯福与新政》,南京大学出版社,2001,第208—209页。

第三章
结构设计的原则与艺术

写任何体裁的文章，都涉及结构设计。文章的结构，就是文章内部的组织与构造，即文章内容的组织排列形式。说具体点，就是文章部分与整体、部分与部分之间的内在联系和外部形式的统一。从本质上说，文章结构的设计，并不是一个单纯的方式、方法问题，而是一个如何认识和反映客观事物的问题，即思路问题。思路决定结构，文章的条理性是和作者思路的条理性相一致的。要把材料安排得有条不紊、首尾贯通，首先就需要有一个清晰严密的思路，而要思路清晰严密，作者就必须对自己所要反映的事物或所要阐述的道理进行透彻的研究。认识得越深刻、具体，其结构就愈加严谨和自然。

安排结构，是文章写作必不可少的一步。一篇文章，如果没有好的结构，那么材料就会散乱无序，更谈不上表现主题。任何文章，都必须借助一定的结构形式加以表达。

一、结构的内涵

结构的内涵，包括段落和层次、主次和详略、过渡和照应、开头和结尾以及标题等几个部分。在这里，我们逐一来谈。

（一）段落和层次

段落，就是自然段，是文章中具有相对完整内容的独立的基本单位，代表文章表达的一个步骤，表示思路发展中的停顿和间歇。在形式上，其明显标志之一是换行。

分段的主要目的，是使文章眉目清楚、层次分明、易于理解。此外，分段还可以起到强调、转折、过渡以及表达某种感情色彩的作用。分段是为文章内容服务的，也是有原则的。

首先，要注意单一性和完整性。单一性，是指一个段落只能有一个中心意思，不能把几个意思整合在一起。完整性，是指一段文字要把一个意思说完，不可说了一半又起另一段。

其次，处理好段落与层次、段落与段落之间的关系。段落体现层次。每个段落的位置、次序，必须按层次的需要来确定。在一个意义层中，要注意段落的先后，注意段与段之间的衔接和内在联系，做到文脉贯通。

再次，分段的长短要得当。分段是为表达思想服务的，但没有固定不变的准则。一般来说，长文章内容多，段落可相应长一些；短文章内容不太复杂，段落应短一些。段落的长短，应和文章的长短相适应。

复次，分段要和文章所表现的感情相适应。分段粗，节奏舒缓；分段细，文势急促。

总的来说，分段要长短合度，以短为宜，因为，如果段落过长，包含的内容太多，会使人感觉条理不够分明；但分段也不要太短，太短会显得断断续续，支离破碎。

在一篇文章里，除了过渡段、强调段和对话等特殊段落外，一般的段落要长短相宜，大体匀称。再说一遍，大致说来，文章的分段，还是适当短一些为好。

以上谈的是段落，下面谈层次。

层次，也叫“意义段”“结构段”“逻辑段”“部分”或“大段”，是文章内容安排的次序，也是文章的结构单位。一篇文章，通常有多层意思，这些意思在文章中的次序就是层次。在形式上，层次一般由段落群组成。有时，一个自然段就是一个层次。

层次是文章结构的重要部分，层次的安排是表达文章内容的重要手段。安排文章层次的方法有多种，因体式和表达方式的不同，安排的方法也不同。但不管怎样安排，层与层之间都应反映出客观事物发展的阶段性、多面性、承接性和连续性。

如何安排文章的层次？文章的层次，主要有纵式、横式、合式三种结构形态。

纵式结构。

纵式结构，即按纵向的进程顺序安排，记叙文、议论文和说明文分开谈。

记叙性的文章，按纵式结构来安排层次，方法主要有四种，即按时间的顺序安排，按事情的发展过程安排，按人物性格发展的进程安排，按作者对客观事物的认识发展过程和感情的变化安排。

当代中国记者陈锡添的长篇通讯《东方风来满眼春——邓小平同志在深圳纪实》，即按时间顺序记述1992年1月19—23日邓小平在深圳的巡视。通讯把巡视分为五个时间段，按先后顺序安排。

第一个时间段，写1月19日。上午9时整，列车在深圳火车站停靠，邓小平抵达深圳，同前来欢迎的广东省委、深圳市委、市政府主要领导握手，在桂园休息约10分钟，然后在省市负责人陪同下乘车观光深圳市容，并谈办经济特区、特区姓“社”不姓“资”、“三资”企业、经济发展、不仅经济要上去，社会秩序、社会风气也要搞好，两个文明建设。站在深圳河大桥桥头，眺望对岸的香港，然后察看皇岗口岸。

第二个时间段，写1月20日。上午9时35分，参观国贸大厦，先看深圳经济特区总体规划图，听取汇报，和省市负责人作了较长时间的谈话。他强调要坚持党的十一届三中全会以来的路线方针政策，关键是坚持“一个中心、两个基本点”。他强调不坚持社会主义，不改革开放，不发展经济，不改善人民生活，只能是死路一条。基本路线要管一百年，动摇不得。他又说要坚持两手抓，一手抓改革开放，一手抓打击各种犯罪活动。他还谈到中国要保持稳定，干部和党员要把廉政建设作为大事来抓，要注意培养下一代接班人等重大问题。他强调要多干实事，少说空话。然后参观深圳先科激光公司，听取关于公司情况的介绍。表示要遵守国际有关知识产权的规定。

第三个时间段，写1月21日。参观中国民俗文化村和锦绣中华微缩景区。上午9时50分，在省、市负责人陪同下，邓小平来到中国民俗文化村。在返程途中，他和陪同的负责人谈话。他强调，走社会主义道路，要逐步实现共同富裕。就全国范围来说，一定能够逐步顺利解决沿海同内地贫富差距的问题，并说，只要我们的生产力发展，保持一定的增长速度，人民的精神文明建设也可以搞上去。我们完全有能力把社会主义精神文明建设搞好。此外，他还谈到要尽快把经济建设抓上去。他说，有条件的地方要尽可能搞快点，只要是讲效益、讲质量，搞外向型经济，就没有什么可以担心的。

第四个时间段，写1月22日。上午9时45分，在省、市负责人的陪同下，邓小平参观仙湖植物园。10时10分，在一片开阔的草地上，他种下一棵长青树即高山榕。

下午，他同省、市负责人作重要的谈话。他说，改革开放胆子要大一些，敢于试验，不能像小脚女人一样。看准了的，就大胆地试，大胆地闯。深圳的重要经验就是敢闯。没有一点“闯”的精神，没有一点“冒”的精神，没有一股气呀、劲呀，就走不出一条好路，走不出一条新路，就干不出新的事业。不冒风险，办什么事情都有百分之百的把握，万无一失，谁敢说这样的话？一开始就自以为是，认为百分之百正确，没那回事，他就从来没有那么认为。他还指出，社会主义的本质，是解放生产力，发展生产力，消灭剥削，消除两极分化，最终达到共同富裕。证券、股市，这些东西究竟好不好，有没有危险，是不是资本主义独有的东西，社会主义能不能用？允许看，但要坚决地试。看对了，搞一两年对了，放开；错了，纠正，关了就是了。关，可以快关，也可以慢关，也可以留一点尾巴。怕什么，坚持这种态度就不要紧，就不会犯大错误。还谈到：现在建设中国式的社会主义，经验一天比一天丰富；在农村改革和城市改革中，不搞争论，大胆地试，大胆地闯；我们的政策就是允许看，允许看，比强制好得多。

第五个时间段，写1月23日。记述邓小平在广东省委主要负责人的陪同下去珠海特区。上午8时30分，深圳市负责人以及警卫、服务人员，在市迎宾馆欢送邓小平。前往蛇口。在车上，和省、市负责人交谈。邓小平说，大胆地干。每年领导层要总结经验，对的就坚持，不对的赶快改，新问题出来抓紧解决。不断总结经验，至少不会犯大错误。强调，第一条是不要怕犯错误，第二条是发现问题赶快改正。

到达蛇口港码头。邓小平向码头走了几步，突然又转回来，向深圳市委主要负责人说："你们要搞快一点！"9时40分，邓小平乘坐的轮船离开蛇口港[1]。

杨朔的散文《荔枝蜜》，写自己从不喜欢蜜蜂，到经过吃荔枝蜜了解蜜蜂；从了解蜜蜂，到喜爱蜜蜂。这是按作者对客观事物的认识发展过程和感情的变化为序来安排的。

议论性的文章，按纵式结构安排层次的方法是遵循事理的逻辑关系逐层深入展开论述，即对所论问题由浅入深地逐层分析和论证。

中国唐宋文学与中国词学专家沈松勤的《从词的规范体系通

1 陈锡添:《东方风来满眼春——邓小平同志在深圳纪实》,《深圳特区报》1992年3月26日。

观词史演进》一文的本论即按纵式结构安排的。文章先是提出论断，然后分三层依次论述，最后得出结论。

在绪论部分，作者这样表述：

在20世纪之初，词史的研究就受到了学界的重视，并取得了长足进展。不过，“综观当代词史的研究，无论断代史抑或通史，依然运用了20世纪初学者所设立的框架，将自唐至清词的演变历史依附于各个王朝的兴替历史，体现为‘朝代词史观’”。这虽然有其合理性，但也为处理易代之际的词史带来诸多缺憾，而且在一定程度上忽视或割裂了词在艺术上的规范体系的整体运行，“影响了我们对这段词史的整体认识”。在已有词史成果的基础上，注重对词的规范体系运行的审视，当为词史研究的应有之义[1]。

在本论部分，分三层依次推进：一是词的规范体系的形成，二是词乐结合期规范体系的运行与词史的演变，三是词乐分离期规范体系的运行与词史的演变。

本论的第一层，是词的规范体系的形成。

作者从词的体制本身、词人的审美惯例、三大规范体系的形成这三个方面进行论述。认为：“上述不同内涵的三大规范体系各具特征，各有优长，是唐、宋也是金、元、明、清词抒发不同‘世情’，载负不同‘时序’的三大支架。不过，这三大规范体系并非一成不变，词人在采纳中因出于抒情的需要而有所变化，甚至相互融汇。三者的形成有个前后发展的过程，形成后运行的具体情形也不尽一致，有时并辔而行、联镳竞逐，有时则彼起此伏，此盛彼衰。这些情形昭示了词的运行轨迹，为我们通观与条理词兴衰交替的演变历史提供了事实依据。”[2]

本论的第二层，是词乐结合期规范体系的运行与词史的

1 沈松勤：《从词的规范体系通观词史演进》，《中国社会科学》2019年第9期，第157页。

2 沈松勤：《从词的规范体系通观词史演进》，《中国社会科学》2019年第9期，第163页。

演变。

作者认为，在唐宋时期，词是一种音乐文学，其音乐属性是在不同宫调下的曲调系统中形成的。“不同宫调下的曲调系统规范了词的文体。由于曲调体制的不同和词人审美惯例的差异，形成了上述三大规范体系，但三大规范体系并非一蹴而就，而是处于从孕育、构建到拓展、新变的过程中，词也随之形成了从初盛到鼎盛的演变历史。”[1]

紧跟着，作者从在孕育中构建、在构建中谱写词的初盛史，从在拓展中新变和在新变中谱写词的鼎盛史两个方面予以论述。

“作为一种成熟的音乐文学样式，词必须具有调名、合乎自身的体制规范。词调由音乐上的曲调转化而成，其转化并非同时并起”，“经过晚唐五代到北宋，依谱填词的方式日趋复杂和完善，终于形成了一整套与诗律不同的词律”。“从音乐到曲调、由曲调到词调、以词调规范词律，就是词的体制规范从孕育到构建的过程。在这个过程中，以温庭筠为首的花间词人，起到了承前启后的作用。经过他们的构建，不仅依谱填词成为一种规范，而且在文本的制作中，呈现出一种规范体系。”[2]

从“花间”正体到周、柳正体，再到苏轼变体，形成了词的多元规范体系，展示了一段完整的演进历程。这一时期，是词的初盛历史[3]。北宋以后，已有的三大规范体系在传播中得到了拓展，在拓展中产生新变，呈现出相并而行、交相辉映的局面，谱写了词的鼎盛历史。

在1126—1319年约两个世纪里，词虽处于前后演变的过程中，但置于整个词史，应属于鼎盛时期；“推进词走向鼎盛的主

1 沈松勤:《从词的规范体系通观词史演进》,《中国社会科学》2019年第9期，第167页。

2 沈松勤:《从词的规范体系通观词史演进》,《中国社会科学》2019年第9期，第163-164页。

3 沈松勤:《从词的规范体系通观词史演进》,《中国社会科学》2019年第9期，第166页。

力，当推先后出现的‘辛派’与‘姜派’两大词人群”[1]。

本论的第三层，是词乐分离期规范体系的运行与词史的演变。

作者认为：“宋元之际，词乐开始失传，词与乐逐渐分离，原本的音乐性仅仅体现在词调声律上，而且其声律在曲化过程中也有所变异。不过，上述规范体系对后世词人的创作仍然具有明显的规范效应。事实上，在明清，原有的三大规范体系经历了从衰蔽到修复，从停滞到融汇的过程，词也随之形成了在修复后中兴、从融汇中再兴的演变历史。”[2]

接着，作者从在衰敝中修复、在修复中谱写词的中兴史，在停滞中融汇、在融汇中谱写词的再兴史这两个方面进行论述。认为：“自龚自珍至文廷式的半个多世纪，词坛在规范体系的融汇与多种规范的兼具并举中，表现了丰富的‘世情’，谱写了词的再兴史，为自唐至清的词史划上了一个圆满的句号。”[3]

结语的表述是这样的：词是作者用来抒情达意的，在艺术上属于自足自立的一种文体。由语体、体格和体性诸要素构成的三大规范体系，为词人抒发不同性情，呈现艺术风格，提供了不同于其他文体的艺术标准或惯例。而任何一位作者都离不开他所处朝代的历史，受制于特定的生活环境。这种不同的生态环境，决定了“词风”的盛与衰，影响了词人对规范体系的采纳，也表明了词的兴衰演变受制于当世的政治、文化，以及人情风貌、时代精神。“在现有词史成果及其书写观念的基础上，注重对词的规范体系实际运行的审视，观照词的兴衰演变，是尊重词自身演变轨迹，完善词史研究的应有之义。”[4]

1 沈松勤：《从词的规范体系通观词史演进》，《中国社会科学》2019年第9期，第166-167页。

2 沈松勤：《从词的规范体系通观词史演进》，《中国社会科学》2019年第9期，第171页。

3 沈松勤：《从词的规范体系通观词史演进》，《中国社会科学》2019年第9期，第179页。

4 沈松勤：《从词的规范体系通观词史演进》，《中国社会科学》2019年第9期，第179页。

说明文，按纵式结构安排层次的方法，主要有三种：

第一种，按层层推进的顺序。现代中国书法家李茂江的《笑的功能》，为说明笑的益处，他把文章的内容分为三层：从“笑一笑，十年少”说起，引出笑能使人长寿的话题；接着，从生理的角度说明笑能使人健康的原因；最后，从巡按治病的故事说明笑还能治疗某种疾病。三层内容，各有侧重，但始终把笑的功能步步推进，使文章不断向纵深发展。

第二种，按制作或操作的具体程序。比如，叶圣陶的《景泰蓝的制作》，就是按景泰蓝的制胎、掐丝、涂色、打磨的先后顺序来写的。

微软最有价值专家彭爱华、刘晖合著的《Windows Vista 使用详解》一书，在介绍用光盘引导全新安装 Windows Vista 系统之时，按照操作的先后顺序，分为十二步予以说明。整个安装过程，分前期和后期，每期六个步骤：

前期的六个步骤依次是：

用 Windows Vista 安装光盘引导计算机，稍等片刻后，在安装语言和其他首选项设置界面，单击“下一步”按钮；在安装欢迎屏幕单击窗口中央的“现在安装”链接；按照安装程序要求，输入产品密钥；在最终用户许可协议界面，查看协议并选择“我接受许可条款”选项，并单击“下一步”按钮；选择安装类型，单击“自定义·高级”，进行全新安装；选择目标分区，选择或创建一个不小于 15GB 的分区。

至此，前期安装过程中所需的信息已经全部收集完毕。然后，安装程序将会依次自动完成剩余的操作[1]。

后期设置的六个步骤依次是：

前期安装完成后，系统会自动重新启动，并开始对剩余选项进行设置。设置依次为：创建管理员账户、设置计算机名称、设

1 彭爱华、刘晖：《Windows Vista 使用详解》，人民邮电出版社，2007，第 34 页、36-38 页。

置系统更新方式、设置时区、选择本机所在的网络位置、单击屏幕上的“开始”按钮[1]。

第三种，按照从认识到使用的顺序。事例，从略。

横式结构。

横式结构，即按横向的展开顺序安排，记叙文、议论文、说明文分开来谈。

记叙文，按横向展开的形式安排层次的方法有两种：

第一种，以空间、场面或角度的转换依次安排。比如，阮文辉的《戈壁抒怀》，先写“碎石”，再写“木屋”，从不同的空间展开描述，赞美千里戈壁。还比如，陆文夫的《深巷·小庭·人家》，文章以“我”的位置移动、视线转换，不断翻出新层次。由“深巷”而“小庭”再“人家”，由巷外到巷内，由庭里到屋外，由楼下到楼上……井然有序，一一写来，写苏州。

第二种，按事物的性质分组或归类安排。比如，邹韬奋的《我的母亲》，选取了几个在时间上、事理上都不相关的生活片段，从不同侧面表现了母亲的可贵品格。

1994年的普通高考，上海单独命题，作文题目为《父辈》。这个题目，可写成记叙文，可写成议论文，也可用上述两种表达方式综合地写。一考生把作文分四个层次，起笔采用记叙的表达方式，选取八个互不相关的生活片段，从不同侧面叙写“父辈”的坎坷经历。

“父亲这一代人，大概是新中国最苦的了。长身体时自然灾害，求学时上山下乡，回城时赶上压缩居民人口，子女深造又正好大学自费……

“可每当我望见父亲，他的眼睛依然闪亮，他的腰杆依然挺直，显得踏实、自信、沉稳。

“是的，我崇拜我的父亲。当儿时，蜷缩在自行车雨披下，

1 彭爱华、刘晖：《Windows Vista 使用详解》，人民邮电出版社，2007，第39–42页。

耳贴着父亲的胸口，听“哗哗”的风雨声和父亲“咚咚”的心跳时，我崇拜他；当少年时，看手掌一定职权的父亲昂然拒收一次次礼品时，我崇拜他；如今，当步入青春门槛的我，看见年过五十、两鬓斑白的父亲，依然孜孜不倦在灯下攻读技术书籍时，我更崇拜他；而且，当我从同龄人那里，又听到种种似曾相识的故事时，我进而又对我们的父辈产生崇敬之情了。”[1]

还有，《县委书记的榜样——焦裕禄》，是由当代中国新闻记者穆青、冯健和周原采写、《人民日报》于1966年2月7日刊发的一篇通讯报道。

除起笔和结束部分之外，通讯的主体分七个层次，按横向展开的顺序安排叙写焦裕禄在豫东兰考县任职期间带领当地民众治理内涝、风沙、盐碱三大自然灾害的事迹和优良的工作作风。七个层次，每一层次都把同一属性的材料归于一起，集中表现焦裕禄精神品质的一个侧面。这七个方面，排列起来就是焦裕禄精神面貌的全部。

议论性文章，横向安排层次的方法：

杨国强的《曾国藩简论》，本论分三个部分：

第一部分，写“传统和罪孽”，阐述洪秀全发动了太平天国革命，而曾国藩则扑灭了那场革命。从某种意义上说，这两个历史造就的对立人物又代表着当时中国社会的那一段历史。作者认为“洪秀全的失败和曾国藩的胜利，表现了中国传统的力量和传统的选择。一个应当灭亡的王朝因此而延续了半个世纪”。当时，大大小小的封建士人半是谈烦半是祝祈地名之为“中兴”。其实，“末世不会有中兴”。“在中国社会已经面临着近代化剧变的时候，这种力量和选择不过是中世纪的最后一道回光返照而已。”[2]

第二部分，写曾国藩是“不自愿的开风气之先者”。阐述在“第二次鸦片战争之后，正同太平军血战于长江中下游的曾国藩

1《责任》,《文汇报》1994年7月21日。

2 杨国强:《曾国藩简论》,《历史研究》1987年第6期,第94页、96页。

遇到了挟着《天津条约》溯江而上的西方人。这种相逢，使一个出自传统的卫道者目睹了传统之外另一个匪夷所思的世界，一种旧式的暴力碰到了一种强劲的新暴力，外夷渗入了中国内战。作者认为“曾国藩是一个识时务者，但又背负着数千年历史的沉积。在被统称为‘洋务派’的人物里，他是第一个师法西洋新文化的人，又是真诚地留恋中国旧文化的人”。“一个以捍卫传统起家的人却变成了否定传统的历史中介。它表明：在时势的逼迫之下，地主阶级的一部分身不由己地接受了本来不可能接受的东西，承担了本来不属于自己的使命。中国地主阶级的历史分化，也由此开始。作者认为这是一种变态，近代中国社会的新旧嬗递正是借助这种变态而越过了一个难以越过的环节。”[1]

第三部分，写“驭夷”这一“历史的难题”。阐述两次民族战争的失败，不仅触发了中国地主阶级中一部分人的自强意识，而且使“驭夷”成为他们面对的一个历史难题。作者认为，曾国藩比言势者更深地攀结于传统，又比言理者更多地见到过西方事物。于是有“理势并审，体用兼备”之说。此说既包含“制夷”意识，也包含“和戎”意识，“制夷”与“和戎”并存。当无法突破抑制的时候，曾国藩即表现出一种抵抗和妥协兼而有之的矛盾。这种矛盾，显示了19世纪40年代最先开眼看世界的人物与60年代洋务派之间的相同与不同。二者的差异，以一个阶级的变化反照出中西民族矛盾的格局在30年之间的变化[2]。

说明文，横向安排层次的方法：

大多是根据事物构造的形态，分成几个方面一一说明，或先上后下，或从左到右，或从内到外，每一个具体方面就是一个层次。

合式结构。

1 杨国强：《曾国藩简论》，《历史研究》1987年第6期，第96–97页、第100页、第101页。

2 杨国强：《曾国藩简论》，《历史研究》1987年第6期，第101页、第105–106页。

合式结构，即纵横交叉结构。

这种结构，不是单纯的纵向或横向，而是纵中有横，横中有纵。纵向、横向穿插写，交错在一起。但不是对等排列，有的以纵为主，有的以横为主。

（二）主次与详略

主次，也就是主从，是从材料与主题的关系上说的。关系直接、关系密切即是主要的，关系较远、关系不密切的是次要的。次要的必须从属于主要的，为主要的服务。文章布局，先立主体，然后穿插。巧妙的穿插，构成主体的有机组成部分，或为主体作铺垫，或为主体烘托，或对主体形成对比，造成烘云托月、万山拥主之势。

详略，大体说来，主要的材料宜详，次要的材料宜略；新材料宜详，旧材料宜略；典型的具体的材料宜详，一般的概括性的材料宜略；难懂的材料宜详，易知的材料宜略。

从内容上说，如事不分大小，理不分轻重，一概简单地写，那就难以表达清楚；如果写得都很细，分不出主次、轻重，文章就显得冗繁。从布局上说，有详有略，能使文章呈现波澜，变化多姿，给人以美感。

具体到某一篇文章的详细安排，要根据实际情况而定，没有固定不变的程式，但有一个原则，即应从表达主题的需要出发审视材料的轻重主次。“题理轻者宜略，重者宜详。”杜牧的《阿房宫赋》，意在揭露秦始皇的纵心溢志和奢侈之为，因而开头只用了12个字：“六王毕，四海一；蜀山兀，阿房出。”一笔一跳，将秦皇大兴土木修建阿房宫的过程一带而过，这是极略之笔，而当写到与主题紧密相关的秦宫奢侈无度的生活之时，则用详笔极尽描绘。虽然，最后只有一句：“族秦者，秦也，非天下也。”[1]但是，由于

1 杜牧：《阿房宫赋》，吴楚材、吴调侯选：《古文观止》，中华书局，1959，第316页、318页。

前文中已有极详细的描写与对比，因此，结论下得颇为有力。

（三）过渡与照应

为避免层与层、段与段、层与段之间的阻隔或脱节，所以要过渡与照应。

过渡，是指层次间、段落间的转承和衔接。它是上下文连接贯通的纽带和桥梁，起着承上启下、穿针引线的作用，是使文章组织严密的重要手段。

在什么情况下需要过渡？需要过渡有以下两种情况：

第一，文章从一层意思转换为另一层意思时，在交接、转折处需要过渡。比如，鲁迅的《纪念刘和珍君》，在第四节末尾写："沉默啊，沉默啊！不在沉默中爆发，就在沉默中灭亡。"当推进到还要说话时，用了一个过渡句："但是，我还有要说的话。"接着，写刘和珍君被害的情景。

第二，在叙述与议论、顺叙与倒叙、顺叙与插叙、描写与抒情等表达方式变换时，需要过渡。比如，魏巍的《谁是最可爱的人》，在开头三段抒发议论之后转入叙事时，用了一个过渡句："让我们还是讲一段故事吧！"接着叙述了三个故事。这是由议论到叙述的过渡。在叙述了三个典型的故事之后，作者又要议论抒情了，于是，又用了一个过渡段："朋友们，用不着多举例，你已经可以了解到……。"

学术论文《马基雅维利对近代政治学说的贡献》，除绪论和结论之外，共分四个部分。第三部分，论述马基雅维利是近代政治学说的创始人。文章先谈在马基雅维利之前，政治思想领域里所流行的观点是用道德来解释政治，而马基雅维利则拒绝用道德来解释政治，他切断了政治与道德的联系，揭开了政治思想史新的一页。接着举出马基雅维利的观点，一个君主："'如有可能的话，还是不要背离善良之道，但是如果必须的话，他就要懂得怎样走上为非作歹之途'，'必须知道怎样做不好的事，并且必须知道视情况的需要与否使用这一手或不使用这一手’。‘当需要改弦易辙的时候，要能够并且懂得怎样做180度的转变’，以使自己顺应于时势。此外，还必须认清这样的事实，要想达到最终目的，君主有必要经常背信弃义，抛弃美德，悖乎人道，违反宗教，不择手段，既应是人，又能为兽，但必须深知怎样掩饰这种兽性。君主不必具备一切通常认为美的品质，但却很有必要看起来好像具备。他必须做一个伪装者和假好人。”[1]

紧接着，文章把马基雅维利放回他所生活的那个时代，意大利周围的国家一天天兴起，而意大利则四分五裂，而且遭到了外敌入侵。马基雅维利认识到：“一个国家，只有统一于一个政府之下，才会有幸福和安宁。但是，在普遍存在着自私、贪婪、残暴和不义的情况下，靠采用符合基督教道德的办法来拯救祖国是不可能的。要统一不讲道德的国家，只能采取以毒攻毒的办法，不论这种办法是什么。”[2]

下面，文章要另起一段来评论马基雅维利的观点了，但突然评论距离太大，所以，来了个过渡句：“现在，我们应该清楚了”，接着评论：“马基雅维利不是在教人择恶而行，而是在劝人从实际出发，采取实际有效的手段来拯救祖国。在他那里，国家是第一位的，手段是次要的。只要有利于统一，任何手段都是可行的。‘如果祖国的自由要求我们走上作恶之途，那么，我们必须毫不犹豫地迈步向前。’就当时意大利的实际情况而言，其主张无可非议。‘在毒药、谋杀已成惯常武器的情况下，不能要求用温柔的对策。生命到了腐烂的边缘，只有用最强有力的处置才能使之起死回生’”[3]。

1 杨鹏飞:《马基雅维利对近代政治学说的贡献》,《青海师范大学学报》1993年第3期,第54页。

2 杨鹏飞:《马基雅维利对近代政治学说的贡献》,《青海师范大学学报》1993年第3期,第54-55页。

3 杨鹏飞:《马基雅维利对近代政治学说的贡献》,《青海师范大学学报》1992年第3期,第55页。

过渡的方式可以灵活掌握。过渡的具体方法常见有三种：用过渡段过渡、用过渡句过渡、用关联词过渡。

一般来说，在意思转折和跳跃较大的地方或两层意思相隔较远的地方采用过渡段；在意思的转折、跳跃不大的地方，或在议论、短文中，可用过渡句或用诸如虽然、但是、然而、因为、所以、既然、那么、不过、而且、尽管、其实等关联词完成过渡。

过渡很重要，但运用过渡要合理、适当。在一篇文章中，过渡转折之处不宜过多。“转折句太多，文反而不得动员。”

以上谈的是过渡，现在谈照应。

照应，也叫呼应。是指上下文之间的互相照顾与呼应，前有交代，后有呼应。照应包括两个方面：一是交代，二是照应。

交代，就是对后面要表现的内容，在前面适当的地方提示一下；照应，就是对前面所提示的内容的续写或回答。

在生活中，人的成长和事件的发展都有前因后果，来龙去脉，交代与照应就是这种情况在文章中的反映。如果缺乏必要的照应，就会使文章出现不周到、不圆满的毛病。

照应通常有首尾照应、伏笔照应和正文与标题照应三种情况。

首先，首尾照应。

即开头与结尾遥相呼应。比如，韩少华的《落叶》。文章开头写：“黄叶飘落着。在我的视野间，不知哪片落叶是入秋之后最初落地的。”在文章的中间，叙述了同辈人李冠军的往事，点明他30岁出头就去世了。结尾说冠军的去世“也如同一片落叶——只是，那是一片渐渐殷红着的叶子”！

其次，伏笔照应。

即在前边先埋下伏笔，然后再加以照应，这在我国古代小说中屡见不鲜。如伏笔运用得好，能使故事更加曲折、生动、引人。鲁迅的小说《祝福》，先写“我”与沦为乞丐的祥林嫂在河边相遇。相遇之时，祥林嫂提出一系列问题：先问人在死了之后究竟还有没有灵魂，在得到"也许有罢"的回答之后，又问："那么，也就有地狱了？""那么，死掉了的一家人，都能见面了？"这都为后面的故事埋下了伏笔。

读者肯定关心，祥林嫂为什么要提出这些问题，更会怀着关切的心情读下去。祥林嫂，20多岁，丈夫死去，被婆婆出卖，被逼出逃，到鲁镇鲁四老爷家做佣工，受尽鄙视和虐待。很快，又被婆婆家抢走，并拿走了所有的工钱，然后被卖，二次出嫁。出嫁的次年，生下一子。不久丈夫死去，儿子被狼所吃，精神几近崩溃，后又受雇做活。当读者了解到祥林嫂的悲惨经历后，才会理解在她的灵魂深处埋藏的极大痛苦和不安。由于作者巧妙地运用了伏笔照应的手法，这就大大增强了作品的艺术力量。

再次，正文与标题照应。

正文与标题照应，有两种情况：一是开头提出问题，文中多次点题，最后再提出；二是题意比较含蓄，用正文对题目做一些阐释性的照应。

比如，新闻工作者姚远方的通讯报道《日本小姑娘，你在哪里？》。

1980年第6期《解放军画报》的"在战争年代里"栏目，刊发了由沙飞摄影、姚远方撰文的摄影报道《日本小姑娘，你在哪里？》。是年5月28日，《解放军报》全文转发。

这篇报道，讲述的是八路军在1940年百团大战的战火中救出两个日本孤女的故事。八路军战士把这两个女孩送到前线司令部，她们得到周到的照料，随后被送回日本。40年后的1980年，中日两国媒体开始寻找当年的那两个日本孤女，并最终在日本找到，她们于1980年7月来到北京。此事，在当时引发了广泛关注。

这篇报道，很快就在国内外引起了轰动。《人民日报》《光明日报》《文汇报》等国内多家报刊相继转载。日本的《读卖新闻》，更是用了较大的版面，突出刊登该篇报道，并使用了一个意味深长的标题：《兴子小姐妹，现在你们在哪里？——聂将军四十年后，呼唤从战火中救出的孤儿》。1980年5月30日，日本《读卖新闻》的记者星野和荒井向姚远方询问兴子姐妹的信息，并派出记者在日本国内查找。1980年6月3日，终于在宫崎县找到。经过照片比对，确认是兴子。

这篇报道，不论是在中国新闻史，还是中日关系史上都留下了动人的一笔，报道也成了新闻摄影报道的经典作品[1]。

报道发表后，在中国和日本引起了良好的反响。根据相关指示，中日友好协会邀请兴子一家于当年7月10日来华访问[2]。

策划报道之时，正是中日关系发展的关键时刻。自1972年9月20日，中日两国关系正常化之后，两国在政府和民间、政治与经济上的交流逐渐扩展。1978年8月，《中日和平友好条约》在人民大会堂签订。同一时期，日本国内许多对华友好人士出任党政要员，而且得到参众两院和财界的广泛支持。1978年10月，时任国务院副总理的邓小平应邀访日。1979年12月，日本首相大平正芳应邀到中国开展了为期5天的正式友好访问[3]。

报道的前三段，写“我”面对40年前在战火纷飞的太行地区拍摄的照片，引起对照片中孤苦伶仃的日本孤儿的怀念和惦念。接着是另起的也是独立的 段：“小姑娘呀！现在你在哪里？”这是一“应”。在追忆了40年前的往事之后，写：“从那时到现在，经历了40年的变迁。两位日本小姑娘，你们现在在哪里？”这是二“应”。文章的最后一段是：“呵，小姑娘，现在你在哪里？……”[4]这是三“应”。

1 段力、刘万志：《跨越40年的摄影报道经典——〈日本小姑娘，你在哪里？〉》，《新闻研究导刊》2019年第14期，第16页。

2 段力、刘万志：《跨越40年的摄影报道经典——〈日本小姑娘，你在哪里？〉》，《新闻研究导刊》2019年第14期，第17页。

3 段力、刘万志：《跨越40年的摄影报道经典——〈日本小姑娘，你在哪里？〉》，《新闻研究导刊》2019年第14期，第17页。

4 姚远方：《日本小姑娘，你在那里？》，《解放军报》1980年5月28日。

（四）开头与结尾

这里不谈古人说的“凤头、猪肚、豹尾”，说得太多了，显得似乎有点儿“俗气”。换一种说法：起要美丽，中要浩荡，结要响亮。

开头，也称“起笔”。“万事开头难”，写文章也是如此。苏联作家高尔基认为：“开头第一句是最困难的，好像音乐里的定调一样。往往要费很长的时间才能找到它。”

开头的写法很多，没有也不应该有固定的模式，但是，文章总是有规律可循的。文章的开头，多种多样。归纳起来，主要有以下几种类型：

第一种，开篇明义。

论文多用此种方式，记叙文也有。

杨国强的《曾国藩简论》一文的开头：“近代中国产生过不少矛盾人物。曾国藩就是其中之一。他维护传统又超越了传统，他保守旧物又冲撞了旧物。作为‘中兴名臣’之首，他是中国封建文化的自觉代表；作为‘自强新政’的始作俑者，他又不自愿地为西方资本主义文化的引入开了门洞。容闳称曾国藩为‘旧教育中之特产人物’。‘特产’刻画了时代在一个士大夫身上留下的印记。‘世事别来一番新’。这种富有历史内容的矛盾深刻地反映了十九世纪六十年代儒学中人的忧患困惑及其艰难曲折的历史分化。”[1]

学术论文《超越意识形态的合作与冲突——对20世纪六七十年代中美苏大三角格局变化因素的新解读》的起笔：“1978年12月，中美发表联合公报，宣布中华人民共和国和美利坚合众国自1979年1月1日起建立外交关系，同年3月1日互派大使，建立大使馆。1979年1月1日，联合公报生效。至此，中美两个对抗了20多年的大国实现了关系正常化。中美关系的这一变化，是两国

1 杨国强：《曾国藩简论》，《历史研究》1987年第6期，第94页。

外交史上具有历史意义的重大突破，也是当代世界影响最大的外交突破之一。中美两国能抛弃意识形态分歧走向战略合作，除当时两国决策者卓越的战略眼光、杰出的政治智慧和异乎寻常的魄力之外，国际政治力量的变化、国际舞台上的实力较量与利害关系的内在逻辑的运作乃是推动转折的基本动力。我们就是这样来看待中美关系解冻的基本因素的。”[1]

第二种，交代缘由。

这种开头方式，是作者交代写作动机和缘由。文章是“有感而发”的产物。在记叙文中，此种开头较多。

《岳阳楼记》的开头：“庆历四年春，滕子京谪守巴陵郡。越明年，政通人和，百废俱兴，乃重修岳阳楼，增其旧制，刻唐贤，今人诗赋于其上，属予作文以记之。”[2]

鲁迅的《为了忘却的纪念》的开头：“我早已想写一点文字，来纪念几个青年作家。这并不是为了别的，只因为两年以来，悲愤总时时来袭击我的心，至今没有停止……”[3]

吴周文、陈剑晖的《构建中国自主性散文理论话语》一文的开头：“任何一门学科的建立，都应有自主性和自足性的理论话语。在20世纪的中国文学中，现代散文创作虽取得巨大成就，但与之相比，散文理论研究却一直处于边缘位置。尽管早在‘五四’时期，散文便与小说、诗歌、戏剧并举，获得了独立地位，成为文体‘四分法’中的‘一体’，但散文理论长期以来却是竹帘深锁，既未获得独立的品格，更没有完备的散文理论话语。”“散文是中国真正的特产，是中国最大的一笔文体遗产，也是中

1 党庆兰:《超越意识形态的合作与冲突——对20世纪六七十年代中美苏大三角格局变化因素的新解读》，载杨鹏飞、李积顺主编:《世界史教学与研究(第一辑)》，兰州大学出版社，2016，第178页。

2 范仲淹:《岳阳楼记》，吴楚材、吴调侯选:《古文观止》，中华书局，1959，第419-420页。

3 罗湘、陈隽编:《鲁迅小说杂文散文全集》，广西民族出版社，1995，第1146页。

国文化母体的一个原型。与诗歌、戏剧、小说相比，散文在文学发展中受西方理论话语影响最小，正因如此，构建“中国学派”、打造“学术中的中国”，也需要散文助力。本文着眼于中国当代人文学科的建设，立足散文文体的特殊性，以构建中国现代散文理论话语为重点，以期让散文这一既古老又年轻的文体，在新时代语境中重新焕发生命活力。”[1]

现代中国哲学家杨耕，关于社会发展的“自然历史过程”的一种新解读一文的开头：“长期以来，马克思主义哲学教科书一直把‘社会形态的发展是一个自然历史过程’看作是历史唯物主义的基石和总纲。实际上，这是对马克思社会发展理论的误解。马克思从来没有在等同的含义上用‘自然历史过程’来表述社会历史进程，他只是指出社会经济形态的发展同自然历史具有‘相似’的一面。然而，相似不等于相同。所以，我们需要对社会形态的发展是自然历史过程的观点作一新的考察和审视。”[2]

第三种，总揽全文。

这种开头方式，能够揭示全文的内容，使读者对文章的概貌和所论述的问题有一个全面的了解。一般说来，议论文采用这种方式的较多。

谢伏瞻的《中国经济发展与发展经济学创新》一文，采用的就是这种方式。该文的开头：

“2018年是中国改革开放40周年。过去40年，中国经济发展成为全球经济发展的一道亮丽风景线。如何认识这一现象及其深层次原因？有专家认为，中国经济发展成就源于发展经济学理论在中国的实践。应该说，中国的发展吸收了人类文明的先进成果，但根本上还是中国人民的伟大创造。”“改革开放40年来，从1979年至2016年中国经济实现了年均9.6%的高速增长，工业

1 吴周文、陈剑晖:《构建中国自主性散文理论话语》,《中国社会科学》2021年第3期,第119-120页。

2 杨耕:《为马克思辩护——对马克思哲学的一种新解读》,中国人民大学出版社,2010,第97页。

化、城镇化、农业现代化同步推进，交通、通讯、电力、水利等城乡基础设施极大改善和提升，综合国力极大提高，城乡面貌发生翻天覆地的变化，人民生活水平大幅提高，创造了世界发展史上的伟大奇迹。40年沧桑巨变的动力与活力，主要来自以下几个方面的发展变化。”[1]

在对所论述的问题进行了概述之后，论文从计划经济向社会主义市场经济、封闭经济向开放经济、各类生产要素的优化配置、经济增长与结构升级、经济增长到经济全面发展、新发展理念引领新时代发展六个方面予以阐述：

第一个转变，“以解放和发展生产力为根本目的，推动以经济体制为重点的全面改革，使生产关系与生产力发展水平相适应。经济体制改革在微观和宏观两个层面展开。从农村到城市，从体制外到体制内，从增量到存量，从双轨到单轨，从易到难，从重点到全面，步步深入，次第推进”[2]。

第二个转变，从封闭经济向开放经济转变。认为，“20世纪70年代，我国相继与意大利、希腊、日本、联邦德国、西班牙、美国、葡萄牙等国家建立外交关系，为对外开放创造了有利的外部环境”[3]。

第三个转变，从各类生产要素的优化配置方面转变。认为，“主要通过劳动力自由流动、人力资本积累以及金融市场发展等途径实现”[4]。

第四个转变，从经济增长与结构升级相互促进实现转变。认为，“农业转型与发展，为中国经济发展和结构升级打下了重要

1 谢伏瞻:《中国经济发展与发展经济学创新》,《中国社会科学》2018年第11期,第5页。

2 谢伏瞻:《中国经济发展与发展经济学创新》,《中国社会科学》2018年第11期,第5页。

3 谢伏瞻:《中国经济发展与发展经济学创新》,《中国社会科学》2018年第11期,第6页。

4 谢伏瞻:《中国经济发展与发展经济学创新》,《中国社会科学》2018年第11期,第7页。

基础。农村改革大幅提高了农业生产力水平，中国已基本实现粮食和食品的自给自足，以不到世界7%的耕地，养活了世界20%的人口。与此同时，第一产业占国内生产总值的比重从1978年的27.7%下降到2016年的8.6%。农村改革成为农村发展进步之源”[1]。

第五个转变，从经济增长到经济全面发展的转变。认为，“经济增长并不完全体现为经济发展。改革开放前期做出的一系列制度变革和政策调整，主要以提高生产积极性和经济增长效率为目的。鼓励一部分人先富起来，坚持效率优先、兼顾公平的指导思想，在实现经济高速增长的同时，也出现了明显的收入差距扩大趋势。这一变化暗合了库兹涅茨倒U型曲线的变动趋势。此外，条块分割、资本市场的管制和垄断、资源类生产要素分配不公、户籍制度及其附带的福利差异，都是收入差距扩大的重要原因”[2]。

第六个转变，从新发展理念引领新时代发展转变。认为，“由于人口增长拐点的出现和劳动力成本的不断上升，我国劳动密集型产业的要素享赋优势正在减弱。经济进入新常态，绝大部分产业仍然处在世界产业链的中低端，高科技产业发展不快、实力不强，一些低端产业存在产能过剩的问题，动力转换还需假以时日。虚拟经济与实体经济脱节，资本脱实向虚，房地产领域存在不少难题。生态建设和环境保护任务很重，成本较高。城乡、区域居民收入差距仍然较大，减贫在13多亿人口的大国将是一项长期的艰巨任务”[3]。

学术专著《在大数据时代相逢——对十六世纪以来世界历史

1 谢伏瞻:《中国经济发展与发展经济学创新》,《中国社会科学》2018年第11期,第8页。

2 谢伏瞻:《中国经济发展与发展经济学创新》,《中国社会科学》2018年第11期,第9页。

3 谢伏瞻:《中国经济发展与发展经济学创新》,《中国社会科学》2018年第11期,第10页。

恢宏场景的新解读》中的一节“论克罗齐的历史命题”，起笔如是：

“贝奈戴托·克罗齐是意大利历史学家、哲学家、文学理论家，分析的历史哲学的主要代表。德国哲学家黑格尔的哲学、意大利历史哲学家维科的历史理论和意大利文学理论家桑克蒂斯的文学理论，给了他很大影响，使他具有一般哲学家所缺少的史学训练和实践，又具有专业历史学家难以企及的哲学思辨能力。1915年，出版《历史学的理论和实际》一书，提出了‘一切真正的历史都是当代史’的重要命题。这一命题，不仅丰富了人类历史思想资源，而且完成了对传统历史思维模式的转换与超越，使史学功用得到了真正回归。”[1]

之后，分四个部分，分别论述克罗齐的历史命题完成了对传统历史思维模式的转换与超越，解决了当代史的实质以及过去史和当代史可以相互转换及其条件问题，确定了假历史的主要形式及判断标准，解决了如何看待假历史的问题，强调了认识主体在史学研究中的作用，深化了历史认识论，倡导了新的史学精神，使史学功用得到了真正回归。

第四种，介绍事物。

介绍事物，包括介绍事件、物品、人物。记叙文多采用此类方式。

《红楼梦》第四回的开头：“如今且说贾雨村授了应天府，一到任就有件人命官司详至案下，却是两家争买一婢，各不相让，以致殴伤人命。”[2]此为介绍事件。

《陈涉世家》是汉代历史学家、文学家司马迁创作的史传文，列于《史记》，是秦末农民起义领袖陈胜、吴广的传记。《陈涉世家》的开头：“陈胜者，阳城人也，字涉。吴广者，阳夏人也，

1 杨鹏飞：《在大数据时代相逢——对十六世纪以来世界历史恢宏场景的新解读》，兰州大学出版社，2017，第189页。

2 曹雪芹、高鹗：《红楼梦》，第四册，人民文学出版社，1980，第42页。

字叔。陈涉少时，尝与人佣耕，辍耕之垄上，怅恨久之，曰：'苟富贵，无相忘。'佣者笑而应之曰：'若为佣耕，何富贵也？'陈涉太息曰：'嗟乎！燕雀安知鸿鹄之志哉！'"[1]此为介绍人物。

需要注意的是，介绍事物的开头方式，如掌握不好，一则容易"一览无余"，二则容易淹没重点。介绍事物式的开头应牢记四个字："简洁明了"。

第五种，描写环境。

描写环境是为了意境的创造、气氛的渲染、事件的展现，并为人物的出场提供条件。

魏巍的散文《依依惜别的深情》的开头："我在凯歌声里来到了朝鲜。我又看到了这里的人民，这里的山水。多明丽的秋天哪，这里，再也不是焦土和灰烬，这里千万座山冈都披着红毯的旺盛的国土。那满身嵌着弹皮的红松，仍然活着，傲立在高高的山岩上。山谷中汽笛欢腾，白鹭在稻田里缓缓飞翔。在那山径上，碧水边，姑娘们飘着彩色长裙，顶着竹篮、水罐，走回开满波斯菊的家园。"[2]

还如，陈锡添的长篇通讯《东方风来满眼春——邓小平同志在深圳纪实》的开头：

"南国春早。一月的鹏城，花木葱茏，春意荡漾。跨进新年，深圳正以勃勃英姿，在改革开放的道路上阔步前进。就在这个时候，我国改革开放的总设计师、各族人民敬爱的邓小平同志到深圳来了！"[3]

采用描写环境开头，还须注意三点：一，应依据体裁的特点，主题的需要，做到境与体一致，境与意一致；二，力求简洁，万万不能喧宾夺主，拖沓芜杂；三，不落俗套，时翻新意。

第六种，抒发感情。

1 司马迁：《史记·陈涉世家》，第四册，中华书局，1959，第1949页。

2 魏巍：《谁是最可爱的人》，人民文学出版社，1961，第150页。

3 陈锡添：《东方风来满眼春——邓小平同志在深圳纪实》，《深圳特区报》1992年3月26日。

文章重“意”，也重“情”。艺术性较强的小说、散文等，总是离不开抒情。魏巍的《谁是最可爱的人》，如此开篇：“在朝鲜的每一天，我都被一些东西感动着；我的思想感情的潮水，在放纵奔流着；它使我想把一切东西，都告诉给我祖国的朋友们。但我急于告诉你们的，是我思想感情的一段重要经历，这就是：我越来越深刻地感觉到谁是我们最可爱的人！”[1]

秦牧的散文《土地》：“当你坐在飞机上，看着我们无边无际的像覆盖上一张绿色地毯的大地的时候；当你坐在汽车上，倚着车窗看万里平畴的时候；或者，在农村里，看到一个老农捏起一把泥土，仔细端详，想鉴定它究竟适宜于种植什么谷物和蔬菜的时候；或者，当你自己随着大伙在田里插秧，黑油油的泥土吱吱地冒出脚缝的时候，不知道你曾否为土地涌现过许许多多的遐想？想起它的过去，它的未来，想起世世代代的劳动人民为要成为土地的主人，怎样斗争和流血，想起在绵长的历史中，我们每一块土地上面曾经出现过的人物和事迹，他们的苦难、愤恨、希望、期待的心情？”[2]

这类抒情式的开头，对引起读者感情上的共鸣、激发斗志，起着重大作用，对贯穿全文的思想和情趣也极为有利。

以上说的是文章的开头。开头易犯的毛病有二：一，绕大弯子，或大讲形势，空发议论；或乱写景物，无故抒情；或自找麻烦，引出众多的人物或复杂的事件。二，过于突然，对所叙述的人物事件和议论的问题缺乏必要的交代说明，令读者毫无思想准备，摸不着头脑。

以上是文章开头的写法，现在谈文章结尾的写法。

结尾，也称“收笔”。和开头一样，很重要。“编筐编篓，重在收口”，写文章也是。头难起，尾难落。尾，只有结得好，才能使读者获得满足感。如何结？既不草草收场，也不画蛇添足，

1 魏巍：《谁是最可爱的人》，人民文学出版社，1961，第57页。

2 秦牧：《秦牧散文》，第一卷，春风文艺出版社，1983，第54页。

更不空喊口号，结得应当新颖、干净、有力，意尽而言止，言有尽而意无穷。文章的结尾，多种多样。归纳起来，大致如是：

其一，收篇点题。

在收结全篇时，用非常精彩、简洁的叙述或议论进行“画龙点睛”的归纳，把主题加以点明或深化。比如，杜牧的《阿房宫赋》的结尾：“呜呼！灭六国者，六国也，非秦也；族秦者，秦也，非天下也。嗟夫！使六国各爱其人，则足以拒秦。使秦复爱六国之人，则递三世可至万世而为君，谁得而族灭也？秦人不暇自哀，而后人哀之；后人哀之而不鉴之，亦使后人而复哀后人也。”[1]历史的教训，就在于不接受教训。

在这里，我们暂且不谈历史发展趋势，仅谈写作。作者在文章前面以大量的文字铺叙了阿房宫的宏伟奇丽，后宫佳丽斗妍争宠，六国珍宝堆积如山。可是，作者的用意不在前文，而在收篇。在篇末，好像平湖掀起了巨浪一样，文章的主题豁然开朗：封建统治者骄奢淫逸，肆意剥削和压迫人民，最终逃不脱灭亡的下场。

其二，总结全文。

这类结尾方式，可使读者获得一个完整的印象。总结性结尾，可从文章的各个方面去考虑，意思上、情节上、场景上、道具上等。

现代历史学家和汉学家余英时，在《红楼梦的两个世界》的结尾这样表述：“《红楼梦》这部小说主要是描写一个理想世界的兴起、发展及其最后的幻灭。但这个理想世界自始就和现实世界是分不开的：大观园的干净本来就建筑在会芳园的肮脏基础之上，并且在大观园的整个发展和破败的过程之中，它也无时不在承受着园外一切肮脏力量的冲击。干净既从肮脏而来，最后又无可奈何地要回到肮脏去。”“这是《红楼梦》的悲剧的中心意义，

1 杜牧：《阿房宫赋》，载吴楚材、吴调侯选：《古文观止》，中华书局，1959，第318页。

也是曹雪芹所见到的人世间的最大的悲剧!”[1]

《当代国际政治力量的变化与中美关系解冻》一文，在论述了推动中美关系解冻的几个因素之后，这样结束：“中美两国关系的解冻是多种因素合力作用的结果，其中，国际政治力量的变化乃根本之点。正是由于美国实力的相对削弱，苏联的崛起和战略扩张，由于多极世界的出现和中国的成长及中越关系的变化，才使中美两国迅速接近成为可能。到1969年，尽管覆盖在中美关系表面的冰层依然厚重而坚硬，但在厚重的冰层下面时事造就的春潮已开始悄悄地涌动。中美关系冰消雪融的日子已指日可待。”[2]

《德国政府与近代德国的崛起》一文的结尾：“综观近代德国崛起的历程，可以看出，德国之所以能在短期内上升为世界第二工业强国，一方面是靠对内剥削和对外掠夺而发家的，这一点，它与其他资本主义国家是毫无二致的。但从经济、科技和教育等因素分析，也可以看出一些值得注意的东西，即政府政策所起的巨大作用。正是德国政府在经济、科技和教育等领域采取了一系列强有力的措施，才推动了德国经济的高速发展，使其后来居上。虽然有些政策是为谋求世界霸权这一动机的驱使而制定的，应给予批判，但其客观作用还是应该肯定的，它毕竟推动德国迅速跨入了世界强国之林，并为其后来的发展奠定了坚实基础。”[3]

刘靖华、牛军、姜毅合撰的《论北约东扩——地缘政治与文明特性的双重分析》一文的结尾：“中国古人说：‘自古不谋万世者，不足谋一时；不谋全局者，不足谋一域。’又说‘善除患者，理于未生；善胜敌者，胜于无形。’北约东扩肯定为未来俄罗斯与西方关系投下一个大的变数，也会成为冷战后新东西方关系中

1 余英时:《红楼梦的两个世界》,上海社会科学院出版社,2006,第48-49页。

2 党庆兰:《当代国际政治力量的变化与中美关系解冻》,《青海师范大学学报》2006年第4期,第62页。

3 杨鹏飞:《德国政府与近代德国的崛起》,《青海师范大学学报》1992年第2期,第73页。

的一大悬案。”[1]“俄罗斯面对北约东扩，基本上是理性应对的。西方扩大北约，可谓怒之令愤；趁其衰弱，取其利益，可谓间之令疏。俄罗斯民族主义力量将来对叶利钦的改革力量可能形成越来越大的压力。但是，可以认为，俄罗斯仍然在与北约的谈判中获得了与其实力相称的收益。虽然北约与俄罗斯达成了一种制度性妥协，但俄罗斯仍将东扩的北约看成是潜在的特洛伊木马。双方的根本地缘政治利益和文明特性上的差异或冲突并未获得最终的解决。俄罗斯与白俄罗斯搞了一个联盟宪章，当时也把西方吓了一跳。但是，俄罗斯并不想建立一个新帝国。它只不过是一方面用它来缓冲一下北约东扩的冲击力，另一方面对国内压力有个交代罢了。”[2]

胡全章、关爱和的《晚清与“五四”：从改良文言到改良白话》一文，在论述了晚清时期的文言改良与化雅向俗、“五四”时期的白话改良与化俗为雅、晚清至“五四”时期的历史接力与历史合力之后，如此结束：“汉语表达在长期的历史过程中，形成了书面语与口语、官话与方言、社会上层与下层雅俗文俚的分离。这些分离对于新兴民族国家公共空间的建构与广泛的民众启蒙来说，构成了许多障碍。以中华民族崛起、自立于世界民族之林为目标的新兴民族国家的建立，需要跨越上述种种分离所形成的巨大障碍，创造出适应现代中国人生存发展、自由表达的全民性语言与文学。中国知识界的言文合一运动，在19世纪末、20世纪初政治变革与伦理革命的背景下，与建立现代民族国家的需要结合在一起，其力量便变得十分强大。晚清民国时期，经由梁启超一代改良文言与胡适一代改良白话的努力与接力，中国语言文学大体完成了由言文分离到言文合一的蜕变与转型。正是这种蜕变与转型，为中国的现代化和中国人的现代化，构建了一个与

1 刘靖华、牛军、姜毅：《论北约东扩——地缘政治与文明特性的双重分析》，《美国研究》1997年第3期，第76页。

2 刘靖华、牛军、姜毅：《论北约东扩——地缘政治与文明特性的双重分析》，《美国研究》1997年第3期，第77页。

古代和古典不同的民族共同语，以及进入20世纪后的中国人阅读交流与表达思想情感的新的书面语系统。新的语言系统和语体文体，既深深扎根于古代与古典，汲取其充满生命力的精华；又向异域文明开放，把外来的词汇与思想拿来为我所用。这种根植于古典、向异域开放的姿态，是言文合一之后的白话文迅速发展成熟的根本原因。”[1]

其三，蕴涵哲理。

鲁迅的小说《故乡》的结尾：“我想：希望是本无所谓有，无所谓无的。这正如地上的路；其实地上本没有路，走的人多了，也便成了路。”[2]这段文字，写得很含蓄，蕴涵着深刻的哲理，只有细细品味，才能悟出真谛。生活的路是从无到有、极不平坦的，而开辟一条人生的幸福之路，必须靠自己锲而不舍的努力。

顾春芳的论文《〈红楼梦〉里的生活美学》结尾的一段：“小说《红楼梦》表达了作者曹雪芹‘有情之天下’的理想，其悲剧性在于一个‘有情世界’的毁灭。大观园是《红楼梦》中的理想世界，自然也是作者苦心经营的虚构世界。在贾宝玉的心中，它更可以说是唯一有意义的世界。但是，曹雪芹虽然创造了一片理想中的净土，但他也深刻地意识到这片净土其实并不能真正和现实世界脱离关系，净土就在尘世中。大观园和大观园外的世界是不能截然分开的，生活不全然只有美，也不全然只有丑，我们生活的世界是一个光明和黑暗、真理和谬误、美和丑、正与邪交织的世界。”[3]

徐迟的《哥德巴赫猜想》的结尾，写数学家陈景润：“真正不简单！数学家的逻辑像钢铁一样坚硬！今后，可以信得过，他不会放松了自己世界观的继续改造。他生下来的时候，并没有玫

1 胡全章、关爱和：《晚清与“五四”：从改良文言到改良白话》，《中国社会科学》2018年第9期，第174-175页。

2 鲁迅：《鲁迅选集·小说散文卷》，山东文艺出版社，1990，第58页。

3 顾春芳：《〈红楼梦〉里的生活美学》，《红楼梦学刊》2023年第3辑，第73-74页。

瑰花，他反而取得了成绩。而现在呢？应有所警惕了呢，当美丽的玫瑰花朵微笑时。”[1]

其四，抒发情怀。

范仲淹的《岳阳楼记》的结尾：“嗟夫！予尝求古仁人之心，或异二者之为，何哉？不以物喜，不以己悲，居庙堂之高则忧其民，处江湖之远则忧其君。是进亦忧，退亦忧。然则何时而乐耶？其必曰‘先天下之忧而忧，后天下之乐而乐’乎！噫！微斯人，吾谁与归？”[2]

魏巍的《谁是最可爱的人》的结尾：“亲爱的朋友们，当你坐上早晨第一列电车走向工厂的时候，当你扛上犁耙走向田野的时候，当你喝完一杯豆浆、提着书包走向学校的时候，当你安安静静坐到办公桌前计划这一天工作的时候，当你向孩子嘴里塞着苹果的时候，当你和爱人悠闲散步的时候……朋友，你是否意识到你是在幸福之中呢？你也许很惊讶地说：‘这是很平常的呀！’可是，从朝鲜归来的人，会知道你正生活在幸福中。请你意识到这是一种幸福吧，因为只有你意识到这一点，你才能更深刻了解我们的战士在朝鲜奋不顾身的原因。”[3]

在议论性文章中采用这种结尾，目的在于感染读者、激励读者。

顾春芳的《〈红楼梦〉里的生活美学》结尾的一段：“人生意义在何处?人生固然要面对大观园外的那个污浊甚至丑陋的世界，但也有大观园里这一个纯洁而美好的世界。物质层面的享受经过心灵的体验和创造，则升华为心灵的‘美感生活’。作者曹雪芹在最艰难的人生中，为我们创造了‘大观园’这样一个理想的世界，肯定大观园不在别处而在人间，在我们心里，是现实世界的一部分。我们不要因为外在世界的世俗和丑陋而忘记甚至否

1 徐迟:《哥德巴赫猜想》,《人民文学》1978年第1期,第68页。

2 范仲淹:《岳阳楼记》,吴楚材、吴调侯选:《古文观止》,中华书局,1959,第421页。

3 魏巍:《谁是最可爱的人》,人民文学出版社,1961,第63页。

定了这个理想和美好的世界，并要为这个理想和美好的世界在人间驻留尽到个体生命的责任。那些珍贵的东西，即使不可避免地走向幻灭，但它曾经真实地存在过。如果其他的一切都无意义，这些美好的人和美好的事物的存在，便成了值得珍视的意义。即使最后的结局是悲剧，曾经的快乐，结海棠社、开螃蟹宴、作菊花诗时的自由、欢乐与才情将永远驻留在记忆中，给人以希望与力量。”[1]

除上述三种方式外，还有寄托希望、评价言志、呼应篇首等方式。

总之，不管怎样，结尾要新颖、有力。切记不要匆匆收场，也不要画蛇添足。

有些电影，结尾很好。比如，《牧马人》。该影片以20世纪50—80年代的中国为背景，围绕主人公许灵均的人生经历展开。许灵均的父亲于20世纪40年代去美国，母亲不久病逝，许成为孤儿，1957年，又被下放到西北的敕勒川牧场劳动。1980年，许灵均的父亲回国探亲，希望带儿子去美国继承家业。在此情况下，许的内心充满矛盾，面临人生抉择。最终还是决定，留在国内，为祖国建设贡献力量。

结尾是这样的：太阳隐没在山后，桔黄色的晚霞映照着雪白的祁连山顶，整个草原沐浴在晚霞里，呈现一片柔和的暮色。许灵均走在敕勒川牧场的大路上。旁白响起：“秀芝栽的两棵白杨树我看到了，一股暖流在我全身回旋。父亲说我有坚定的信念，他并没有真正理解我。我认为，感情比理念更重要。这里有我汗水浸过的土地，这里有我患难与共的亲友，这里有我相濡以沫的妻子，这里有我生命的根!”此时，妻子和儿子突然出现在村头。画面温馨：妻子笑着、拉着儿子跑向许灵均，许灵均也跑向妻子和儿子。

1 顾春芳:《〈红楼梦〉里的生活美学》,《红楼梦学刊》2023年第3辑,第74页。

二、结构设计的原则与要求

文章没有固定不变的体式，应随物赋形。尽管没有固定不变的体式，但还必须承认文章有“大体”。通常的格式和基本的规律是不能违背的，基本的结构原则和要求是不能废弃的。原则较多，这里说几个主要的。

（一）紧扣主题

任何文章的结构，都必须考虑主题的需要。下笔千言，离题万里，没有中心，这是安排结构的大忌。各种文体，章法很多，有的是纵式结构，有的是横式结构，有的是纵横结合式结构。

在纵式结构中，有的采用倒叙的方法，有的采用插叙的方法，因势主体，灵活多样。但是，不论采用什么样的章法，最终都要看它是否是组织材料、表现主题的最佳形式。能充分地表现主题，就是好的结构，否则，就要予以调整。

（二）适应文体

一般来说，文章的结构要受文体的制约。不同体裁的文章，有不同的功能和特点，在结构上也有自己的特殊要求，这就决定了适应文体特点也应成为安排结构的一项必不可少的原则。

记叙文，主要表现手段是记叙、描写，并以此来展示事件、塑造人物。一般来说，记叙文，是按事件发展的完整过程安排材料，剪裁布局；抒情诗，重点在于抒情，写情节和行动较少，写主观感受较多，要求分行分节；戏剧，要分幕分场，有贯穿全剧的戏剧冲突，节奏要清晰，场面的截取要恰当。

影视剧，是立体艺术，要靠“蒙太奇”[1]分切剪辑，跳跃组接，应穿插自如，不受时空限制；消息，由导语、主体和结语等部分组成，可把最重要、最精彩的部分或结果提前，也可由小到大，逐一叙述；议论文，主要表现手段是议论，应遵循事理内在的逻辑，分析事物的矛盾，解剖问题的各个侧面，揭示问题的本质，讲清一个道理，其基本结构形式是提出问题、分析问题和解决问题。

（三）合乎规律

文章结构是形式问题，但它与内容不可分割。因为，文章所反映的事物都有其自身的规律和内在的联系，有它自己的表现形式和特点。文章的结构，实际上是事物的内部规律通过作者的思想加工，用适当的形式加以表现的结果。好的文章结构应反映事物的变化轨迹。如何反映呢？具体如下：

记叙性文章的主要内容，是写人、叙事、绘景、状物。写人，要写人物的语言和行为，表现人物的思想感情、精神品质。由于人物的语言和行为都存在于一定的时间和空间之中，因此，安排材料必须以时间、空间和思想感情的发展脉络为线索，这样才能再现人物的真实面貌。

写事件，离不开事件发生、发展的内在逻辑。发生也就是

1 “蒙太奇”一词源自法语，原为建筑学术语，意为“装配”或“构成”。蒙太奇在电影中，被用来描述镜头与镜头之间的组合方式，通过不同镜头的并列或冲突来传达特定的情感和意义。蒙太奇手法是一种电影镜头组合理论及手法，该手法在电影艺术中的应用非常广泛，其核心思想是通过剪辑和组合不同的镜头画面、声音和色彩等元素，来创造特定的情感和叙事效果。此手法不仅限于电影，还被应用于新闻写作中，被称为“蒙太奇法”。手法可以分为多种类型，每种类型都有其独特的效果。比如：叙事蒙太奇，用于叙述故事情节，按照时间顺序或逻辑顺序组织镜头；表现蒙太奇，通过不同镜头的并列或冲突，传达特定的情感或意念；思想蒙太奇，通过一系列镜头快速切换，表达抽象的概念或情绪；平行蒙太奇，同时展现两个或多个场景，以突出它们之间的联系或对比；交叉蒙太奇，在不同场景之间快速切换，以制造紧张感或悬念。

“开端”，接下去必然是“发展”“变化”，而后进入“高潮”，最后是事件的终结，即“结局”。记叙性文章的情节可以千变万化，但基本上是遵循这一规律而展开的。

在这类文章的写作中，在“开端”之前，有的可能做一些交代、说明，以追溯既往，这可称作文章的“引子”“序幕”，比如柳青的《创业史》的“题叙”。“发展”和“变化”是事件的主体部分，是情节发展的中心所在。在“结局”之后，为了更好地对事件进行收束和阐发以预示未来，有时还增写一个“尾声”。这样，就形成了一个完整的情节结构链条：序幕—开端—发展—高潮—结局—尾声。

有些文章，为了突出主题，对上述情节展开的顺序可能有所调整，比如，把“高潮”或“结局”提前，即倒叙式；或把叙述暂时中断，交代一些有关情节，即插叙，形成文章的波澜和曲折。即使这样，也依然是按事件的规律安排结构的。

议论性文章的主要内容，是用论据论证论点。因此，必须根据论点和论据之间的内在联系来确定结构方式，把观点和材料统一起来，使论点得以确立。所以，要想写出结构严密、层次分明的议论性文章，就必须使自己的思想认识符合客观事理的内在联系与发展规律。只有这样，才能揭示出事物的本质，产生出令人信服的逻辑力量。

（四）周严缜密

任何事物都有来龙去脉，都有因果关系。文章的布局也是这样，它必须正确地反映事物的发展规律。

如果是叙事，要对文章所涉及的人和事给予妥当的组织和安排，使其来有交代，去有归宿。如果是议论，应议理有所指，析理有所据，不偏颇，不遗漏。

只有布局周严缜密，才能使人无可挑剔。关于这一点，李渔说得很形象：“编戏有如缝衣，其初则以完全者剪碎，其后又以剪碎者凑成。剪碎易，凑成难。凑成之功，全在针线紧密；一节偶疏，全篇之破绽出矣。”[1]确实，作文如缝衣，必须周严缜密，使文章没有破绽，文气贯通，一步一营，连营为阵。

在这方面，李斯的《谏逐客书》可称典范。公元前237年，秦王嬴政听信谗言，决定下令驱逐外国客卿。李斯听说后，撰写此文，申述逐客对秦国的利害关系。

《谏逐客书》，是秦大臣李斯写给秦王嬴政的奏议。据司马迁《史记·李斯列传》记载，韩国派水工郑国游说秦王嬴政，倡言凿渠溉田，企图以此耗费秦国人力而使其不能攻韩。事被发觉后，秦王嬴政听信宗室大臣的建言，认为来秦的客卿大抵都想游说于秦，遂下令驱逐包括李斯在内的所有客卿。在被逐的途中，李斯写了《谏逐客书》。《谏逐客书》，不仅是一篇好文章，而且是一个极好的策略，其价值远不止于打动秦王，收回成命。

《谏逐客书》，由四部分构成。

第一部分，例举客卿对秦国发展作出贡献的历史事实，为论证逐客之策的错误提供依据。

开头提出总论点：“臣闻吏议逐客，窃以为过矣。”单刀直入，所谓史家笔削。这是继承《左传》《国策》以来的朴素典雅的写法。接着，由回顾历史入题，写秦穆公、孝公、惠王、昭王四位国君任用“客卿”使秦走向兴盛的历史。“此四君者，皆以客之功。由此观之，客何负于秦哉。”[2]

第二部分，写秦王在用物方面并不“逐客”。“今陛下致昆山之玉，有随和之宝，垂明月之珠，服太阿之剑，乘纤离之马，建翠凤之旗，树灵鼍之鼓。此数宝者，秦不生一焉，而陛下说之，何也？”[3]如果一定要是秦国出产的才许可采用，那么这种夜光宝

1 李渔:《李笠翁曲话译注》,天津古籍出版社,1988,第35页。

2 李斯:《李斯谏逐客书》,吴楚材、吴调侯选:《古文观止》,中华书局,1959,第168页。

3 李斯:《李斯谏逐客书》,吴楚材、吴调侯选:《古文观止》,中华书局,1959,第169页。

玉，决不会成为秦廷的装饰；犀角、象牙雕成的器物，也不会成为陛下的玩好之物；郑、卫二地能歌善舞的女子，也不会填满陛下的后宫；北方的名骥良马，决不会充实到陛下的马房；江南的金锡不会为陛下所用，西蜀的丹青也不会作为彩饰。秦王，不应重物而轻人。“今取人则不然。不问可否，不论曲直，非秦者去，为客者逐。然则是所重者，在乎色、乐、珠玉，而所轻者，在乎人民也。此非所以跨海内、制诸侯之术也。”[1]

第三部分，写“五帝三王所以无敌”跟今天“逐客”的不同，指出“逐客”有利于敌而不利于秦的危害性。作者语重千钧，掷地有声。“臣闻地广者粟多，国大者人众，兵强则士勇。是以泰山不辞土壤，故能成其大；河海不择细流，故能就其深；王者不却众庶，故能明其德。是以地无四方，民无异国，四时充美，鬼神降福，此五帝三王之所以无敌也。今乃弃黔首以资敌国，却宾客以业诸侯，使天下之士退而不敢西向，裹足不入秦，此所谓藉寇兵而赍盗粮者也。”[2]

第四部分，收束全文，进一步说明“逐客”关系到秦国的安危，把“宝物”跟“逐客”联系起来以照应上文，说明事理相悖，损己而利敌，进而说明“求国无危，不可得也”[3]。以使秦王权衡轻重，收回成命。

在篇首，作者明确地提出：逐客之举是错误的，接着即以大量的事实论述秦国以国穆公、孝公、惠王、昭王由于不拘一格地任用外国人才，采纳他们的安邦治国的良策，才得以开拓疆土，富国强兵。作者又以秦王身边的珠宝、乐曲、女色，说明这些都是别国进献的，难道也一律排斥？作为帝王，只有广罗各国奇

1 李斯:《李斯谏逐客书》,吴楚材、吴调侯选:《古文观止》,中华书局,1959,第170页。

2 李斯:《李斯谏逐客书》,吴楚材、吴调侯选:《古文观止》,中华书局,1959,第170-171页。

3 李斯:《李斯谏逐客书》,吴楚材、吴调侯选:《古文观止》,中华书局,1959,第171页。

才，才能光大他的德业，否则，无疑是借武器给敌人，送粮食给敌人，只能给国家带来危机。

作者一层接一层地周严阐述，缜密引证，使秦王幡然醒悟，收回成命。议论文周严缜密的逻辑力量，在《谏逐客书》中得到了体现。

（五）完整统一

完整，是指文章的组织形式有头、有身、有尾，并且首尾圆合，文脉贯通。

（六）自然和谐

自然，是指文章的布局要像生活那样浑然天成，不见斧凿痕迹。也就是说，要顺理成章，呈现一种朴实自然之态。和谐，是指文章的各个组成部分要均衡、匀称，各个部分的布局要适中，不可头重脚轻，或尾大不掉。

（七）新颖巧妙

文贵创新，不仅指内容，也包括形式。社会生活是不断变化的，文章的内容是丰富多彩的，文章的形式也不能一成不变、千篇一律。因此，结构不能固守一种模式，对于好的传统结构方式和方法要继承，但还要敢于创新，使结构新颖、巧妙。只要它在表现主题方面有独到之处，符合事物发展的规律，就可以大胆地采用。

三、安排结构的方法

安排结构的方法主要有：理清思路，确定结构线索；把握逻辑，做好缝连；活用技法，巧妙结撰。

厘清思路，确定结构线索，在这里不做具体探讨，而主要探讨后两个方面。

（一）把握逻辑，做好缝连

把握逻辑，是指要使文章的逻辑贯通。要做到这一点，必须把握住主脉，梳理好支脉。以主脉作纲，一贯到底；以支脉作穿插，形成网络。《西游记》的主脉是去西天取经，尽管叙事较多，写了八十一难，但多而不乱，条理还是清晰的。

除把握主脉之外，还要做好缝连。

缝连，分近针近线缝连和远针远线连接。近针近线是指文章的上段与下段、上层意思与下层意思之间要用近针近线缝合。这种近针近线，不外乎一个关联词、一个过渡，或一个小小的过渡段。远针远线是指文章的开头和结尾，这一处与那一处，相距较远的层次与段落，要用远针远线连接。这种远针远线，往往是一个词、一句紧要的话，或一个重要的细节，就可遥相呼应，沟通上下。有了远针远线的连缀，不管文章撒得多开，拉得多长，都可以结成整体，不会散乱无章。

（二）活用技法，巧妙结撰

文章的写作，要讲究结构的艺术。巧妙的组合，能更好地表现主题。明代的董其昌说："文字最忌排行，贵在错综其势。"其实，错综其势也有些规律，此即一开一合、一扬一抑、一张一弛、一浓一淡、一虚一实。一浓一淡即一繁一简，简繁得体。前文谈过，此处从略。

第一，一开一合。

一开一合，即把文章写得时而放开，时而收拢。我们说，结构要为主题服务，这是总的原则。但表达主题的最好写法并不一定要句句扣题，寸步不离。高明的作者往往是忽远忽近。写开去，再写回来，以便使文章容纳更丰富、更生动的内容。这样，整个布局也就迂回多变了。

比如，杨朔的《荔枝蜜》，在开合上很有特色。一开始，写作者不大喜欢蜜蜂，而在第二段却写起广东从化温泉来了。读者开始看不出这与喜不喜欢蜜蜂有什么关系，也看不出跟标题有什么关系。这就是把文章写开去。接着，由从化温泉的青山绿水写到一棵连一棵的荔枝树。由荔枝树想到荔枝蜜，又由荔枝蜜想到了蜜蜂。于是，作者动了情，这就回到“题”上来了。这种写法就是一个大的“开合”。整篇文章，几开几合，摇曳多姿。

在旧章回小说里，开合法运用得最多。故事叙述到关键处，常常突然中断，来个“欲知后事如何，且听下回分解”，便插叙别的故事去了。现在的文章也常用这种方法。

比如，《马基雅维利对近代政治学说的贡献》中的第三个小论题“近代政治学说之父”。在写了马基雅维利的政治学说之后，作者要评说了，但没有立即评，而是这样写：“正统道德学家及其追随者都把诚实、守信和仁慈视为君主必备的美德，而马基雅维利则以耸肩作答。在许多人心目中，他是一个邪恶的教唆犯和政治生活的败坏者。他获此恶名，细细想来，也可以理解。在政治与道德的关系上，他所提出的尖锐问题，也难免引起人们的误解和感情用事的评价。要真正认识这位思想家，必须把他重新置于他所生活的那个时代。”[1]

紧跟着，在下一个自然段的起笔就说：“在马基雅维利时代……”；两段之后，文章如此表述：“现在，我们应该清楚了……”。[2]这也是一个开合。

第二，一扬一抑。

“扬”，就是褒奖、激扬；“抑”，就是抑制、贬低。对所写的事物，如欲扬之，却先抑之；如欲抑之，却先扬之，这就是抑扬法。这种方法，不仅增强了文章的变化，而且比单一的手法更能

1 杨鹏飞:《马基雅维利对近代政治学说的贡献》,《青海师范大学学报》1992年第3期,第54页。

2 杨鹏飞:《马基雅维利对近代政治学说的贡献》,《青海师范大学学报》1992年第3期,第55页。

细腻地表达人物的感情。

比如，杨朔的《荔枝蜜》的开头："花鸟草虫，凡是上得画的，那原物往往也叫人喜爱。蜜蜂是画家的爱物，我却总不大喜欢。说起来可笑，孩子时候，有一回上树掐海棠花，不想叫蜜蜂蜇了一下，痛得我差点儿跌下来。大人告诉我说：蜜蜂轻易不蜇人，准是误以为你要伤害它，才蜇。一蜇，它自己就耗尽了生命，也活不久了。我听了，觉得那蜜蜂可怜，原谅它了。可是从此以后，每逢看见蜜蜂，感情上疙疙瘩瘩的，总不怎么舒服。"[1]

继而，作者描写了荔枝蜜的香甜，"调上半杯一喝，香甜里带着股清气，很有点鲜荔枝味儿。喝着这样的好蜜，你会觉得生活都是甜的"。不觉动了情，想去看看自己一向不大喜欢的蜜蜂，便到蜂场去参观。通过参观，从养蜂员那里得知"蜂王可以活三年，一只工蜂最多能活六个月"。并得知"蜜蜂是很懂事的，活到限数，自己就悄悄死在外边，再也不回来了"。多可爱的小生灵啊！弯子转过来了，作者感叹："对人无所求，给人的却是极好的东西。蜜蜂是在酿蜜，又是在酿造生活。"[2]

写《荔枝蜜》，作者本来是要赞美蜜蜂的，但开头却写了一时是"不大喜欢"，一时是"觉得它可怜"，一时又是"感情上疙疙瘩瘩的"，最后，又说喜爱蜜蜂，还梦见自己变成一只小蜜蜂。时褒时贬，时扬时抑，写得曲折多变。

这里仅谈技法，至于收题 "蜜蜂是在酿蜜，又是在酿造生活；不是为自己，而是在为人类酿造最甜的生活"[3]的感叹是否成理，在此也不予讨论。只问一句，蜜蜂酿蜜，真的不是为了自己，而是为了人类吗？你试一试，你去动一下它所酿的蜜试试！

比如，贾平凹的《丑石》，写了他对他们家门前的那块丑石认识的变化。开始写了那块石头的许多丑处，伯父家盖房，由于

1 杨朔：《杨朔散文》，人民文学出版社，1998，第170页。
2 杨朔：《杨朔散文》，人民文学出版社，1998，第172页。
3 杨朔：《杨朔散文》，人民文学出版社，1998，第172页。

它极不规则，没棱角儿，也没平面儿，连墙也垒不成，垒山墙用不上。房盖起来，压铺台阶，伯父也没有看上它。石匠为我家洗一台石磨，嫌它石质太细，也不采用。人都骂它是丑石，派不上一点用场，谁也不知道是什么时候留在这里的，谁也不去理会它。而且极尽贬抑之笔，说："它真的是丑得不能再丑了。"[1]

数落之后，转笔写："终有一日，村子里来了一个天文学家，看到丑石，眼光立即拉直了"，原来它是一块有价值的"陨石"，自天而降已有二三百年了，"是一件了不起的东西"。

不久还来了车，小心翼翼地将它运走了。作者感叹："这使我们都很惊奇！这又怪又丑的石头，原来是天上的呢！它补过天，在天上发过热，闪过光，我们的先祖或许仰望过它，它给了他们光明，向往，憧憬；而它落下来了，在污土里，荒草里，一躺就是几百年了？""真看不出！"然后借天文学家之口说，"它是太丑了。""可这正是它的美！""它是以丑为美的。"[2]这就是转抑为扬，从而有力地表现了"丑石"的内在美，并且引发了深刻的哲理。

至于作者写"丑石"的寓意，在这里不作探讨。

2008年，江西高考作文《最贵的捐赠》也是一例。作文选取生活中一个捐赠事件，从儿童的内心活动出发，反映了在大灾面前全国人民心往一处想的感人场面。

2008年，汶川"5·12"大地震发生之后，在去捐赠的路上，人们提着一包包的衣服和被褥，脚步匆匆。一对母女，也在前去捐赠的人流里。母亲将一床崭新的被子放在地上，抱怨女儿：明明是说好的，要把你最喜欢、灾区儿童最需要的东西拿来捐了，可你还是只拿了一个旧的洋娃娃。有什么舍不得呀？地震让他们失去了那么多，你只是捐一样心爱的东西，有什么呢？妈妈以后再给你买，并让她回家去拿。途中的其他捐赠者也帮助劝说，小

1 贾平凹:《贾平凹散文全编·商州寻根》,时代文艺出版社,2015,第29页。
2 贾平凹:《贾平凹散文全编·商州寻根》,时代文艺出版社,2015,第30页。

女孩涨红了脸，手指不停地摩挲着她怀里的洋娃娃，眼泪不停地在眼眶里打转。表示，那样东西是我一直都要的！

谁都没有想到，到了捐赠点，当那母亲把棉被捐上之后，小女孩抬头看着妈妈，然后把妈妈拉过去，跟捐赠点的工作人员说："叔叔，我捐妈妈。"母亲跪了下去，紧紧地抱住了女儿[1]。转瞬间，小女孩的形象高大起来了。

文贵"预料之外，又在情理之中"。有评价曰："当所有的人都沉浸在地震带来的巨大悲痛之中的时候，当我们都倾力献出物质和精神的时候，这个看似不谙世事的孩子却比我们想到了更深的一层——她清澈的眼波已经看清、她细腻的心已经体察：失去家园后，最需要关怀的幼小心灵急需什么。"[2]是母爱，世界上没有比母爱更伟大、更珍贵的！

在议论文中，此法也常用。为了阐述某一观点，往往先退让一步，即先做出种种相反的假说或推论，然后经过分析，证明这些假设或推论是不能成立的，从而使正面的观点得到更有力的论证。

第三，一张一弛。

"张"，是指思想情绪、文势节奏的紧张；"弛"，是指思想情绪、文势节奏的迟缓。张与弛也指矛盾运动的相对激烈和相对舒缓。

热闹场面与平静场面相交替，紧张场面与轻松场面相交替。忽而车水马龙，忽而夜深人静；忽而金鼓齐鸣，忽而轻丝慢竹。由此而造成文章错落有致的气势，便是张弛法。

文章的写法，若一味地快，会造成过度紧张；一味地慢，会显得拖沓、松散。古人说："张而不弛，文武弗能也；弛而不张，文武弗为也。一张一弛，文武之道也。"

记者王石和房树民的通讯报道《为了六十一个阶级弟兄》，

1《最贵的捐赠》,《课堂内外·创新作文》2008年7-8月号,第75-76页。

2《最贵的捐赠》,《课堂内外·创新作文》2008年7-8月号,第76页。

本来是写抢救中毒民工的极为紧张的事件，但开头却写了北京市场上民众愉快地购买年货的场景。这就是一张一弛的写法。

《为了六十一个阶级弟兄》，是20世纪60年代初著名的通讯报道，最初发表于《中国青年报》，是王石、房树民两位记者所合写。报道中的事情，发生在1960年2月初，春节期间，山西省平陆县有六十一位民工集体食物中毒，生命垂危。当地医院在没有解救药品的危急关头，用电话联系全国各地医疗部门，终于找到了解药。但由于当时交通不便，药品不能及时送达。当地政府便越级报告国务院，高层领导当即指示动用军机，将药品及时空投到事发地点，六十一名民工获救。

这篇报道，曾入选多个版本的语文教材，成为几代中国人的集体记忆。该篇报道写了2月3日16点至24时惊心动魄的8个小时的生死营救之事，山西平陆和北京两大场景。

报道的开头这样写：1960年2月3日，农历正月初七，下午四点钟，首都王府井大街，车水马龙，热闹繁忙，商店穿戴着节日的盛装，人们满面春风地东来西往。就在这王府井北口八面槽路东，有一家门市很小的国营特种药品商店，营业员们在笑盈盈地忙碌着，办公室里，算珠也响个不停，正忙着下班前的结账，当晚在政协礼堂举行的首都商业职工春节大联欢晚会的入场券也已送到，只等下班后带上全家老少，去观看20世纪60年代第一个春节联欢晚会[1]。

谁都没有想到，这时，办公桌上的电话突然响起，听筒里传来这样一个十分响亮而焦灼的求救声："长途！我是中共山西平陆县委，我们这里有六十一名民工发生食物中毒，急需一千支'二巯基丙醇'，越快越好，越快越好！"[2]

从此刻开始，北京方面紧张起来。电话里的对话："我们立刻准备药品！""我们马上设法把药发到太原！""不行！太原距平

1 王石、房树民:《为了六十一个阶级弟兄》,《中国青年报》1960年2月28日。
2 王石、房树民:《为了六十一个阶级弟兄》,《中国青年报》1960年2月28日。

陆尚有一千余里，而且要翻山越岭，交通极为不便，请设法空运……空运!!”[1]

六十一个同志的生命，危在旦夕！一千支注射剂，非得空运！……每一个字，都好似一颗钉，钉在人们的心上。紧张的气氛笼罩着商店，“人们的心里，早已把‘精彩晚会’丢得无影无踪”。

随后，报道把镜头转向山西平陆，转向事件发生的第一现场，介绍事件的由来：2月2日早晨5点多，山西省平陆县风南公路张沟段突发民工食物中毒事件，有六十一名筑路的民工食物中毒。七点钟，平陆县县委立即暂停正在召开的扩大会议，全力组织抢救。先是组织当地医生给中毒民工洗身、洗脚、消毒，喝绿豆汤、甘草水解毒，无效。“给患者又注射吗啡，仍然无效！……无效！无效！”[2] “紧张，无比的紧张！”经过紧张详细的会诊，“断定：非用特效药‘二巯基丙醇’不可！必须在四日黎明前给病人注射这种药，否则无效！”[3]随即，决定去河南三门峡市找药，从黄河茅津渡口渡河。“黄河渡口，自古以来，夜不行船，等天亮吧！”“不能等！为了救人今夜非过河不可！”[4]找的结果是，三门峡市没有这种特效药！

2月3日中午。继续找药，决定就地解决。“向运城市去找！向临汾市去找！向附近各地去找！”“如果明晨以前拿不到‘二巯基丙醇’，十四名重患者，将会有死亡！”“运城市没这种药！临汾市没这种药！附近各地都没这种药！”[5]

在得知平陆民工食物中毒的消息后，山西省人民医院、临汾市人民医院也都迅速派去了医生。“土法、洋方，各式各样的招，都使尽了，可是病人还不见有何好转!!”

“向首都求援。向卫生部挂特急电话！向特药商店挂特急电

1 王石、房树民:《为了六十一个阶级弟兄》,《中国青年报》1960年2月28日。
2 王石、房树民:《为了六十一个阶级弟兄》,《中国青年报》1960年2月28日。
3 王石、房树民:《为了六十一个阶级弟兄》,《中国青年报》1960年2月28日。
4 王石、房树民:《为了六十一个阶级弟兄》,《中国青年报》1960年2月28日。
5 王石、房树民:《为了六十一个阶级弟兄》,《中国青年报》1960年2月28日。

话！”[1]于是，这场紧张的抢救战，在二千里外的首都，接续着开始了……”

接着，报道把镜头转向另一抢救现场，转向首都北京。

2月3日下午四时多，卫生部药政管理局的许多人都停下了别的工作，忙办这件刻不容缓的事。卫生部指示：“一定要把这件事负责办好，立刻找民航局或请空军支援送药！”民航局的工作人员也非常焦急地表示，“明天早晨，才有班机去太原，那太迟了，太迟了！……对啦，请求空军支援！”[2]空军方面表示，全力支援，“有关人员各就各位，研究航线，研究空投，向部队发出命令……这一切都办得十分神速”。表示，保证今夜把药品空投到平陆县城。

“下午五点多，从首都广安门外到八面槽的遥远路途中，穿过熙熙攘攘的人群，穿过川流不息的车辆，走过大街走小巷，一位三十来岁的工人，正冒着数九天的寒风，拼命地蹬着一辆载货自行车飞驰。‘同志们，闪道，闪闪道！’”[3]

“就在同一个时间内，时间，一秒，一分，……一闪而过。现在距离四日清晨已经没几个小时了。”夜里九点零三分，北京，繁星满天。一架军机冲向银光闪闪的夜空，飞向西南方向。

最后，报道把镜头再次转向山西平陆，转向事件发生的第一现场。

夜里十一点二十三分，平陆接到通知：“请平陆准备！准备！飞机再有七分钟就到你县！”[4]

大约零点，药品送到，药效显著，可以说是立竿见影。通讯如此报道：注射后，病人立时止住了疼痛，恢复了神志。医生原来规定，药品不能迟于四日黎明送到，但药品却在黎明之前即已送达，六十一名民工化险为夷。

1 王石、房树民:《为了六十一个阶级弟兄》,《中国青年报》1960年2月28日。
2 王石、房树民:《为了六十一个阶级弟兄》,《中国青年报》1960年2月28日。
3 王石、房树民:《为了六十一个阶级弟兄》,《中国青年报》1960年2月28日。
4 王石、房树民:《为了六十一个阶级弟兄》,《中国青年报》1960年2月28日。

第四，一虚一实。

虚实原理，广泛地应用于审美领域的各个方面。虚实相生，是重要的艺术表现方法。所谓实，就是从正面直接写；所谓虚，就是从侧面进行烘托或暗示。还有，具体的描述就是实写，抽象的介绍就是虚写。一虚一实，可以使文章多变，增强魅力；以虚辅实，可以增加文章的深度。

“如果说，‘实’的这部分内容是引起欣赏者美感的基础，那么‘虚’则是作品间接提供给欣赏者的要经过想象才能把握的审美内容。漫画的画面是有限的，要突破画面的有限性，表现时空的无限性，作品不借助虚实相生的方法，很难达到创作的深度和理想追求的高度。”[1]

关于虚写和实写，有两种情况：

一是以虚写实。在以实写实比较困难时，可采用此法；二是以实映虚。即把一些如思想、感情、情绪、品格、哲理等比较抽象的东西化作具体可感的形象化的东西去描写。

其一，以虚写实。

小说《红楼梦》的主人公之一林黛玉，在临终前，对贾宝玉的感情是复杂的，有爱、有恨、有怨、有迷惘，也有期盼和失望。这些，如果从实写出，也许很难甚至无法写好、写尽。于是，作者就采用了虚写的手法，只让林黛玉从心底呼唤：“宝玉！宝玉！你好……”

毛泽东的词作《沁园春·雪》中的“须晴日，看红装素裹，分外妖娆。”也是虚写，是想象中的景色。

文字是这样，画作也是如此。以虚写实的表现手法，也常被画家使用。画家王大光，有一幅漫画，题目叫《第十个弹孔》。画面如是：一个病人俯卧在床上，护士正在向主治大夫询问：“他十次负伤，怎么身上只留下九个伤疤？”大夫答曰：“因为这次中的是糖弹，不伤皮肉，只伤灵魂！”这幅漫画，有两处虚写：

1 毛铭三:《虚写与实写》,《新闻与写作》2000年第3期,第35页。

一处是说患者中了“糖衣炮弹”，伤了灵魂，而画面并不见糖弹，是用少一个弹孔来暗示；另一处是说患者九次负伤，说明他是个功臣，可惜晚节不保，中了糖弹，给人以惋惜的感叹。此外，这幅画作，借用电影片名《第十个弹孔》为载体，展开想象，手法巧妙[1]。

捷克画家麦柯斯洛夫·巴塔，有一幅以“检测视力”为题的画作。画面如是：眼科大夫给患者检测视力，视力表前是大夫身体的重影。大夫手中的小棒指着视力表中的一个符号，重影的另一只手中的小棒则指着另一个符号。可以想象，在此情况下，患者当然无法辨认和表态。画面上没有被测试人，只有大夫和视力表。虽然没有患者，但通过上述画面，我们已经能够断定被测试人的视力是如何之差了。如果这幅画作“不用虚写与实写相结合的方法去处理，而是真的让被测者站在视力表前接受测试，恐怕会是索然无味的吧”[2]！

其二，以实映虚。

要想突出某人的精神面貌，必须写出那个人实实在在的事迹。有了实实在在的事迹，精神面貌也就突出出来了。如离开事实单写一个人的精神，费笔墨越多，越会使人感到空泛，很难写好。

想把抽象的音符中所传达的感情的流程用具体的意象符号转述出来，就要化虚为实，以实写虚。《西北有高楼》正是这么做的：

西北有高楼，上与浮云齐。交疏结绮窗，阿阁三重阶。
上有弦歌声，音响一何悲。谁能为此曲，无乃杞梁妻。
清商随风发，中曲正徘徊。一弹再三叹，慷慨有余哀。
不惜歌者苦，但伤知音稀。愿为双鸣鹤，奋翅起高飞。[3]

1 毛铭三:《虚写与实写》,《新闻与写作》2000年第3期,第35页。
2 毛铭三:《虚写与实写》,《新闻与写作》2000年第3期,第35页。
3 朱自清释:《古诗十九首》,中国广播影视出版社,2020,第16页。

该诗首句，先设置一个虚拟的背景。所谓“西北”“高楼”，都含有某种孤独的意味，给人一种离群索居的感觉。下面的一个“悲”字，就使楼上的弦歌声和这种环境合上了拍。然后，“在描写琴声的时候，又试图通过设为问答、用典、对曲调特征的提示等形式，一步步地将其指实，以求达到动人的目的”[1]。

第5—12句，诗歌中的笔墨就全部集中到了对高楼上飘来的阵阵弦歌声的描绘上。这种描绘是采取了一种顺承的方法。第5句刚一点出“上有弦歌声”，第6句便马上指出其音响是“悲”的。这都是顺着人们听觉的接受顺序来的。围绕着这高楼上的悲音，诗人禁不住发出了好奇的疑问，在这样的情景下，有谁能奏出如此悲凉的曲调呢？接着他又用了一个典故，以推测的方式试着对其进行了回答[2]。

诗作，从“高楼”写起，劈空而来，以“高飞”结尾，破空而去。劈空而来，是黑暗中的生活感受；破空而去，是黑暗中的生活理想。诗篇结构本身达到高度完整和统一，是从属于客观现实的矛盾心理状态的[3]。诗中“弦歌声”和弦歌人始终处于若隐若现之间，诗人的思想情感似乎不可捉摸，但却是那样的深刻而真挚。

虚实结合的例子颇多，请看汉乐府中的一首乐府诗《陌上桑》。《陌上桑》属《相和歌辞》，又名《艳歌罗敷行》《日出东南隅行》，是一篇立意严肃、笔调诙谐的乐府叙事诗。全诗分三段，第一段如此表述：

日出东南隅，照我秦氏楼。
秦氏有好女，自名为罗敷。
罗敷善蚕桑，采桑城南隅。

1 周绚隆:《妙在飘忽有无间——谈〈西北有高楼〉中的以实写虚》,《名作欣赏》2000年第6期,第23页。

2 周绚隆:《妙在飘忽有无间——谈〈西北有高楼〉中的以实写虚》,《名作欣赏》2000年第6期,第22页。

3 马茂元:《古诗十九首初探》,陕西人民出版社,1981,第67页。

青丝为笼系，桂枝为笼钩。
头上倭堕髻，耳中明月珠；
缃绮为下裙，紫绮为上襦。
行者见罗敷，下担捋髭须；
少年见罗敷，脱帽著帩头。
耕者忘其犁，锄者忘其锄；
来归相怨怒，但坐观罗敷。[1]

诗作的前12句，直接描写罗敷的美貌，首先写环境之美和器物之美，以衬托其美貌，然后写其服饰之美，最后通过侧面描写烘托罗敷的美貌，是实写。后8句，是对行者、少年、耕者、锄者等人物羡慕神态的描写，无论是行者还是少年，无论是耕者还是锄者，都倾慕其美。这是间接描写罗敷之美，是虚写。虚实结合，罗敷这个美女形象，便呼之欲出了。

爱美之心，人皆有之，而人类对异性美尤其是在形貌方面就更为敏感，同时也会表现出更高的热情。这些男性旁观者为罗敷深深吸引，乃至有意无意地做出一些想取悦罗敷的举止。借助于他们的目光，读者似乎也亲眼饱睹了罗敷的面容体态。这样来塑造人物形象，比借助比喻等手段正面进行摹写显得更加富有情趣；而且由于加入了旁观者的反应，作品的艺术容量也得到了增加。

我们认为，文学艺术创作的虚实，是对立的统一。如果“处处皆实，便显得平庸少味，如果处处皆虚，又易流于诞妄。必须虚实并用，有虚有实，化实为虚，借虚见实，互相依存，互相补充，方能相得益彰”[2]。

总之，虚与实是矛盾统一体的两个侧面。在虚写时，应做到“虚中见实”，在实写时，要做到“实中有虚”，虚实相映。

1 舒婷:《影响了我的两百首诗词》,百花文艺出版社,2005,第43页。
2 毛铭三:《虚写与实写》,《新闻与写作》2000年第3期,第35页。

第四章
结构设计与文体之美

文章的结构，要受文体的制约。不同体裁的文章，有不同的功能和特点，在结构上也有自己的特殊要求。记叙文，主要表现手段是记叙、描写，并以此来展示事件、塑造人物。一般地说，记叙文，是按事件发展的完整过程安排材料，剪裁布局；抒情诗，重点在于抒情，写情节和行动较少，写主观感受较多，要求分行分节；戏剧，要分幕分场，有贯穿全剧的戏剧冲突，并且节奏要清晰，场面的截取要恰当；影视剧，是立体艺术，要靠“蒙太奇”分切剪辑，跳跃组接，应穿插自如，不受时空限制；消息，由导语、主体和结语等部分组成，可把最重要、最精彩的部分或结果提前，也可由小到大，逐一叙述；议论文，主要表现手段是议论，应遵循事理内在的逻辑，分析事物的矛盾，解剖问题的各个侧面，揭示问题的本质，讲清一个道理，其基本结构形式是提出问题、分析问题和解决问题。在这里，主要谈行政公文、学术论文、评论、演讲稿和书信的结构。

一、公文与严谨规范之美

公文是“公务文件”的简称，是与书信、契约等私人往来的文字材料相对而言的。各机关、团体、企事业单位使用的书面材料，都可以称为公文[1]。

公文有狭义和广义之分。广义的公文，是指按照一定格式处理各种公务的行文，包括国务院规定的10类15种公文，以及外交文书、军用文书、司法文书、财经文书等各种专用公文。此外，还包括计划、总结、调查报告、会议记录、简报、各种规章条例等常用的事务文书。狭义的公文，是指国务院规定的10类15种公文，即命令、指令；决定、决议；指示；布告、公告、通告；通知；通报；报告、请示；批复，函；会议纪要。

在这里，我们所探讨的公文，是狭义公文。公文是国家管理政务的工具，具有鲜明的政治色彩、法定的权威性、特定的格式。天下的文章，没有比公文更规范的，也没有比公文的表述更为潇洒的、大气的。中办、国办联合下发的《党政机关公文处理条例》，规定了公文文种、格式、行文规则、拟写要求，撰稿者须练就十八般武艺，熟谙每一类公文的文体特征、写作大要、格式要求和用语特点，才能写出规范的公文[2]。这里，只探讨发文最

1 有人认为公文即文件、公务文书。实际上，上述三者有差别。公文是指国家机关、社会团体、企事业单位在办理公务过程中形成的文字材料，它具有法定的权威性和固定的格式。

文件是指在机关工作活动中形成的，用以记载事件、处理公务、交流信息，具有一定格式体例和行政效力的书面材料。它包括公文和内部文件，不包括其他文字材料。文件是具体的、可数的，既可专指单一的，又可泛指集合的。比如，一份文件、几份文件、内部文件、单位文件。

公务文书有三种含义：第一，它是机关工作活动中形成的书面记录和文字材料的总称，它包括公文（狭义的公文）、内部文件和其他文字材料。它是一个集合名称，是综合的、抽象的、不可计数的（一般来说，文书材料、文书工作，而不说一件文书或几份文书）。第二，指文书处理工作。文书处理工作是通过相互衔接的一系列手续和程序完成的，这个工作过程通常被称为文书处理工作，一般地说，它包括文件的收发、运转、催办、拟办、缮印、立卷等。第三，指从事文书处理工作的人员。

公务文书的指称范围大于文件，文件的指称范围大于公文。公文是公务文书的一个组成部分，是文件的一种。习惯上，也把公文泛称为“文件”。

2 王群：《品味公文——公文写作大手笔练就之道》，北京联合出版公司，2016，第106页。

多、使用频率最高的报告、请示和通知。

（一）报告的写作格式

报告，是向上级机关汇报工作，反映情况，提出意见时所用的公文，其特点是具有汇报性、陈述性。报告是上行公文，是在工作进行之中或工作完成之后向上级呈送的一种文件，不一定需要批复。就陈述性来说，一般是在事后或事情进行的阶段中行文，使用叙述手法，直陈其事，侧重概括陈述。只有呈转性报告，在结尾才提出“如无不当，请批转有关部门执行”的要求。

从不同角度划分，报告可分为不同的种类。

按性质划分，可分为呈报性报告和呈转性报告。呈报性报告，是以汇报工作、反映情况为主要内容，不要求上级机关转发；呈转性报告，除了汇报工作和反映情况之外，侧重提出建议和意见，请求上级机关批转有关部门执行或参考。

按内容划分，可分为工作报告、情况报告、答复报告、抄送报告、建议报告、例行报告和调查报告等。

工作报告，是用来汇报工作进展情况，总结成绩、经验和存在的问题，提出今后的工作意见；情况报告，用来反映工作中遇到或发现的重大情况或问题以及对某件事件的处理情况；答复报告，用来回答上级机关询问的有关问题；抄送报告，即下级机关向上级机关呈送文件、物件时，用以写明文件或物件数量、名称的报告；建议报告，用来对上级机关开展某项工作、作出某个决策提出自己的建议；例行报告，即定时、定期、连续地向上级机关汇报有关情况时所写的报告；调查报告，是具有公文格式，向上级机关反映某项调查研究成果或是以专题为内容的报告。

上述几种报告都属于工作报告，只是各自的侧重点不同，其中有不少地方重叠、交叉。为避免这种重叠、交叉，我们可以把这些类型按内容多少、侧重点多大、侧重点不同分为综合报告和专题报告两类。

不同的报告，正文的写法也不尽相同，但一般都由报告缘由、报告事项和报告结语三部分组成。

报告缘由，即报告的开头部分。这部分，写报告的目的和依据，要概括地写，然后用惯用语结束并转入下文，常用的惯用语主要有“现将有关情况报告如下”“现将……情况报告如下”等；报告事项，写主要情况、存在问题、经验教训、今后的打算等，要根据不同种类的报告，有所侧重；报告结语，用惯用语结束，比如“以上报告，请审查”“以上报告当否，请指示”“以上报告，如无不妥，请批转有关部门执行”，以及“特此报告”等。

注意，除报告事项之外，缘由的结束和结语部分均要用惯用语。

下面，详细介绍综合报告和专题报告。

首先，综合报告。

综合报告是一种用于向上级机关全面汇报一定时期内工作情况的报告。这里的“全面”，可以综合各个方面的工作，也可以综合几个主要方面的工作，它多用于各种代表会议。比如，国务院总理所作的政府工作报告。这个报告汇报了几个方面的情况，其中包括经济、科学教育、文化、卫生体育、政权和法制建设、军队建设等。

综合报告的结构，是由缘由、工作情况和今后工作的意见组成的。

缘由，写报告的目的，也可概括地提示报告的主要内容，还可以概述主要工作和取得的成绩。要求，简明、扼要。

工作情况，是报告的主体部分。这一部分包括各方面工作所取得的成绩、经验、存在的问题。成绩，要写所做的工作、所采取的措施、所取得的效果；经验，即对所取得的成绩的规律的认识，可与成绩写在一起，也可单独列出，逐一来写；存在的问题，主要是写工作中做得不够的地方或是遇到的困难。

今后工作的意见，是报告的重点，要花大力气分写。写什么？写今后工作的主要任务、完成这些任务的具体做法和打算。怎样写？最好是分条写，使之清楚明白。

写综合报告，应注意的几个方面：第一，层次要清楚，条理要分明。综合报告要反映各个方面的工作，涉及面较宽，内容较多，要在有限的篇幅内把各个方面的工作情况写清楚，难度相当大，因此，要把工作分开一项一项地写，不要把众多的内容糅在一起写。第二，重点要突出，要点面结合。综合报告虽要全面汇报工作情况，但不是大事小事都反映，要写那些影响全局的主要工作。在突出重点的同时，不能忽视面上的工作，要把那些与重点有关的情况作必要的反映，但要简略地写。第三，综合分析要到位。综合报告，既要把各方面的情况综合起来写，又不能只是简单地罗列事实。怎样写？要把各种情况归纳起来，进行深入的分析，找出规律性的东西，用它指导今后的工作。

其次，专题报告。

专题报告，是向上级机关专门汇报某一工作、某一情况或提出某一建议的报告，其主要特点是内容单一，大多是就某一专门问题向上级机关进行汇报。比如，专题工作报告、专题情况报告、检查报告、答复报告、抄送报告和建议报告等。

专题报告的结构，由缘由、报告内容、对情况的看法或对今后工作的打算三部分组成。

缘由，写清所报告情况产生原因和概括介绍出所报告的情况；报告内容，具体叙述所报告的情况，如内容较多，可分条来写，使之清楚；对情况的看法或对今后工作的打算，要具体、实在、简洁、明确。

调研建议，是专题报告中的一种，属于事务性公文中的调研报告，是针对现实中出现的较重大问题，为了澄清事实、解决问题、发现和总结经验、制定解决问题的政策措施，通过调查后写成的书面报告。其基本写作框架包括调研背景信息、调研到的情况和改进建议。

调研建议，主要应用于政府、企事业单位、教育机构等领域，其撰写的目的是提供给相关决策者或研究者参考，以便进行决策和研究。其特点是具有权威性、客观性和规范性等，通常由具有相关专业背景和经验的人员撰写，以确保其可信度和参考价值。

由于其应用性极强，又是重要文种，现把《关于推动我省高校毕业生留甘就业的建议》作为文例在此予以分析。

建议报告的第一部分，写缘由。

“高校毕业生是宝贵的人才资源，做好高校毕业生就业工作，对于实施人才强省战略，保障和改善民生，促进经济社会协调发展具有重大意义。近年来，省委、省政府及时颁布了一系列政策措施，对稳定和促进高校毕业生就业起到了重大作用，取得了明显效果。在此基础上，如把推动我省高校毕业生留甘就业工作置于更高的位置，以此推动我省社会经济全方位的发展，意义同样重大。通过对省内部分主要高校毕业生就业数据的梳理，对近年毕业的本科、硕士和博士生的求职历程及就业情况的调研，现就我省部分主要高校毕业生总体就业及其在甘就业情况和制约我省高校毕业生在甘就业的因素作一分析，并据此提出关于推动我省高校毕业生留甘就业的几点建议。请领导参阅。”[1]

建议报告的第二部分，分两个方面写：一是写2019年“我省”部分高校毕业生总体就业及其留甘就业情况。建议认为，总体来看，我省的高校毕业生在甘实际就业率还有很大的提升空间。高校毕业生这一高素质群体，其在甘就业人数如能大幅提升，那么将会有力地推动我省社会经济的发展。二是写制约我省高校毕业生留甘就业的因素。建议认为，除地理条件、薪酬水平、人文环境、城市环境、城市配套设施的完善程度、企业数目的多少等一时无法改变的因素之外，制约我省高校毕业生留甘就

1 杨鹏飞:《关于推动我省高校毕业生留甘就业的建议》,王华存主编:《甘肃参事工作报告(2020)》,甘肃人民出版社,2021,第365页。

业的还有如下能在短期内改变的因素。因素，列举了六个方面：一是考试周期时间过长。从报名到考试，一般需要一个月，有时候要等两个月或更长的时间。二是报名的附加条件较多。较多的附加条件，推动了毕业生的外出。三是招聘单位没有及时关注国家对学科的调整。在招聘时，所要求的学科或专业是调整之前的。按有些地方或单位的招聘要求，现在已经没有他们所要求的学科或专业（有的学科和专业只是调整名称），自然也招聘不到他们所招聘的学科或专业，而学生自然也无法应聘。四是考试方面的问题。建议认为，在我省，一般都是先考试后录用，这样做也颇为合适，但是，问题在于东部和南部的一些省份或地区是先安排留下，然后进行培训、上班，最后再办手续。其他省份和地区的这种做法，吸引了我省毕业生的外流，而我省的那种传统的考试方式，对我省毕业生的外出求职也是一种不知不觉的推动。五是报名收费问题。报名费虽然不多，但也在一定程度上影响了求职者的心情。六是招聘单位的态度。我省的部分招聘单位，在求职者面前显示的是居高临下的姿态，没有以平等的态度待人。东部和南部的一些省份或地区，派人来我省招聘，请我们的毕业生去他们那里就业，并表示先去看一看也可，看一看也欢迎。对去他们那里的求职者，哪怕是去看一看的求职者，也是热情接待，提供免费食宿[1]。

请注意建议报告对解决问题先决条件的表述："除地理条件、薪酬水平、人文环境、城市环境、城市配套设施的完善程度、企业数目的多少等一时无法改变的因素之外，制约我省高校毕业生留甘就业的还有如下能在短期内改变的因素。"此点非常重要，不论多么好的建议，必须符合当地实情，符合省情，这是解决问题的关键。所提建议，需要解决的问题，必须限定在能够解决的范围之内。

1 杨鹏飞：《关于推动我省高校毕业生留甘就业的建议》，王华存主编：《甘肃参事工作报告2020》，甘肃人民出版社，2021，第365-367页。

建议报告的第三部分，提出建议。

建议认为：“丰富的人才资源，是实现社会经济更快更好发展的重要前提之一。要实现我省社会经济的大步跨越，最为现实的举措之一是提升我省高校毕业生留甘就业率。为推动我省高校毕业生更多地留甘就业，现建议如下。”[1]

报告共提出七条建议，具体如是：

“一、招聘报名时间提前，考试周期缩短。从报名结束之日到考试，时间不超过15天。如有复试，初试和复试的时间间隔也应尽量缩短。报名和考试的时间，均要尽可能地提前，早于他省他地。

“二、减少报名的附加条件。取消个别市、县的生源地要求，除非特别需要，取消本科过英语四级、硕士研究生过英语六级的成绩要求。对如一般中学这样的单位和非英语教师这样的职工来说，没必要苛求外语水平，最为重要的是求职者具备胜任所从事的工作的能力。就硕士研究生和博士研究生这两个群体来说，现在很多高校都取消了毕业的外语水平要求，不再要求六级的水平。如果是工作的特殊需要，那就另行设计。

“三、要求招聘单位及时关注国家对学科调整的情况及调整的时间。在招聘时，根据学科和专业调整前后的不同名称、新名称生效的时间、学生的毕业时间作不同的要求。在学科名称调整之前入学的学生，应要求原来的学科之名，学科名称调整之后入学的学生应要求新的学科之名。

“四、在考试方面，灵活对待。管理岗位，进行统一考试，一显公正，二持录用依据。专业岗位，不一定进行传统的笔试，可进行专业水平和业务能力的考查，考查方式多种多样。在我省，专业岗位的博士录用一般都采取了考查的方式，但硕士研究生的录用仍一概采用初试为笔试、复试为面试的方法，这个方法

1 杨鹏飞:《关于推动我省高校毕业生留甘就业的建议》,王华存主编:《甘肃参事工作报告2020》,甘肃人民出版社,2021,第367-368页。

是合适的，但问题在于其他一些省份和地区取消了笔试，这就对我省的“一概”笔试构成了挑战，对鼓励高校毕业生留甘工作产生了不利影响，应作适当调整。

“五、取消所有的报名收费。单位需要人才，应该拿出更加吸引人才的举措来。100～150元的报名费，和人才的获得来比，微不足道。在人才的留用和引进上，不要因小失大。百元报名费，可以在一定程度上影响应聘者的心情。

“六、招聘单位要善待应聘者，以平等的态度待人，给应聘者以应有的尊重。尊重应聘者，也是尊重知识。招聘和应聘，是个互动过程，双方相互需要。应聘者有求于招聘者，招聘者也有求于应聘者。对应聘者应允许予以适当的接待，甚至提供免费食宿。外地有先例，且效果不错，不妨仿效。

“七、鼓励企业吸纳。对于录用符合认定条件的高校毕业生的中小企业，予以政策和经济上的更现实的支持。中小企业是地区经济发展的中坚力量，与国有大型企业相比，具有用人方式和就业岗位等方面的优势。中小企业用人方式灵活高效、就业岗位种类和数量较多。中小企业的发展，可以大力度地带动地方经济的发展。对招收高校毕业生的中小企业，作为鼓励和奖励之策，可优先安排发展资金，三年之内可按实际招用人数予以每人每年一定的税费依次减免优惠。”[1]

（二）请示的写作格式

请示，是下级机关向上级机关请求指示、批准和答复时所使用的公文。

一般地说，在以下六种情况下使用请示：工作中遇到亟待解决的问题，并且是事关全局的问题，而且也需要经上级批准后才能实行，在这种情况下可由下级机关提出实施意见，报请上级批

1 杨鹏飞：《关于推动我省高校毕业生留甘就业的建议》，载王华存主编：《甘肃参事工作报告（2020）》，甘肃人民出版社，2021，第368-369页。

准；在贯彻上级机关有关政策过程中，对有关精神把握不住，遇到疑难问题，在这种情况下，可以请求上级作出具体指示；工作中遇到自己无力解决的问题，需要上级给予援助，在这种情况下，可以向上级请示，请求给予解决；对工作中出现的新问题、新情况，作出某种处理，但又不知是否妥当，在这种情况下，可请上级给予指示；本单位情况特殊，执行统一规定需要做变通处理，请求上级批准；本单位意见有分歧，有些问题无法解决，请求上级裁决。

按内容和目的划分，请示可分为请求批复性请示和请求批转性请示两大类。

请求批复性请示，所请示的事项大多比较单一、具体，需上级机关批示或批准后才能部署和实施。这类请示，又分为两种，即申述性请示和安排性请示。

申述性请示，是下级机关就工作中遇到的而自己又无力解决的问题，向上级机关或主管部门所写的请示。请示的内容侧重于申述理由，以求得上级机关的批准。安排性请示，是下级机关为解决某一问题或开展某项工作提出意见，请求上级批复所写的请示。请示的内容侧重于事项的计划安排，以便进行具体的部署和实施。

请求批转性请示，大都带有普遍性和全局性的问题，或者是比较重大、紧急的事项，所涉及的范围较广，需要通过上级机关的批转，发至有关部门和单位贯彻执行。

行政公文的标题和落款有固定的格式，非常严格，这里只说正文。

请示的正文，写法比较灵活，可根据请示的目的和内容来确定。一般地说，由请示缘由、事项、结语三部分构成。

请示缘由，是最关键的一部分，这是能否得到批准的关键所在。如果理由写得充分，就可以得到批准。如不充分，就可能被否决。这部分，一定要写请示的目的，目的要写明确，语言要简洁，然后，用主要笔墨写请示事项的理由。理由，要用现存的客观事实作根据。请示事项，是请求上级指示和批准的内容，要把需要上级审批的事项写明确、写具体。这一部分，可作扼要的分析，提出看法和具体意见。结语，语气要中肯、谦和恭谨，不能使用要挟的言辞，要用惯用语，比如："是否得当？请批示。""以上意见妥否，请批示。""妥否？盼示。""当否？请批复。""请予审批。""请予批复。""以上请示，如无不妥，请予批准。""特此请示，请批复。""如无不妥，请批转有关部门执行。"

请示的写作，要做到一事一文，事项集中，中心突出；理由必须扎实、可信、充分、有力，要突出需要指示或批准事项的必要性和迫切性；语言要通俗，所提意见、建议和措施要明确、具体、可行、有针对性，用语谦敬，分寸得当。

非专门研究写作学的专家和非专门写公文者，往往都把请示与报告混在一起，总是说"请示报告"。其实，请示与报告是不能放在一起说的，二者是有区别的，有必要在此一谈。

请示与报告，都具有反映情况、提出建议的共同性，但特点各异。

首先，请示具有请求性。从行文目的说，请示的写作带有迫切性，并需要上级机关批示、批准的事项，要求上级机关批复，是呈批性的公文。报告仅着眼于汇报、反映情况，以达到下情上达的目的，一般不要求批复，只有呈转性报告才要求上级机关"批转"有关部门执行。一句话，报告是陈述性的汇报公文。

其次，请示具有单一性。从行文的内容说，请示必须一事一文，行文简短，着重写问题，以便上级机关尽快答复。报告的内容涉及面可以很广，行文往往较长，着重写情况和意见。

再次，请示具有预先性。从行文的时间说，请示必须在"事前"行文，只有在得到上级机关认可的批复后才能执行，不能"先斩后奏"。报告主要是在"事后"或"事中"行文，有时也可在"事前"行文。

最后，请示具有必复性。从处理方式上说，对于请示，上级机关必须予以批复。对于报告，上级机关一般不予批复。

（三）通知的写作格式

通知的正文，由通知缘由、事项、结语或要求三部分组成。不同种类的通知，正文的写法有所不同。

指示性通知的正文，包括缘由和内容两部分。第一部分，写明通知的缘由，可写当前存在的问题，发布通知的意义，也可写发布本通知的依据和任务，要概括地写，要简短，然后用惯用语作结并引起下文。惯用语主要有“特作如下通知”“特通知如下”等。第二部分，写通知的内容，可分条列项地写，提出要求、措施、办法。此类通知，一般不单独写结尾，以正文的完结而结束。

批示性通知的正文，由发文缘由，对批转、转发文件的评价，执行要求三部分组成。批转、转发文件的通知，不仅要表明本机关的态度，而且要结合本地区、本单位、本部门的实际情况作出具体的指示性意见。对下级机关的要求，一般用惯用语，比如“请参照执行”“请遵照执行”“请研究执行”或“请认真贯彻执行”等。

会议通知的正文，要具体全面。一般包括召开会议的机关、会议名称、会议起止时间、地点、会议内容和任务、参加会议的人员范围、参加会议的人数、入场凭证、报到时间和地点、与会人员须携带的文件、材料，以及如提前上报会议人员名单，要求预先告知乘坐的交通工具及车次、航班等其他要求事项等内容。会议通知要适当提前发文，以便出席人做准备。如事情重大，时间紧迫，可发“紧急通知”，并在封套上注明，以引起受文机关的注意。

发布性通知，因为带有附件，故正文一般都较为简短。先写发布的意义和目的，然后提出执行要求；一般性通知，所涉及的事项比较具体，正文要写明所要办的事情，完成的时间和要求。有时，还要告诉受文单位一些事项，以便联系，无须办理。

二、论文与质朴庄重之美

这里所说的论文，是个大概念，它包括学术论文、书评和文评在内的属于议论文范畴的多种评论。说得学术一点，是包括所有运用议论说理的表达方式对某个客观事物或问题提出见解、进行评价的文章。

（一）学术论文

学术论文属于议论文范畴，但不是一般的议论文。一般地说，议论文的主要表现手法是议论，应按事理内在的逻辑，分析事物的矛盾，解剖问题的各个侧面，揭示问题的本质，讲清一个道理。因此，其基本结构形式是提出问题、分析问题和解决问题。

学术论文虽然可以纳入议论文的范畴，但却不同于一般的议论文，它是议论文的高级形态，就质和量而言，它同一般的议论文都存在明显的差异。差异主要表现在三个方面。首先，学术论文是对某种科研成果的表述，是在进行了比较系统的研究之后所发表的具有创建性的论说，而一般议论文则是对某种理论的复述或阐发，只是随想、表明某种态度；其次，学术论文有相当大的容量和厚度，而一般议论文则是一些即兴式、随笔式的短论、短评；再次，学术论文的格式非常严格，而一般议论文则没有那么严格的格式。

学术论文的结构形态，是提出问题、分析问题和解决问题。尽管并不是所有的论文都是这样，但这种模式体现了论文构思的基本规律。

论文的结构，由绪论、本论和结论三部分构成。

绪论，是论文的开头，它具有统领全文的作用。一般要交代写作动机，提出主要问题，揭示中心论点。驳论一类的论文，则要提出所要反驳的论点。这一部分，要求观点鲜明，言简意赅。如何写？采取直写的技法。本论，是论文的主体，要对绪论部分提出的论断从各个角度、各个方面展开论述。结论，是学术论文的结尾部分，是本论部分分析论证的必然结果。结论的任务，是归结全文，对论文作概括，或提出解决问题的途径，或提出需要进一步解决的问题。结论的写作要求，是要切实、公允、干净、有力、与绪论相呼应。

本论部分，是论文的主体，篇幅较长，抽出来作专门介绍。本论部分的结构形式，主要有三种，一是推进结构，二是并列结构，三是综合结构。

推进结构，是一种直线推动、逐层深入的结构关系，提出中心论点后，逐层深入，各分论点呈现出一种纵向联系的结构关系；并列结构，是一种并列、平行的结构关系，各分论点的段落相互平行，它们从不同角度来论证中心论点，呈现出一种横向的内在联系；综合结构，一般用于较长的论文，即综合运用推进和并列两种方式：或者总的结构是推进式，其中某些部分又用并列式；或者总的结构是并列式而其中某些部分又用推进式。

不论运用哪种方式，都可以用标号或小标题，依据论文的结构关系分成几个大的部分。

从内容的基本构成来说，论文包括论点、论据和论证。

论点，即作者在论文中所提出的观点、见解和主张，是论文的灵魂，是论文必不可少的要素，是作者依据材料，经过分析、提炼而抽象出来的一种理性认识。提出论点要把握正确、鲜明、新颖三个方面。

正确，是指科学性，即要求论点要反映事物的本质和规律；鲜明，是指对论点表述的清晰度和透明度，即作者态度要明朗、观点要明确、表述要清晰，论文所提出的论点，倾向要明确、指向要单一，不含糊，不笼统；新颖，是指论点的创新意识，即要有新鲜的见解和独到的看法。

一篇学术论文，应形成一个论点系统。中心论点统帅全篇，贯穿始终。中心论点之下又有若干分论点，分论点由中心论点派生而出，从属于中心论点，并按照一定的联系顺序进行论证。分论点之下又可有若干小论点。

论据，是阐述或证明论点的根据、理由，是为确立论点服务的。我们说，论点是论文的灵魂，但需要用论据作基础，用论据加以证明，否则，论点就会被架空，就立不起来。

从类别来说，论据有两大类，一是事实论据，二是理论论据。事实论据，指的是具体的事实材料，其中包括现实材料、历史材料和数字数据等。在引用事实材料作论据时，要求材料真实、典型。理论论据，指的是经典言论、科学定义和公理等方面的理论材料，其中包括名人名言、科学的规律、法则和公式等。引用理论论据，要求准确，要完整地理解引文的含义，不能片面理解，不能曲解原义或断章取义。

论证，就是运用论据证明论点的过程和步骤，也就是用正确的理论和真实而典型的事实分析问题、解决问题的过程。从逻辑推理的角度说，论证是指证明论点所用的推理形式，是指反驳谬论所用的推理形式。

论文的论证，要把握好两点，一是材料必须切合论点，二是论证要富有逻辑性。首先，材料必须切合论点。论据与论点之间必须体现出内在联系，必须有机地统一，而不使人感到游离、拼凑或割裂。材料与论点切合，不是指这段材料的局部或针对个别点而言的，而是针对运用这个材料的角度和侧重点而言的。其次，论证要富有逻辑性。一篇论文，总是依照一定思路、围绕中心论点层层展开论证的。在论证过程中，要使论据与论题之间建立起一种必然的逻辑联系，同时，论证的步骤要清晰、有条理、有规律，要体现出一种必然性联系。论证的逻辑性，来自对所研究的客观事物本质规律的认识与把握。

就方法来说，论证有两大类，一是立论，二是驳论。立论的方法有例证法、引证法、分析法、比较法、类比法、反证法等；驳论的方法有反驳论点、反驳论据、反驳论证。

新阶层的出现与成长，是现代中国一个重要的社会现象。它的出现，与时代机遇息息相关。学术专著《大国成长的逻辑——现代中国社会的新陈代谢与政治经济演进》中的“新阶层的崛起与社会资源的有效配置”一节，独立成篇。我们以此文为例，从论文结构的角度做一分析。

绪论部分，提出总论点。

改革开放以来，中国逐步从单一的公有制计划经济体制转变为以公有制为主体的多种经济成分并存的社会主义市场经济体制，中国社会也逐步从农业社会转变为工业社会。随着经济体制和社会的变化，中国的社会结构也发生了深刻变化，由原来的“两个阶级，一个阶层”向多元化转变，出现了新的阶层。新阶层是从工人、农民、干部和知识分子队伍中分化出来的，其中的绝大多数是中国中产阶级的重要组成部分。新阶层是改革开放的产物，在改革开放过程中，他们通过诚实劳动和合法经营，为社会主义建设作出了重大贡献。在影响中国发展的多种力量中，中国中产阶级的迅速崛起不容忽视。在中国历史上，从未有过这么多人在一两代人的时间里取得如此巨大的经济进步。今天，中国正在从一个相对贫穷的发展中国家向中产阶级国家转变，这是我们时代最为精彩炫目的一幕。中国新阶层的出现和成长受惠于改革开放，改革开放为新阶层的出现和成长提供了机遇[1]。

本论，分四个部分，每部分一个分论点。

第一部分，论述新阶层主要集中在非公有制领域，是随着政

1 党庆兰:《大国成长的逻辑——现代中国社会的新陈代谢与政治经济演进》,兰州大学出版社,2024,第293页。

府对社会主义所有制结构和非公有制经济的认识与政策的变化而出现的，是在我国非公有制经济产生、发展的过程中产生和发展的一个群体。

在这个分论点之下，论文如此阐述：

1982年，中国共产党第十二次全国代表大会指出“社会主义国营经济在整个国民经济中占主导地位”。同时又指出：“在农村和城市，都要鼓励劳动者个体经济在国家规定的范围内和工商行政管理下适当发展。”在党的全国代表大会报告中明确提出鼓励个体经济发展，并且把范围从“城镇”扩展到农村，这还是第一次。同年通过的《中华人民共和国宪法》规定：“在法律规定范围内的城乡劳动者个体经济，是社会主义公有制经济的补充。国家保护个体经济的合法的权利和利益。”由国家的根本大法来承认个体经济的合法地位，在中国，也是第一次。

伴随着认识与政策的变化而来的，是个体经济在城市和农村得到长足发展。

在20世纪80年代中期到90年代初，人们认为非公有制经济是“公有制经济的必要的和有益的补充”，对其基本政策是“允许存在，并加以引导和监督”。1984年通过的《中共中央关于经济体制改革的决定》指出：“我国现在的个体经济是和社会主义所有制相联系的，不同于和资本主义私有制相联系的个体经济，它对于发展社会生产、方便人民生活、扩大劳动就业具有不可替代的作用，是社会主义经济必要的、有益的补充，是属于社会主义经济的。当前要注意为城市和乡村集体经济和个体经济的发展扫除障碍，创造条件，并给予法律保护。”

社会新阶层，尽管劳动的领域不同，所服务的对象不同，但有一个共同的特点，即敢于从国有企业管理者、党政机关干部、高等院校专业技术岗位、科研院所专业技术岗位上脱离出来，到改革开放和市场经济的大潮中去实践，成了“先富起来”的那一部分人。在中国这样一个政治生活程度较高的公有制社会，能以身试“制”，需要一定的勇气[1]。

第二部分，论述新阶层中相当大的一部分是知识分子，是一个文化层次、自身素质、社会地位相对较高的白领群体[2]。

在这个分论点之下，论文这样阐述：

新阶层是一个庞大的群体，群体内也有层次之分。根据对资源占有状况的划分，民营科技企业的创业人员和技术人员、外资管理技术人员和私营大企业主，介于上层与中层之间；个体工商户、中介组织的从业人员、自由职业者介于中上层与中层之间。在社会阶层结构中的位置以及个人的综合社会经济地位，表现了体力劳动者与非体力劳动者之间的社会经济差异的扩大，管理者与非管理者之间的社会经济差异的扩大。这种差异，是我国改革开放和建设有中国特色社会主义的必然结果。政企分开、多种经济成分并存，以及第三产业的蓬勃发展等一系列改革举措，极大地触发了原来单一社会结构的分化。

新阶层的分化，使社会职业结构发生了明显的变动，在分工用人机制上，政府组织调试功能有所弱化。改革开放以前，中国社会组织的用人制度，是各个组织按其在不同序列中的招工用人，人员很难流动。任何组织都担负行政与生活管理的双重职

1 党庆兰:《大国成长的逻辑——现代中国社会的新陈代谢与政治经济演进》,兰州大学出版社,2024,第303页。

2 关于我国“白领”阶层的认定,目前主要有两种观点。一种观点认为,白领阶层是一个拥有专业性职业、从事脑力劳动的群体,主要分布在“各类专业、技术人员”“国家机关、党群组织、企事业单位负责人”“办事人员和有关人员”三大职业群体之中,当然也散布在其他各类职业群体中,横跨政治、经济、科教文卫和其他领域,具体包括国家机关及工作机构负责人、党群组织负责人,科研人员、科技管理人员和辅助人员、卫生技术人员、法律工作人员、教学人员、文体工作人员、文化工作人员和宗教职业者,行政办事人员、政治保卫工作人员、邮电工作人员,以上职业之外的其他职业中的文职人员和各种管理人员;第二种观点认为,在我国,白领指的是在市场经济条件下,在股份制企业、合资企业、外资企业和民营企业等市场化企业中,从事非体力劳动的领取薪水的劳动者,具体包括七类人员,即中介组织从业人员、私营企业或外资企业的管理人员、私营企业或外资企业的技术人员、自由职业人员、私营医院医生和民间组织专职人员。

能，而且组织成员都按国家统一的行政级别或职业等级来获取固定的经济收入及其他待遇。

改革开放以后，原先意义上的组织调试功能有所弱化，国家、单位和个人之间的单一垂直的关系有所改变，社会控制不再是单纯以政治、行政组织控制为手段，而是加入了市场控制，这是政府干预和经济发展双重力量作用的结果。在此情况下，就出现了诸如各种协会、行会、学会以及民营、私营企业组织与新的社会阶层人员等大量的介于国家和个人之间的民间组织。这些民间组织的产生，是对当代中国社会阶层构成的一个补充，意味着新的社会阶层成员的社会位置之间距离的变动。这种变动，是由于现阶段的社会集团或企业所掌握的资源与获得的利益多寡的变化。私营企业、外资企业、中介组织的从业人员的收入，往往高于全民职工的收入。经济地位的上升，使他们拉开了同工农的距离[1]。

第三部分，论述新阶层聚集了中国大部分中、高等收入者，是中国新时期的一个高收入、高消费群体，是中国“先富起来”的那部分人。

在这个分论点之下，论文如此阐述：

在我国市场的薪酬体系中，民营企业和外商投资企业具有非常强烈的业绩和激励导向，其薪酬和福利水平远远高于国企和乡镇企业。这样，新社会阶层中的私营企业主、民营科技企业的创业者和技术人员以及受聘于外资企业的管理技术人员的队伍里，聚集了我国大部分中、高收入者。

富有阶层的出现，拉大了人们收入的差距。据统计，1990年，在中国的城镇居民中，10%的最高收入户与10%的最低收入户的人均收入的差距为29倍，到1995年，已扩大至38倍。这些高收入者，主要包括部分私营企业主、流通公司、非银行金融机

1 党庆兰:《大国成长的逻辑——现代中国社会的新陈代谢与政治经济演进》,兰州大学出版社,2024,第307–308页。

构、房地产开发公司等行业的职员，三资企业和外国驻华机构的中方高级雇员，部分个体工商户，少数企业经营承包者，部分股票证券经营者、房地产开发商，某些紧缺人才、有特殊专业技术的特殊职业的从业人员，部分新办公司的负责人，由知识分子组成的家教队伍，经济学家、大学教授、讲师，管理部门的司局长、处长等。

此外，某些紧缺人才和有特殊专业技术的特殊职业的从业人员如律师、会计师、美容师、高级厨师、按摩师、运动员、演员、歌星、舞星、著名节目主持人、时装模特、经纪人、设计师和美术广告人员等，年收入也相当可观，可达几万、数十万乃至数百万。

收入档次的拉开，在中国很快形成了一个高收入家庭阶层。与较高的收入水平相适应，在消费水平和消费能力方面，新的社会阶层也高于其他社会成员。他们的支出，包括个人、家庭的消费性支出。其中，用于基本生活的吃、穿、用、行、住等，他们对安全更加敏感，同时更注重质量和品牌，不少新的社会阶层人士是时尚产品的第一消费者，甚至是时尚的引领者。在个人和家庭发展性消费方面，他们也更具有购买和消费意愿，对旅游、健身、培训学习、子女教育等方面更乐意投入。这种情况，既与这个群体的支付能力有关，也与其受教育的程度和职业身份有关，甚至在很大程度上与后者有关。从整体上看，其生活和消费水平高于全国城镇居民的平均水平[1]。

第四部分，论述新社会阶层的职业和身份具有较大的不稳定性，是一支流动性很强的队伍，具有不断扩大的趋势[2]。

结论，归结全文，结得公允、干净、有力：

综上所述，新社会阶层的出现，是改革开放的产物，是改革

1 党庆兰:《大国成长的逻辑——现代中国社会的新陈代谢与政治经济演进》,兰州大学出版社,2024,第310-311页。

2 党庆兰:《大国成长的逻辑——现代中国社会的新陈代谢与政治经济演进》,兰州大学出版社,2024,第312页。

开放缔造了现代中国这一庞大而复杂的社会群体并为这一群体的成长提供了制度保障。这一群体，主要集中在非公有制领域，其文化层次和素质都相对较高，拥有比较丰厚的收入，是一支流动性很强的队伍，并具有不断扩大的趋势。他们是改革开放的受益者，也是改革开放事业的推动者和建设者。他们通过诚实的劳动，为社会主义建设作出了重大贡献，促进了我国生产力的发展，加快了我国的社会流动，使各种社会资源实现了更加有效的配置。这一阶层崛起的意义，已远远超出经济学的范畴，其政治潜力，以及对国家的国际行为的影响力，将会越来越大。判断的证明，虽然不是现在，但也不是遥远的未来[1]。

（二）评论

评论属于议论文范畴，是一种主要运用议论说理的表达方式对某个客观事物或问题提出见解、进行评价并说明理由的文章体裁。

从不同的角度，评论可划分出不同的种类。根据作者划分，可分为社论、编辑部文章、评论员文章、署名评论四类；根据篇幅划分，可分为社论、评论员文章、短评、一事一议、编者按、编后语六类；根据内容划分，可分为政治评论、思想评论、经济评论、国际评论、文艺评论、书报评论六类。在这里，着重谈思想评论和书报评论。

思想评论，是一种政论文体，它以人们在工作、学习和日常生活中某些处于萌芽状态或带有倾向性的思想问题作为评论对象，从理论上加以分析和回答。一般地说，思想评论可分为三类，即赞扬性思想评论、批评性思想评论、阐述性思想评论。

赞扬性思想评论，是以具体的人或物所体现的先进思想作为评论对象，旨在通过表扬某个先进人物、赞扬某件新事物，倡导

1 党庆兰:《大国成长的逻辑——现代中国社会的新陈代谢与政治经济演进》,兰州大学出版社,2024,第314-315页。

一种高尚的精神、品德和作风。批评性思想评论，是以批评某种错误思想为主要内容的思想评论。这类评论对物不对人，目的是通过揭露和剖析落后的、错误的思想和不良作风，影响舆论，使人们受到震动，提高认识，从而自觉地起来扶正祛邪。写这类评论，要把握好批评的分寸，与人为善，注意说理。阐述性思想评论，不是为了赞扬什么，也不是为了批评什么，而是就现实生活中的某一思想问题发表自己的看法，或阐述某种道理，它可以是对某种流行的说法、想法的匡正或补充，也可以针对某种思想方法、工作作风直抒己见。

思想评论，没有统一、固定的格式。论点、论据和论证过程如何组织安排，要根据所论述的问题作具体分析。一般地说，要涉及三个环节或三方面要素，即提出问题、分析问题、解决问题。分析问题是评论的核心，也是关键部分。在这里，要考虑的是把问题放在什么思想层面上去分析。思想评论的作者，要用当代知识去观察论题，即用当代所达到的思想高度去认识生活、评价生活，用当代所达到的思想高度去理解、把握问题的实质，即要站在时代所能提供的高度去观察、去认识、去分析。

思想评论的写作，应注意的几个方面：首先，要旗帜鲜明，不能含糊其辞。是赞成还是反对，是肯定还是否定，在评论中，态度必须鲜明。其次，要以理服人，不要耳提面命。思想评论最忌耳提面命，最忌板起脸孔训人。要坚持说理、与人为善、以诚待人的原则。再次，要实事求是，对所评论的问题不夸大其词，不把个别现象当作普遍现象，不要把非主要倾向当作主要倾向。

书报评论，是评论的一种，学界常用，要展开一点儿谈。如何写？关注点在哪儿？注意，要关注作品的特色，写特色，也可增写进一步研究的空间，但主要是写特色，写以前和其他作品没有的东西。现在，我们以《现代中国社会的全景画卷——评郑谦主编本〈中华人民共和国史〉》一文为例做分析：

在绪论里，作者这样提出论点：1949年中华人民共和国的建立，开辟了中华民族历史的新纪元。早在20世纪50年代，就有人对中华人民共和国史研究做过初步尝试。伴随着对社会主义建设正反两方面历史经验的总结，从80年代初开始，中华人民共和国史研究逐渐在学术界兴起。在1989年建国40周年之际，“中华人民共和国史”著作开始面世。经过约30年的努力，这一研究取得了引人瞩目的成就，成为中国历史研究中的一个新领域。截至本世纪初，全面记述中华人民共和国史的学术性著作已出版近70种。90年代以来特别是近年来的一些著作，在突破“政治史”“革命史”和“党史”方面作出了不懈努力，方向值得肯定。不过，坦率地说，包括跨入新世纪以来的新版专著在内，从总体布局、史料取舍及学术创新来看，迄今未见重大突破。造成上述情况的原因可以理解，作为深层次全面反映中华人民共和国成立数十年宏观变化的中华人民共和国史，从滞后到适应，自然需要假以时日。由郑谦主编的《中华人民共和国史》[1]一书的出版，有助于弥补上述的某些缺憾。郑编《中华人民共和国史》上起1949年，下迄2009年，前后60年。该书卷帙浩繁，310万字，充分吸收和借鉴了学界的各种新史料、新理论、新方法和新观点，对现代中国60年的发展脉络和规律进行了系统梳理和阐释，具有较高的学术价值、学术水准和鲜明的学术特色，是中华人民共和国史研究领域的一部佳作。纵览全书，可清晰地看出作者多年潜心研究的学术积累。同其他版本相比，该书的成就一目了然[2]。

本论分为四个部分，前三个部分写特色，第四个部分写不足之处和思考空间。

在本论的第一个部分，评论认为，郑本突出“通史”特点，展现中华人民共和国的历史全貌。线索清晰，结构合理，突出国史的“通史”特点，全面展现中华人民共和国的历史全貌，是郑

1 由人民出版社于2010年出版。

2 党庆兰:《现代中国社会的多彩画卷——评郑谦主编本〈中华人民共和国史〉》,《史学月刊》2018年第7期,第113页。

编《中华人民共和国史》的鲜明特征[1]。

评论认为，郑本把中华人民共和国60年发展史，以1978年为界分为两大时期，即前后两个“30年”。1949—1978年为前期，1978—2009年为后期。1949—1978年即从中华人民共和国成立到中共十一届三中全会召开，这是社会主义革命和建设时期；1978—2009年即从十一届三中全会至2009年，这是改革开放和社会主义现代化建设新时期。在前30年里，中国确立了社会主义基本制度，建立了独立的比较完整的工业体系和国民经济体系，使旧时代积贫积弱的中国焕然一新。在后30年里，自十一届三中全会以来，全国上下解放思想、积极进取、勇于创新，在改革开放实践中成功地开辟了中国特色社会主义道路，走上了充满活力的现代化征程。这两个时期的历史，从探索适合中国国情的建设社会主义道路这条主线来说，是一个不可分割的整体，是前后衔接、一脉相承的。我们注意到，前30年，重笔写政治；后30年，以政治经济为主线，全面铺开。相比较，后30年写得更实些。

全书共6卷，310万字，前后两个30年各占三卷。前三卷是前30年，约164万字，后三卷为后30年，约146万字。从字数上说，两个30年分量均等；从章节上看，共70章，前三卷29章，后三卷41章。政治占51章，经济16章，文化教育2章，社会生活1章，上述四块分别占总章数的72.86%、22.86%、2.85%和1.43%[2]。

从全局上看，该书的政治、经济线索最为清晰，比重也比较大。比如，就政治线索说，从中华人民共和国建立及初期行政主题的完成、抗美援朝战争、土地与民主改革、私有制的改造、社会主义制度的建立，到整风运动、反右派运动；从“大跃进”、社会主义教育运动、特殊年代政治运动，到改革开放及全面惩治和预防腐败体系的建立等均有阐述。这种安排，在较高的程度上

1 党庆兰:《现代中国社会的多彩画卷——评郑谦主编本〈中华人民共和国史〉》,《史学月刊》2018年第7期,第113页。

2 这种划分,是一种基本的、大致的划分,因为在很多地方,政治和经济甚至文化是联系在一起的。

反映了实际情况。现代中国，是由一系列重大政治决策、重大政治战略和重大政治举措塑造起来的，现代中国社会是一个政治生活程度较高的社会，特别是在改革开放之前。“政治是人类最崇高的发明”，任何国家、任何社会形态都离不开政治的塑造，重笔写政治是应该的，也是可以理解的。

郑本按现代中国的发展轨迹进行纵向编纂，某些章节又以政治、经济、文化、社会、外交分类进行横向编纂。这样，就某一事件的发展线索而言是纵向的历史过程，而就某一时段的社会全貌而言是横向的历史断面，这就在某种程度上不仅避免了传统章节体叙述某一历史现象时所造成的过分分散的破碎感，同时又克服了传统纪事本末体叙述某一历史现象时所造成的过分集中的孤立感。全书围绕着中华人民共和国的发展主线，在政治、经济、文化、社会和外交等纵横交错的通史格局中再现了中华人民共和国的方方面面。

除政治、经济之外，特别是新时期，从2003年的抗击“非典”，2008年抗击南方暴风雪自然灾害、抵御汶川大地震、举办北京奥运会、应对美国“次贷危机”引发的全球金融风暴，到2009年防控甲型H1N1流感等都有较为详尽的阐述，不仅显现了与“中国革命史”和“中共党史”质的差异，而且也反映了作者对该时段的中国历史有着准确的学术认知和把握能力。对这种非政治的内容的泼墨程度，这在以前的任何同类著作中是难以寻觅的。

在本论的第二个部分，评论认为，客观阐释现代中国历史发展的主流，准确判断失误和挫折。评论认为，准确判断和客观阐释现代中国历史发展的主流，客观分析现代中国的失误和挫折，把失误和挫折置于一个合适的位置，是郑本《中华人民共和国史》的可贵之处[1]。

1 党庆兰:《现代中国社会的多彩画卷——评郑谦主编本〈中华人民共和国史〉》,《史学月刊》2018年第7期,第115页。

评论认为，郑本《中华人民共和国史》对社会主义教育运动以及60、70年代的重大政治运动和事件，都力求把它们放在当时特定的历史条件下进行分析和研究，对于所引发失误的原因及其经验教训，都进行了中肯的分析。

著作认为，由于这次社会主义教育运动是在局部地区进行的，是通过各级组织有领导地逐步展开的，在运动中，对于一些具体政策的规定还比较慎重，对一度出现的某些过“左”做法和现象也作过一些纠正，并且始终强调运动要和生产密切结合，许多工作队还比较注意按实事求是的原则办事，因此，使社会主义教育运动没有造成更大的危害。总的来说，当时的错误还是局部性质的。

对于特殊的60、70年代，除在介绍《关于建国以来党的若干历史问题的决议》的主要内容时作了和决议一致的结论以外，在总序里也有所谈及。专著认为，在那个“特殊年代”，全党、广大工人、农民、解放军指战员、知识分子、知识青年和各级干部共同奋斗，使动乱的破坏受到一定程度的限制。我国国民经济虽然遭到重大损失，但仍取得了进展。粮食生产保持了比较稳定的增长，工业交通、基本建设和科学技术方面取得了一批重要成就，中美两国关系正常化进程启动，我国恢复了在联合国的合法席位，这都为改革开放和更加积极地参与国际事务打下了基础。当然，这一切绝不是“特殊事件”的成果，如果没有“特殊事件”，我们的事业会取得大得多的成就。从另一个角度看，“特殊事件”的失误也是一种“财富”，它促使人们思考究竟什么是社会主义，怎样建设社会主义；促使我们下决心将工作重点由以阶级斗争为纲转到以发展生产力、建设四个现代化为中心，制定切合中国实际的政治、经济、文化和社会政策。“特殊事件”提供了反面教训，也变成了财富。任何一个民族，想要取得更大进步，最快的途径就是从自己所犯的错误中吸取教训。“特殊事件”使党和人民吸取教训，经受锻炼，解放思想，立志改革，并以改革开放30年来马克思列宁主义的新发展和社会主义的巨大进步获得补偿。

同时，在全面论及中华人民共和国60年所发生的历史巨变的基础上，该书对60年的中华人民共和国历史发展进程中的成绩和错误有一个科学的认识，对中华人民共和国历史发展的主流有一个科学的认识。取得的成就是主要的，错误是次要的。

除重大事件之外，对某些重要时期也给予了较为公允的评价。

关于中华人民共和国成立后的最初七年，著作认为，为有计划地进行经济建设和逐步过渡到社会主义准备了必要的条件。

关于开始全面建设社会主义的10年，著作认为，1956—1966年，是我国开始全面建设社会主义的10年。在这10年里，中国共产党对社会主义建设道路进行了艰辛探索，既积累了重要经验又留下了深刻的教训。

同时，著作还认为，探索的过程出现了挫折，但并不代表没有正确思想的积累。上述10年建设的曲折历程，反映了探索适合中国国情的社会主义建设道路的艰巨性、复杂性和长期性。

关于这10年历史的评价，著述认为，应着重把握1981年中共十一届六中全会通过的《关于建国以来党的若干历史问题的决议》的基本论断："我们现在赖以进行现代化建设的物质技术基础，很大一部分是这个期间建设起来的；全国经济文化建设等方面的骨干力量和他们的工作经验，大部分也是在这个期间培养和积累起来的。这是这个时期党的工作的主导方面。"同时，不能忽视历史的另一个方面，即"从1957年下半年开始，实际上违背了八大的路线，这一'左'，直到1976年，时间之长，差不多整整20年"[1]。从执政党的指导思想来看，10年间没有彻底纠正反而有所发展的"左"的错误的积累，逐渐压倒了正确的或比较正

1 邓小平：《我们干的事业是全新的事业》，载《邓小平文选》，第3卷，人民出版社，1993，第254页。

确的趋向，终于导致了“特殊事件”的发生。

在本论的第三个部分，评论认为，著作充分展现现代中国人民生活形态的进步历程。评论认为客观展示现代中国人民生活形态的进步历程，充分展现中国普通民众生活的进步与甜美，是著作可贵而浓重的一笔[1]。

评论认为，著作的社会生活部分，涵盖的面较广，其中包括文风、语言、阅读、家庭、爱情、婚姻、妇女、服饰、住房、消费、网络等。在这一部分，“特殊年代”在前，改革开放在后。

此外，著作还怀着强烈的现实关怀，指出了社会发展变迁中存在的隐忧。著作认为，随着改革开放进程的不断加快，我国正在迅速融入世界潮流，各种新思想不断冲击着国人固有的传统习惯，人们行为方式、价值观念正在发生着剧烈的变化，或积极的，或颓废的，各种各样的社会现象和行为模式不断涌现，有些反映出我国社会的不断进步，有些则暴露出我国经济发展进程中出现的严峻的社会问题。首先，婚姻观念变化中喜忧俱在。比如，结婚年龄普遍推迟，择偶标准和途径发生变化，涉外婚姻增加；其次，家庭赡养、教育功能变化中存在不足；再次，吸毒和赌博等社会丑恶现象不容忽视。

上述社会生活的浓重一笔，中国普通民众生活形态的进步与甜美展现，使这部《中华人民共和国史》更加丰满。

在本论的第四部分，评论认为，不足之处、有待改进之处和仍需探索之处并存，是郑本不容忽视的客观印记，并提出巨大的思考空间[2]。

评论指出，在取得成就的同时，郑本的不足之处和有待改进之处也略有所见。比如，对于所吸收和利用的学界研究的新成果、新材料（包括基本的引文），都作了有意的省略，这就不便

1 党庆兰:《现代中国社会的多彩画卷——评郑谦主编本〈中华人民共和国史〉》,《史学月刊》2018年第7期,第117页。

2 党庆兰:《现代中国社会的多彩画卷——评郑谦主编本〈中华人民共和国史〉》,《史学月刊,2018年第7期,第119页。

于读者找出史料的最初来源；某些章节分得过细，似有零碎之感；对于祖国统一问题特别是“一国两制”的理论与实践及港、澳、台地区着墨太少。还有，各卷学术水平不尽平衡，语言风格不尽一致，这是作者众多、文字功底和文风不同所致。

在仍需探索方面，著作为我们留下了巨大的思考空间。著作认为，在我们精神生活领域里，客观地存在着一个巨大的现代史述事论事空间。这个空间，不仅存在于纸介、影视和网络等有形载体，也存在于思想言论的无形载体中，容纳着个体的和官方的、学术的和大众的、公开的和私下的种种历史言说。可以说，现代中国史的复杂性和丰富性举世罕见，在它的叙事空间里混杂着历史的和现实的、政治的和学术的各种言说。其中，既有严谨的科学之论、探微之作，也有大量的因袭旧说、重复雷同和粗制滥造的读物，还存在着许多造成误记和误读的情况。在此情况下，史实的撷取和史料的鉴证都是原创性的，具有开拓和奠基意义。

在历史某个片段上的个体记忆，还是零碎的、片段的和感知的。在自然叙述的状态下，会带来历史琐碎化的倾向，还需要进行历史整合，才能形成完整的集体记忆。在集体的历史记忆上，目前还处于一个感性阶段。现代史的研究，在历史整合、史实清理和史观更新方面，还有大量的工作要做。

现代中国史是我们身边的历史，有很多内容还是现实政治，还决定着我们的政治生活，研究有一定的难度，再加上我们的社会是一个政治生活程度较高的社会，研究就更加严肃[1]。在研究过程中，需要注意以下几个方面：第一，如何看待现代中国发展的主流；第二，怎样看待改革开放，如何看待改革开放中出现的问题；第三，如何看待改革开放与贫富分化现象的出现。

在结论部分，评论认为：郑谦主编本《中华人民共和国史》

1 党庆兰:《史学研究的鲜活主题——关于当代中国史研究的思考》,《西北成人教育学院学报》2015年第2期,第43页。

线索清晰，结构合理，在突出国史的“通史”特点的同时，全面展现中华人民共和国的历史全貌是其鲜明特征；准确判断和客观阐释现代中国历史发展的主流，客观分析现代中国的失误和挫折，把失误和挫折置于一个合适的位置，是其可贵之处；客观展示现代中国人民生活形态的进步历程，充分展现中国普通民众生活的进步与甜美，是其可贵而浓重的一笔。从总体上说，著作视野广阔、资料翔实，既有宏观把握，又有微观描述，既注意吸纳新史学的数据统计、百姓生活等内容的治史方法，也不忘传统史学注重叙事生动的长处，把中华人民共和国60年的历史勾画得棱角分明、有声有色，是中华人民共和国史领域的一部力作[1]。

三、演讲稿与明快鲜活之美

演讲稿，属于通用应用文范畴，种类较多，应用性较强，是写作学领域重要文体之一，其结构设计有着独特的要求和技巧。

演讲稿就是演讲用的文稿，亦即在群众集会上或会议上就某个问题对听众说明事理、发表见解所用的文稿。通过演讲，可以表达个人的主张与见解，可以介绍一些学习、工作上的情况、经验，也可以交流思想和感情。与其他宣传教育方式相比，演讲具有更大的感染力，更能使人信服，因为演讲能直接面对观众。

演讲稿的特点是具有现实性、鼓动性、简洁性和真实性。演讲是演讲者面对听众来讲自己的主张、见解，讲自己亲身经历的或亲眼看到的事。抒发自己的情怀和感受，即使是例证，也是广为传知或实实在在的。演讲稿的真实性必须以“真”为基础，要讲真话，在材料的选用上，最好采用第一手材料。

演讲稿的种类很多，比如为会议所准备的致词、开幕词、闭幕词，为其他集会所准备的贺词、祝辞、欢迎词、欢送词，还有

1 党庆兰:《现代中国社会的多彩画卷——评郑谦主编本〈中华人民共和国史〉》,《史学月刊》2018年第7期,第121页。

一些辩论词等，都属于演讲稿的范畴。

在这里，我们以演说体裁为划分依据，把演讲稿分为叙述式、议论式、说明式三个主要类别。

叙述式的演讲是向听众陈述自己的思想、经历、事迹，转述自己看到的、听到的他人的事迹或事件时所使用的。在叙述当中，也夹有议论和抒情。议论式的演讲就是摆事实、讲道理，既有事实材料，又有逻辑推断，旗帜鲜明。议论式的演讲最常见。说明式的演讲主要是向听众说明事理，通过解说某个道理或某一个问题来确立观点。

演讲稿的写作格式，从结构上说，可分为三个部分，即开头、主体和结尾。

开头，也叫导入部分。如何写？一般地说，要开篇点题。开头要起到提纲的作用。因为，开篇点题，把要点先提出来，之后，听众就会依据这一线索，集中注意力去听演讲的内容，也能够更有针对性地消化和吸收。

怎样开头点题呢？方法很多。比如，可以用警句开头，可以用提问开头，还可以直接提出全篇要旨。一般来说，开场的写作要注意四点：第一，不要过多地使用谦词，否则，会使人感到啰唆，甚至有欠真诚；第二，文字宜少；第三，力避哗众取宠；第四，不得居高临下，否则，会影响与听众的感情交流。

主体，这是演讲稿主要展开的部分，要针对演讲主题的具体情况加以展开。这一部分，要从多方面去阐明或证明演讲的主题。如果是叙述式的演讲，就要把人物的事迹或事件的详细过程叙述清楚；如果是论述式的演讲，就要对论点进行充分的论证；如果是说明式的演讲，则主要是进行详细解说。

演讲稿主体部分的安排，要从以下几方面考虑：第一，主题要集中，一篇演讲稿只应有一个主题，主体部分必须围绕这一个主题来铺陈展开；第二，结构要有一定的灵活性，不要死板，要考虑到口头表达的需要，要有张有弛，有起有伏，不能平铺直叙。如果只是平铺直叙，像流水账一样，会使听众产生单调乏味的感觉。

演讲稿的结尾，应简洁明快、恰到好处，具有动员力，有回味之处，此外还要及时终止，不拖泥带水。如何表达？可以写口号、提建议、提希望，可简洁地总结全文，也可用成语或格言来加强结束演讲的力量。

就演讲稿的整体来说，写作要求如是：第一，要注意演讲对象；第二，主题要集中、鲜明、有新意；第三，以理服人、以情感人；第四，语言要准确、精练、生动、通俗，不讲大话、空话、假话、过于抽象的话，要多用比喻、口语化的语言，把抽象的道理具体化，把概念的东西形象化。

《葛底斯堡演说》是第16任美国总统亚伯拉罕·林肯著名的演说，也是美国历史上被人引用最多的政治性演说，是美国历史上最伟大的演说之一。

葛底斯堡，是美国宾夕法尼亚州的一个小镇。1863年7月，这里爆发了美国内战中流血最多的战役。在这次战役中，北军死伤和失踪23000人，南军损失28000人。据记载，在那里，有一棵红杉中弹250颗，另一棵紫杉中弹110颗。战斗之惨烈，可以想象。后来，为给战死的将士提供一个安息之地，宾夕法尼亚州政府购买了17英亩的土地，建立了葛底斯堡国家公墓。

1863年11月19日，正值葛底斯堡战役结束后四个半月，美国总统林肯在葛底斯堡国家公墓揭幕式中发表演说，哀悼在葛底斯堡战役中阵亡的将士。演说不足300字，但其含义和影响却远超过了其言辞的短小。通过使用“八十七年前”这样的起始词句，林肯将目光投向了美国独立革命。在演说中，林肯以《独立宣言》所宣扬的人人生而平等的原则为基础，重新定义了内战的意义，强调战争不仅仅是为了维护联邦的存在，更是为了实现自由之新生，演说不仅表达了对战争中阵亡者的哀悼，还赞扬了那些为确保“民有、民治、民享之国必将永续于世”的人们所做的殊死斗争。

在美国大众文化中，葛底斯堡演说占据重要地位。它不仅被镂刻在华盛顿特区的林肯纪念堂中，而且经常出现在各种大众文化产品中，提示当代民众对这段历史文字的熟悉。

林肯的演讲，修辞细腻周密，成为美国历史上最伟大的演说之一。演说内容如是：

八十七年前，我们的先辈在这块大陆上创立了一个新国家。这个新国家，孕育于自由之中，奉行一切人生来平等的原则。

现在，我们正从事一场伟大的内战，以考验这个国家或任何一个孕育于自由和奉行上述原则的国家是否能够与世长存。现在，我们在这场战争中的一个伟大的战场上集会，以悼念那些为国捐躯的勇士。为使这个国家能够生存下去，烈士们献出了自己的生命。我们来到这里，是要把这个战场的一角奉献给他们，作为他们最后的安息之所。我们这样做是完全应该而且是非常恰当的。但是，从更广泛的意义上说，不是我们奉献、圣化或神化了这块土地，而是那些活着的或者已经逝去的、曾经在这里战斗过的英雄们使得这块土地成为神圣之土，其神圣远非我们的微薄之力所能增减的。

世人不会注意，也不会记住我们在这里说什么，但是，他们永远无法忘记那些英雄们的行为，这更要求我们这些活着的人把自己奉献于勇士们已经如此崇高地向前推进但尚未完成的事业。在这里，我们应该把自己奉献于仍然留在我们面前的伟大任务，这就是要从这些光荣的逝者身上汲取更多的献身精神，来完成他们已经完全彻底为之献身的事业。我们要在这里下定最大的决心，不让这些逝者白白的牺牲，要使这个国家在上帝的福佑之下得到自由的新生，使这个民有、民治、民享的政府永世长存。[1]

英国前首相温斯顿·丘吉尔的就职演说，也是重要一例。

1 Houston Peterson, *A Treasury of the World's Great Speeches*, New York: Simon and Schuster, 1965, pp. 222-223.

20世纪30年代末，在欧洲战争爆发之前，希特勒一面在外交上迷惑英国首相张伯伦，一面四处出击，占领了欧洲大片领土。

1940年5月8日，由于前首相张伯伦遭到不信任质疑动议，被迫辞职。10日下午6时，国王紧急召见丘吉尔，令其组阁。对于国王的这一任命，丘吉尔顿感责任重大。一小时后，他立即邀见工党和自由党领袖，建议组成战时内阁，并希望在午夜之前，将内阁名单呈报国王。5月13日，下院召开特别会议，对新政府举行信任投票。临危受命的丘吉尔首次以首相身份出席会议，并发表了演说。

演说摒弃了大段的描述自己感激心情的谦词，一扫传统这类演讲所通常具有的那种客套。演说开始，直截了当地声明自己接受国王陛下的委托，组成新政府，然后简明扼要地说明了战时内阁的组成，三军机构的充实以及立即要完成的对各职位的任命。这种别具一格的开头，显得气势非凡，给人一种鲜明的印象，既与战时的那种紧张气氛相协调，又给人们一个强有力的讯号：新政府不像前任政府那样软弱无能，崇尚空谈，满足于花言巧语的外交辞令，新政府是一个敢于行动的负责任的政府。

此外，丘吉尔坦率地告诉大家，未来面对的是一场极为痛苦的严峻考验。那么，新政府奉行的政策和追求的目标是什么呢？演说应该对此有明确交代。丘吉尔以自问自答的方式作了十分简明的回答。这种回答，并没有什么豪言壮语，也未借用名言警句，但由于在修辞上采用了反复排比、层层递进的句式，因而造成了节奏上的鲜明有力，表达上的慷慨激昂，使演说极富感召力，充分表现了新政府临危不惧的严正立场和赢得胜利的英雄气概。下院最终以381：0票的绝对优势表明了对丘吉尔政府的支持。演说内容如下：

上星期五晚上，我奉国王陛下之命，组织新一届政府。按国会和国民的意愿，新政府显然应该考虑建立在尽可能广泛的基础之上，应该兼容所有的党派。现在，我已经完成了这项任务的最主要的部分。战时内阁已由五人组成，包括工党、反对党和自由党，这体现了举国一致的团结。由于事态的极端紧急和严峻，新阁政府须于一天之内组成，其他的关键岗位也于昨日安排就绪。今晚还要向国王呈报一份名单。我希望明天就能完成几位主要大臣的任命，其余大臣们的任命照例得晚一些。

我相信，在国会下一次召开时，任命将告完成，臻于完善为公众利益着想，我建议议长今天就召开国会。今天的议程结束后，建议休会到5月21日，并准备在必要时提前开会。

下周会议所要考虑的议题，将尽早通知全体议员。现在，我请求下院，根据以我的名义提出的决议案，批准已采取的各项步骤，将它记录在案，并宣布对新政府的信任。决议如下："本国会欢迎新政府的组成，它体现了举国一致的坚定不移的决心：对德作战，直到最后胜利。"

组织如此规模和如此复杂的政府，原本是一项重大的任务。但是，我们正处于历史上罕见的一场大战的初期阶段，我们正在挪威和荷兰的许多地方进行战斗，我们还必须在地中海做好准备。现在，空战正在继续，而且在本土也必须做好许多准备。

在这危急存亡之际，如果我今天没能向下院做长篇演说，希望能够得到你们的宽恕。同时我还希望，因为这次政府改组而受到影响的任何朋友和同事，或者以前的同事，能对礼节上的不周之处予以充分谅解，这种礼节上的欠缺，到目前为止是在所难免的。正如我向入阁的大臣们所表明的：我没什么可以奉献，有的只是热血、辛劳、眼泪和汗水。

我们所面临的将是一场极其严酷的考验，将是旷日持久的斗争和苦难。你们问，我们的政策是什么？我说，我们的政策就是用上帝所给予我们的全部能力和全部力量，在海上、陆上和空中进行战争，同一个人类罪恶史上从未见过的穷凶极恶的暴政进行战争。你们问，我们的目的是什么？我可以用一个词来答复：胜利！不惜一切代价去争取胜利，无论多么恐怖也要争取胜利，无论道路多么遥远和艰难也要争取胜利，因为没有胜利就没有生存。大家务必认识到，没有胜利就没有大英帝国的存在，没有胜利就没有大英帝国所象征的一切，就没有促使人类朝着目标奋勇前进这一世代相因的强烈欲望和动力。

我满怀兴奋和希望，担负起我的职责。我深信，只要大家团结起来，那么我们的事业就不会遭到挫败。在此危急关头，我觉得我有权利要求大家的支持。现在我呼吁：起来！让我们群策群力，并肩前进！[1]

四、信函与朴实典雅之美

信函，是社会生活中人们最常用的文化交流工具之一，是交流思想、联系工作、传递信息的载体，是一种常见的通用实用文体，也是人类文化史上最为古老而又最具生命力的应用文体之一。通常，人们把它叫作信、函、书、札、示、简、牍、翰、缄、音、讯、教、章、谕、云、笺、鸿雁、鱼雁、鸿鳞、鱼秦、鲤秦、尺秦、尺纸、尺楮、寸楮以及寸启等。在古代，凡下臣向皇帝陈言进词所写的公文和私人间往来的信件都称为“书”。现在，我们把个人与个人之间、个人与组织之间、组织与组织之间，通过书面语言来联系工作、交流思想、传递信息所使用的一种应用文种称为“书信”。

书信大多有固定的结构模式。一般都有信封和信瓤两个部分。同时，书信的种类也比较多，按其使用途径不同，大体可分为三类：公务书信、私人书信、专用书信。公务书信已在“公文类”文体中谈过，此处只说私人信函和专用信函。

1 Houston Peterson, *A Treasury of the World's Great Speeches*, New York: Simon and Schuster, 1965, pp. 321-322.

（一）私人信函

私人书信就是个人与个人之间传递信息、联络感情，而且通常不便公开的信件。书信别称很多，常见的有函、简、翰、札、书、笺、缄、讯、教、章、谕、示、云等[1]。

就种类来说，私人书信可分为友好书信、事务书信、家书和情书这四类。友好书信是指亲友间联络感情、增进友谊的书信；事务书信是个人与个人之间、个人与单位之间纯粹为了联系事务而使用的书信；家书即写给自己家人的信；情书是男女在相爱期间相互倾诉爱恋之情的书信。情书还可分为两种类型，一是求爱的情书，二是热恋的情书。

结构如是：称呼、正文、结语、署名、日期。

先谈称呼，称呼的形式比较多：第一，由修饰语、姓名、称呼三部分构成，如：尊敬的……先生。第二，由名字、称呼两部分构成，如：……先生。第三，只写称呼。第四，由姓、职务或职称两部分构成，如：……书记、……教授。第五，直呼其名，这是在长辈对晚辈、教师对学生、同性的平辈或好友之间使用的。去姓，只称名，显得比较亲切。第六，由名字、称呼、敬词三部分构成，如：……学兄足下、……仁兄惠鉴、……贤棣惠鉴。第七，由修饰语、姓名、职务或职称、称呼、敬词构成，如：尊敬的校长先生大鉴。

1 称作“函”，比如手函、鱼函、瑶函、大函、惠函、华函、寸函、荒函、芜函、函言、唁函、讣函、云函、雅函；称作“简”，比如手简、雁简、鲤简、华简、秦简、尺简、寸简、小简、简报、尊简、书简；称作“翰”，比如手翰、台翰、华翰、兰翰、芸翰、芳翰、藻翰、琅翰、翰兰、锦翰、雅翰、云翰、珠翰、芝翰；称作“札”，如大札、手札、雁札、华札、台札、书札、尊札、信札、函札；称作“书”，比如手书、鱼书、云书、音书、教书、琅书、惠书、翰书、家书、尺书；称作“笺”，如手笺、鱼笺、华笺、瑶笺、兰笺、绣笺；称作“缄”，比如瑶缄、寸缄、鱼缄、兰缄；称作“音”，如鸿音、鹊音；称作“讯”，比如鱼讯、鲤讯、雁讯、芳讯、兰讯；称作“教”，如手教、大教、兰教、教言；称作“章”，如瑶章、兰章、云章、琼章、华章；称作“谕”，比如手谕、字谕、严谕、慈谕、示谕、谕示、训谕；称作“示”，如手示、大示、函示、台示、训示；称作“云”，比如红云、环云、还云、彩云等。

正文，即书信的主要内容。

结语，表示祝愿、敬意等的话。如何写？比如：“敬颂大安”“敬颂政安”“敬颂教安”“敬颂俪安”“即颂淑安”“即颂近祺”等。

私人书信的写作要求：首先，语言要求。语言要自然朴实，简洁明了。其次，礼貌要求：要谦恭有礼，诚恳热情。书信是否有礼貌，体现出一个人的文化修养和精神面貌。

毛泽东是文字高手，其书信文辞潇洒。1939年、1946年、1949年、1963年、1964年分别致湖南省立第一师范学校读书时的同学林中鹤、中国文字学家符定一、宋庆龄、湖南省立第一师范学校前校长张干、山东大学中文系教授高亨等人之函[1]，应该领略。

若虚学长吾兄左右：

顷接八月一日大示，如见故人！前信未到，非敢慢也。寄奉百元，聊佐薪水，为数甚微，将意而已。尚祈努力奋斗，为乡里启新知，为抗战培实力，不胜祷企。南天在望，延企为劳。肃此。敬颂

学安

弟　毛泽东　上

十一月五日

宇澄先生夫子道席：

既接光仪，又获手示，诲谕勤勤，感且不尽。德芳返平，托致微物，尚祈哂纳。世局多故，至希为国自珍。肃此。敬颂

教安。不具。

受业　毛泽东

九月三十日

---

1 中共中央文献研究室编:《毛泽东书信选集》,人民出版社,1983,第159页、277页、326页、593页、596页。

庆龄先生：

重庆违教，忽近四年。仰望之诚，与日俱积。兹者全国革命胜利在即，建设大计，亟待商筹，特派邓颖超同志趋前致候，专诚欢迎先生北上。敬希命驾莅平，以便就近请教，至祈勿却为盼！专此。敬颂

大安！

毛泽东

六月十九日

次苍先生左右：

两次惠书，均已收读，甚为感谢。尊恙情况，周惇元兄业已见告，极为怀念。寄上薄物若干，以为医药之助，尚望收纳为幸。

敬颂早日康复。

毛泽东

一九六三年五月二十六日

高亨先生：

寄书寄词，还有两信，均已收到，极为感谢。高文典册，我很爱读。肃此。敬颂

安吉！

毛泽东

一九六四年三月十八日

廖承志致蒋经国一信[1]，也值得一读。

从20世纪70年代末80年代初开始，中国共产党逐渐调整了对台政策，由过去偏重强调武力解放台湾改为“和平统一，一国两制”，并大力倡导加强两岸人民往来，通过政治谈判实现国家统一。新的对台政策，在岛内和海外产生了空前热烈的反响，对国民党僵化的大陆政策形成了强大冲击。

1982年7月，中央对台工作领导小组组长邓颖超看到了蒋经

1《廖承志致蒋经国先生信》,《人民日报》1982年7月25日。

国在台湾发表的一篇悼念父亲蒋介石的文章，文中思乡之情颇浓，邓颖超立即召集对台小组开会研究，建议由副组长廖承志给当年莫斯科中山大学的同窗蒋经国先生写公开信。

1982年7月24日，廖承志给蒋经国发出公开信，公开信刊发在7月25日的《人民日报》上，出乎台湾当局的意料之外，引起海内外的瞩目。公开信对台湾当局晓以大义，陈以利害，动以感情，批驳其谬论和不切实际幻想的苦口婆心，用心可谓良苦。

经国吾弟：

咫尺之隔，竟成海天之遥。南京匆匆一晤，瞬逾三十六载。幼时同袍，苏京把晤，往事历历在目。惟长年未通音问，此诚憾事。近闻政躬违和，深为悬念。人过七旬，多有病痛。至盼善自珍摄。

三年以来，我党一再倡议贵我两党举行谈判，同捐前嫌，共竟祖国统一大业。惟弟一再声言“不接触、不谈判、不妥协”，余期期以为不可。世交深情，于公于私，理当进言，敬希诠察。

祖国和平统一，乃千秋功业，台湾终必回归祖国，早日解决对各方有利。台湾同胞可安居乐业，两岸各族人民可解骨肉分离之痛，在台诸前辈及大陆去台人员亦可各得其所，且有利于亚太地区局势稳定和世界和平。吾弟尝以“计利当计天下利，求名应求万世名”自勉，倘能于吾弟手中成此伟业，必为举国尊敬，世人推崇，功在国家，名留青史。所谓“罪人”之说，实相悖谬。局促东隅，终非久计。明若吾弟，自当了然。如迁延不决，或委之异日，不仅徒生困扰，吾弟亦将难辞其咎。再者，和平统一纯属内政。外人巧言令色，意在图我台湾，此世人所共知者。当断不断，必受其乱。愿弟慎思。

孙先生手创之中国国民党，历尽艰辛，无数先烈前仆后继，终于推翻帝制，建立民国。光辉业绩，已成定论。国共两度合作，均对国家民族作出巨大贡献。首次合作，孙先生领导，吾辈虽幼，亦知一二。再次合作，老先生主其事，吾辈身在其中，应知梗概。事虽经纬万端，但纵观全局，合则对国家有利，分则必伤民族元气。今日吾弟在台主政，三次合作，大责难谢。双方领导，同窗挚友，彼此相知，谈之更易。所谓“投降”、“屈事”、“吃亏”、“上当”之说，实难苟同。评价历史，展望未来，应天下为公，以国家民族利益为最高准则，何发党私之论！至于“以三民主义统一中国”云云，识者皆以为太不现实，未免自欺欺人。三民主义之真谛，吾辈深知，毋须争辩。所谓台湾“经济繁荣，社会民主，民生乐利”等等，在台诸公，心中有数，亦毋庸赘言。试为贵党计，如能依时顺势，负起历史责任，毅然和谈，达成国家统一，则两党长期共存，互相监督，共图振兴中华之大业。否则，偏安之局，焉能自保。有识之士，虑已及此。事关国民党兴亡绝续，望弟再思。

近读大作，有“切望父灵能回到家园与先人同在”之语，不胜感慨系之。今老先生仍厝于慈湖，统一之后，即当迁安故土，或奉化，或南京，或庐山，以了吾弟孝心。吾弟近曾有言：“要把孝顺的心，扩大为民族感情，去敬爱民族，奉献于国家。”旨哉斯言，盍不实践于统一大业！就国家民族而论，蒋氏两代对历史有所交代；就吾弟个人而言，可谓忠孝两全。否则，吾弟身后事何以自了。尚望三思。

吾弟一生坎坷，决非命运安排，一切操之在己。千秋功罪，系于一念之间。当今国际风云变幻莫测，台湾上下众议纷纭。岁月不居，来日苦短，夜长梦多，时不我与。盼弟善为抉择，未雨绸缪。“寥廓海天，不归何待?”

人到高年，愈加怀旧，如弟方便，余当束装就道，前往台北探望，并面聆诸长辈教益。“度尽劫波兄弟在，相逢一笑泯恩仇。”遥望南天，不禁神驰，书不尽言，诸希珍重，伫候复音。

老夫人前请代为问安。方良、纬国及诸侄不一。

顺祝

近祺！

廖承志

一九八二年七月二十四日

读者和报纸发行者的书信来往也很有意思，其思想之美、文辞之美，读来也是一种享受。

亲爱的先生：

顷接台端十一日致本报编辑部来函，至为感激。大函的正言谠论，促使本人实现自接掌本职后，一直有心于此，但未能痛下决心的一件事。

自下周一起，本人将促使《波士顿前锋报》抛弃一切招致物议的广告。暂时不能完全剔除的广告，也将审慎编撰，不使他们造成任何不快。

大函惠我良多，再度致谢，并盼继续不吝指正。

诚挚的W.E.汉士格发行人

一九〇四年十月十三日

（二）专用信函

专用书信是指用于特定场合，专门用于某种事物联系的信件。专用书信与私人书信有所不同，其不同之处有二：其一，私人书信大部分是个人与个人之间互通情况、交流感情、商量事情时使用的，其感情成分较多，而专用书信主要用于事物联系，比较注重事由和联系方式等；其二，私人书信的写作比较自由，而专用书信在结构上有固定的模式，在行文上也有特殊的要求。

专用书信的种类很多，比如公开信、介绍信、感谢信、表扬信、批评信、慰问信、推荐信和求职信等。在这里，仅谈慰问信和求职信。

慰问信是以组织或个人的名义向在某方面做出特殊贡献或遭受意外损失、遇到巨大灾难的集体或个人表示关切、致意、问候或同情的专用书信。

慰问信就写作格式来说，由六部分组成，即标题、称呼、正文、结尾、署名和日期。

标题，有两种格式，一是只写“慰问信”三字，另一种是在“慰问信”三字之前加上慰问的对象，如“致……的慰问信”。

称呼，如果慰问的对象是集体，称呼应写全称；如果慰问的对象是个人，应把姓和名写全。为表示尊重，在姓名前还可以加“敬爱的”“尊敬的”等字样。

正文，即慰问信的内容。这部分，因慰问对象的不同而有所不同，但一般说来，应包括三个方面：一是写信的原因，即说明因何事而给对方写慰问信；二是较为全面地、具体地叙述对方的英雄事迹或对方所遇到的困难；三是向被慰问者表示慰问。

信的内容应根据慰问对象的不同而有所侧重，怎样侧重呢？如果慰问做出突出贡献的个人或集体，就要着重歌颂对方的功绩；如果慰问蒙受灾难的个人或集体，就要着重向对方表示关心和支援等。在语言措辞方面，慰问信也应根据对象的不同而有所区别。如果对方所受的损失较小，那么，慰问信就要写得轻松一些；如果对方所受的损失较大或病情严重，那么，慰问信就要写得深沉一些。总之，必须让对方从慰问信中得到安慰和鼓舞。

慰问信的结尾，通常要写些表示敬意和祝愿的话。

求职信，是专用书信的一种，用途很广，特别是在职场日益多元化的今天。就性质来说，求职信是无业者、待业者或停薪留职者写给用人单位的信。这种信的目的是让用人单位了解自己、录用自己。它不同于亲朋好友间相互往来的信，也不同于平级国家机关之间商洽公事的函，它是一种私对公并有求于公的信。过去，有人称它为“求职报告”“求职申请”或“申请书”，因都不太确切，所以，只有“求职信”这一名称保留了下来。

求职信是现有人事制度的一种补充，即招聘制的副产品。有招聘，就有应聘，就有求职。在今天，求职信正在成为人人都用得着的常规武器。

按求职者的身份划分，求职信可分为三类，即毕业生求职信、待业人员求职信、从业人员求职信。

毕业生求职信，是应届大学毕业生写给用人单位的信。其主要内容是介绍自己在校学习过程中所获荣誉、发表的论文、各门功课的成绩及特长。待业人员求职信，是无业和待业人员写给用人单位的信。这一类人数较多，他们大多未受过高等教育或职业教育专门训练，所以，他们难以求到职业。这一类人，要想在求职竞争中获胜，必须具有自己独特的优势。从业人员求职信，是在职人员写给其他用人单位的信件。这一般是停薪留职人员和用非所学、用非所长的在职人员。他们的求职信，主要是针对用人单位要求介绍自己的专业及特长，同时还要说明为什么要寻求新职业，即为何“弃旧图新”。在从业人员中，还有一些是优化劳动组合后的富裕人员，并非说这些人是无能之辈，而可能是专业不对口未被组合者。在求职中，除主要阐述自己的专业及特长之外，还要说明为什么没有被组合进去而成了“待业者”。

按求职的方式和信的内容划分，可分为两类，即自荐信和应征信。自荐信也称推荐信，是推荐信的一种，是为主动联系单位、寻求职业而自我推荐的求职信；应征信也称自荐信、应征信，是应招聘广告而写的求职信。

求职信的写作格式，由称呼、正文、署名、日期、附件这五部分构成。

函，是写给企、事业单位负责人的，故称呼应该是“……校长”“……院长”“……厂长”“……系主任”“……经理”，也可在称呼之前冠以“尊敬的”字样，但不要用“亲爱的”“我最敬爱的”等过分亲热的修饰语，也不可在职务之后缀上“伯伯”

“阿姨”之类的字。

求职是办公事，写称呼要有礼貌，但也要不亢不卑。

求职信的正文，由开头、主体和结尾三部分组成。

开头部分不要写问候和寒暄之语，而是要写一句自我介绍的话语，然后再陈述有关事项，否则，会令人感到突然。

主体部分是求职信的核心内容。如何写？针对用人单位的招聘广告或通过自己调查了解到的对方的信息，介绍自己求职的优势条件，尽量找出主观条件与客观需要相一致的地方，针对用人单位所需，扬长避短。这部分，注意用事实说话，不要说空话。在这一部分，要处理好详略，语言要简洁，不加形容词。

结尾部分可写求职者的愿望和要求。比如，盼望着肯定的答复。“尚祈早日赐复，无任感盼”“希望给予面试机会”等。接着是感谢、致敬的惯用语。

署名只写姓名即可。不必过分谦卑，比如，写“您的学生”“晚辈”之类，均不妥。不过分谦卑，但也不要傲慢。否则，就有可能把事情弄糟。

求职信的写作非常重要，直接关系到求职的命运。要求如下：

其一，以叙述和说明为主，语言要朴实。求职信以介绍自己的求职条件为己任，下笔直写，简明扼要，以100字左右为宜，最长也不能超过500字。用人单位没工夫看你山环水绕、云遮雾障的大作。其二，适度表现，不亢不卑。求职信既要表现出足够的自信，又不能显出狂妄；既要表现出求职的迫切心情，又不可表现出死纠活缠的乞求；既要表现出诚恳，又要豁达大度。一句话，在求职信中要表现出应有的持重和自尊。其三，措辞要讲究分寸。

兹列应征函和自荐函三封[1]，谨供一阅：

1 文辉：《英文模范作文》，香港：新联书社，1980，第232页。

执事先生大鉴：

今见《国民日报》载贵处欲聘请翻译员，兹不揣冒昧，爰是函应征。本人年二十四岁，略具中英文及打字学识，并长于翻译。前曾任本市外事处译员，乃因内部改组而去职。自问对于此项工作，颇有把握，并且熟悉商情，故深信确能在贵处尽职。至若经验与品格如何，前台端也。雇主甚愿详告。

附上证明书及文凭各一份藉作本人经历与教育之参考。尚祈早日赐复，无任感盼！

专此敬颂

台绥！

威廉敬上

一九八〇年九月二十二日

尊敬的先生：

看到贵公司在《中国时报》刊登的求才广告，本人想应征这个财务经理职位。本人是年三十六岁，有良好之学历及数年之财务管理经验。

一九七〇年，本人毕业于东吴大学会计系，后曾在美国商业银行任出纳员、银行金融管理部门之财务秘书及财务秘书长之职。在上述银行工作八年之后，接下亚洲开发银行财务副经理职位至今。

兹附上推荐函及有关资料，以供参考。若能安排一次面谈，不胜感激。

敬颂

大安！

赵中林谨呈

一九八九年六月九日

南华公司执事先生大鉴：

据悉贵处需一位工厂主管。本人做此工作有十年以上经验，且制造程序与贵厂类似。

随信附上有关本人管理职位经验之资料，以供参考。如能赐予亲自会见您和参观工厂之机会，将不胜感激。

敬请

大安！

李顺达谨呈

一九七九年七月十六日

一封恰当的信函，不论是私人信函还是专用信函，均是一次成功的交流。信函的撰写，要重点注意主旨的提炼，语言的推敲和表达方式的运用。信函，最基本的表达方式是叙述，但也不排斥议论、描写、抒情、说明等其他表达方式。此外，重点突出，以短为贵，亦不得忽视。

第五章

表达方式的善用

表达方式，是指文章中局部使用的具体的写作方式。为了适应叙事、写人、描景、状物、明理和抒情的需要，写作时必须采用不同的表达方式。比如，在表述经历、发展和过程一类的内容时，一般要用叙述的方式；在描绘环境和形象之时，要用描写的方式；在剖析事理、发表意见之时，要用议论的方式；在解释、介绍事物的性质、特征之时，要用说明的方式；在抒发感情之时，要用抒情的方式。叙述、描写、说明、议论和抒情，即文章写作的五种表达方式。

一、叙述的灵活运用

叙述，就是把人物的经历和事物的发生、发展、变化过程用语言表述出来。它是一种最基本、最主要的表达方式。尽管叙述是一种最基本和最主要的表达方式，但表达的技法却不限于一种，甚至有学者把它归纳为十多种。在此，着重介绍几种主要技法。

（一）自叙与他叙

叙述，有叙述者、被叙述者、听叙述者。作者为叙述者，文中的人或事是被叙述者，读者即听叙述者。

首先，自叙。

自叙，或称“第一人称”叙述，作者既是叙述者，又是被叙述者。这种叙述，可分为三种情况，一是“我叙我”，二是“我叙你”，三是“我叙他”。

我叙我，即以第一人称叙自己或“我们”。卢梭的《忏悔录》就是我叙我：“我现在要做一项既无先例，将来也不会有人仿效的艰巨工作。我要一个人的真实面目赤裸裸地揭露在世人面前，这个人就是我。”[1]

《风雨兼程——现代中国政治经济的重建与社会变迁》是一部展现现代中国社会演进的学术专著，作者在著述的后记里先是叙述了和“历史学”的结缘，而后是“研史”的艰辛和责任感，再后是“感恩”和仰望“星空”。

在叙述和“历史学”结缘的部分，作者如此表述：

这部著作，是本人多年来在学术园地辛勤耕耘的成果之一。自从在校园里与“历史”相遇，至今已走过30年的风雨历程。30年来，越是审视刚刚过去的那个非凡的世纪特别是翻天覆地的中国社会，就愈加感到历史的博大和厚重，愈加对那段历史保持由衷的热爱和敬畏。

在谈“研史”的艰辛和责任感之时，作者感叹：

述史不易，论史更为不易。风雨兼程，现代中国，宏大而严肃的选题，深感难以托举。这段历史的后半部分，现场感较强，与现实问题的研究有着相同的言说语境和相同的政治禁忌。江河浩荡，时空万里，要将历史的片段复合成历史的整体，将历史的感知上升为历史的理性认识，并非一时所能为之。好则，场景可以选择，这部作品中的很多场景，本人均曾做过专题性的研究。正是因为有了这个积淀，才有了这部作品。出于结构的考虑和实际内容的需要，还有相当大的一部分内容，是研究首次涉及。

1 卢梭:《忏悔录》,译林出版社,1995,第3页。

从学术上说，昨与今，旧与新，述与论，均应跟上时代，这是使命和责任，也是一个知识分子必备的可贵的心理品质。笔墨应随时代新。这个“新”，是一个演进的新、与时俱进的新、反映在今天和明天新的论说的新。史学著作常写常新，是本人的不懈追求，希望这一追求在这部著作里有更多的体现[1]。

凌一鸣的《茫茫东欧路》，写的是作者如何走出国门，炼狱在布达佩斯、偷渡意大利、转战南斯拉夫、捷克—波兰之行，还有在罗马尼亚布加勒斯特的日子，以及在俄罗斯、归乡路等。在书里，作者这样表述：

像所有的年轻人一样，我渴望走向成功，但幸运地听到了嘲笑声。然而，也是在这种嘲笑声中，我获得了一种新生。”“我本一粗人，不会繁文缛节地过多装文饰礼，因而在我往后的言词中如有对某些读后不顺眼的先生的冒犯，千万请予海涵！我的本意决不是针对某人，更不敢藐时尚，而仅仅是以管窥从我自己的切身经历和感受中还原出一些外部世界的真相。对我来说，这些现象若不予以揭露和揭示，那尚未泯灭的良心则会无时不猛烈地叩击着我——那可就要对不起自己，也对不起整个国人了[2]。

邓小平的女儿毛毛，在《在江西的日子里》记述父亲邓小平在江西三年劳动的情景。在写到结束劳动返回北京之时，作者又心情激动而充满憧憬地这样叙“我们”：

“1973年2月，中央通知我父亲回北京。在江西度过了整整三年多的时光，父母亲带领我们全家人于2月20日乘火车启程，踏上了返回北京的路程。去江西之时，只有孤零零三位老人，离开江西时，竟有祖孙四代近十口人了。我们全家人对这曾经羁旅三年之地，对那红砖楼房的小院，对江西的一草一木、一人一木，都充满怀恋之情。”“车速飞快，汽笛长鸣，北来的寒风已经

1 党庆兰：《风雨兼程——现代中国政治经济的重建与社会演进》，兰州大学出版社，2018，第329页。

2 凌一鸣：《茫茫东欧路》，群众出版社，1993，《序》第1页。

拂面。中国历史即将翻开新的一页，那更加激烈的震撼每一个中国人心灵的政治动荡，就要揭幕了。”[1]

我叙你，即以第一人称叙第二人称的他或他们。

1977年，高考恢复，各省自己命题，山西省的高考命题作文为《心里的话儿献给华主席》。考生边新文在作文里这样表述：“我有多少热情的歌儿要给您唱，我有多少贴心的话儿要给您讲。我的颂歌呀，也就是我的誓言，也就是我的红心，我要全部献给您。您的每一个指示都将是未来胜利凯歌的旋律，您的每一滴心血，都将化作革命排山倒海的动力。征途呀，纵有千座浪屿、万丛荆棘；革命呀，纵有千道险隘，万道难关，我八亿人民跟着您呀，丹心不变，壮志不移！让伟大领袖与他的伟大战友周总理、朱委员长含笑千秋吧！他们开创的事业呀，将永远和胜利不可分离。敬爱的领袖华主席，您必将用马列主义、毛泽东思想的光辉，照耀通向共产主义的新的伟大长征的千里万里。”[2]

我叙你，人称还可用复数。美国著名的未来学家阿尔温·托夫勒，长期潜心于社会未来的研究，以能用敏锐的眼光观察美国社会的发展变化而著称，其《未来的冲击》和《第三次浪潮》被称为“能准确把握时代发展脉搏的著作”。在《第三次浪潮》中，作者以书信“致开创美国基业的祖先们”的形式这样表述：

“你们是与世长辞的革命者。你们是在漫长的美洲之岸，建立一个新国家的男女。你们当中有农民、商人、工人、律师、印刷工人、写论文的作者、店主和士兵。是你们当中的五十五位代表，在1787年那如火如荼的5月聚集于费城，制定出举世震惊的《美国宪法》。你们缔造的未来，已经是我们今天的现实。”[3]

“由气质如此不同的人，完成一件如此伟大的成就，真是罕见！你们这些才华横溢的人，有反抗精神和利己主义的人，满腔

1 毛毛:《在江西的日子里》,《人民日报》1984年8月22日。

2 边新文:《心里的话儿献给华主席》,《人民日报》1978年4月7日。

3 阿尔温·托夫勒:《第三次浪潮》,生活·读书·新知三联书店,1984,第518页。

热情献身于地区和经济利益各异的人，被旧政权的无能所烦扰和激怒，一致团结起来，提出在惊人的原则上，建立一个新政权。这些原则，犹如他曾经鼓舞了全球亿万民众那样，即使到今天，仍然激励着我。例如，在拜读杰佛逊和潘恩的言论时，我承认，很难不被那些光芒四射的佳句和要义而感动得热泪盈眶。”[1]

我叙他，即以第一人称叙第三人称的他、他们或事物。

在《在江西的日子里》，毛毛记述了一个颇为令人深思的生活细节，那就是其父亲邓小平的散步：“在江西的这段时间里，父亲有个习惯，每天黄昏日落之前，总是十分规律地围着我们那个小小的院子散步。他沉思不语、步伐很快，就这样一圈一圈地走着。日复一日、月复一月、年复一年，那红色的砂石地上，竟然被他踏出了一条白色的小路。我时常看着父亲，看着他永远那样认真、永远那样沉静的神情，看着他向前迈出的快速而稳健的步伐。我想，就在这一步一步之中，他的思想、他的信念、他的意志，随着前进的每一步而更加明确，更加坚定起来。这些思想的孕育成熟，是否已为日后更加激烈的斗争做好了最充分的准备呢？”[2]

三年的劳动，虽然艰辛备尝，但正是在这种磨难中，邓小平为新的崛起孕育了智慧，积聚了力量。

自叙，即用第一人称所叙的文章，不论是“我叙我”“我叙你”还是“我叙他”，都能给人这样一种真实生动、亲切自然的感觉，但其局限性也是明显的，即所反映的生活面相对来说比较狭窄。为克服局限性，可以采用对话、推测等方法来扩大时空范围。

其次，他叙。

他叙，即第三人称叙述，也称作“他叙他”，是以局外人的

1 阿尔温·托夫勒:《第三次浪潮》，生活·读书·新知三联书店，1984，第518页。

2 毛毛:《在江西的日子里》，《人民日报》1984年8月22日。

身份来叙述的。这种表达技法，是作者不在文中露面，而是把人物、事件直接展现在读者面前。

弗里德里希·尼采是著名的德国哲学家，19世纪世界顶级的思想家之一，西方现代哲学的开创者，是最早开始批判西方现代社会的学者，后来的生命哲学、存在主义、弗洛伊德主义、后现代主义都以其哲学思想为基础。其批判性思想，对20世纪产生了重大影响，甚至有人认为，没有他，20世纪就不会成为现在这个样子。

由法国历史学家丹尼尔·哈列维所著的《尼采传：一个特立独行者的一生》，在“编者的话”里有一段这样的他叙：“尼采是一位特立独行的哲学家，他将哲学的深邃、诗歌的浪漫、音乐的震撼、心理学的精细和语言学的广博融为一体，自成一家。虽然他的思想中也有不少糟粕，但他为后人留下的思想财富是极其宝贵的。尼采贬斥理性和日神精神，赞美感性和酒神精神，被视为西方现代非理性思潮以及生命哲学的创始人之一。他主张对现代性及其一切价值彻底重估、批判和颠覆，并因此为多数后现代主义者奉为先驱。”“20世纪初的整整一代思想家和艺术家都在尼采的著作中找到了那些激发了他们富于创造性的作品的观念和意象。弗洛伊德、雅思贝尔斯、萨特、海德格尔、福柯、德鲁兹和德里达都是深受尼采影响的大陆哲学家，而茨威格、托马斯·曼、萧伯纳、黑塞、里尔克、纪德、鲁迅等文学家也直接受其影响。”[1]

柯林武德是英国历史学家、哲学家，在近代西方哲学和西方史学思想等方面造诣颇深。其《历史的观念》是流传最广、对西方学术界影响最大的作品之一，也是20世纪西方历史哲学研究的最高成就之一。1986年，商务印书馆以“汉译世界学术名著丛书”收录出版了由何兆武和张文杰共同翻译的这部著作。2010

1 丹尼尔·哈列维:《尼采传:一个特立独行者的一生》,贵州人民出版社,2006,“编者的话”第1页。

年，北京大学出版社出版“增补版”，由德国历史学家耶尔恩·吕森和中国学者张文杰、陈新分别作序。在谈到中国历史学家、翻译家何兆武先生时，“序二”如此表述：“系统地译介西方史学理论或历史哲学作品，一直是20世纪几代中国学者的梦想。这个梦想曾经深藏在何兆武先生年轻的头脑中，此后，他身体力行，译著丰卓，为拓展国人的历史思维付出了不懈的努力。如今，跨文化交流的加强，以及国内学术事业的繁荣，使得这一梦想更有可能变为现实。”[1]

徐迟是现代中国在诗歌、散文、小说、报告文学等多方面都有所建树的一位综合性的文学家。1978年，其报告文学《哥德巴赫猜想》发表后，引起了强烈反响，中华大地因此刮起“陈景润旋风”。时至今日，“猜想”仍被文学界和普通读者常常提及和谈论，是除《包身工》和《谁是最可爱的人》之外中国报告文学又一里程碑的作品[2]。在该篇文章里，作者这样记述陈景润：

“早在他的论文发表时，西方记者迅即获悉，电讯传遍全球。国际上的反响非常强烈。英国数学家哈勃斯丹和德国数学家李希特的著作《筛法》正在印刷所付印。他们见到了陈景润的论文立即停止印刷，并在这部书里加添了一章，第十一章：‘陈氏定理’。他们誉之为筛法的‘光辉的顶点’。在国外的数学出版物上，诸如‘杰出的成就’‘辉煌的定理’，等等，不胜枚举。一个英国数学家给他的信里还说：‘你移动了群山！’”

他叙，没有自叙的长处，也没有自叙的局限。它不受时间、空间的限制，比较自由灵活，能反映广阔的生活面，但没有自叙亲切自然。长篇作品，宜采用这种技法。

1 科林伍德：《历史的观念》，北京大学出版社，2010，《总序》第4页。

2 朱永芳：《字斟句酌千锤百炼——摭谈徐迟〈哥德巴赫猜想〉的语言修改》，《读写月报》2018年第1—2期，第27页。

（二）仰叙与俯叙

仰叙，即“仰角叙述”。用困惑不解的语言叙述，或用自嘲自讽的语言叙述就是仰叙。

王友琴的《在消失了的圆明园里》一文，仰叙技法的运用多处可见。文中有这样一段表述：“有好几次，当我见到一位在30年代参加了革命的女作家时，我都想问她一些问题：您那时没想过吗？你们将用什么办法来根除中国传统的封建制度？用什么办法来遏制官僚主义，人的贪婪和懒惰？你们用什么办法来防止野心家或政治疯子？”“我指的是那些具体的、切实有效的办法。然后，也许我会像一年级的小学生那样，瞪大眼睛，等待回答。”[1]

长篇小说《公开的情书》，是一部思想上和艺术上均有独创性的作品，写于1972年，作者是靳凡，即刘青峰。作品通过真真、老久、老嘎、老邪门四个男女主人公半年间的43封书信，展示了那一代青年丰富的内心世界。作品不仅形象地描绘了20世纪60年代那个“特殊年代”风暴中的一代青年怎样走上不同的生活道路，而且满怀激情地抒写了他们对理想、爱情、事业和祖国命运的勇敢探索。“五年，整整五年，狂风中，急雨中，暗夜里，有多次我把双臂虔诚地举过头，伸向那茫茫的太空昂首问天：为什么在我的生活中没有明朗的晴空，没有灿烂星星，没有绚丽的朝霞？为什么??为什么???”[2]

上述文字，可谓是“仰角叙述”技法的熟练运用。

俯叙，也称“俯角叙述”，即用鞭辟入里的语言叙述，或用颇有见地的语气叙述。

现代中国哲学家杨耕，在论及“生产力与生产关系矛盾运动的现代特点”时表示：

“现在的世界是个开放世界。现代世界开放性增强了各个民

1 王友琴:《在消失了的圆明园里》,《大学生》1983年第1期,第23页。
2 靳凡:《公开的情书》,北京出版社,1981,第69页。

族之间的共生性以及生产力与生产关系矛盾运动的世界性。这种开放性、世界性、共生性决定了任何一个民族都不可能长久地孤立于世界历史进程之外，如同人的‘器官’不能孤立于血液循环系统之外一样。在现代，任何一个民族或国家只有同‘整个世界的生产’发生实际的联系，并尽可能利用生产力与生产关系矛盾运动的世界性来发展自己，才能获得生存资格。”[1]

“在现代，不走进世界历史的民族，是没有希望的；不保持和弘扬本民族的‘个体’特色、亦步亦趋地跟在别人后面，只有‘模仿’功能的民族，是没有前途的。我们必须把具有世界普遍意义的东西变为自己自主活动的条件，变成创造自己‘特色’的基础，从而在对世界的开放中建设中国特色的社会主义。”[2]

16世纪意大利政治思想家、历史学家尼科洛·马基雅维利，在“上洛伦佐·梅迪奇殿下书”中表述：“我想，一个身居卑位的人，敢于探讨和指点君主的政务，不应当被看作僭妄，因为正如那些绘风景画的人们，为了考察山峦和高地的性质便厕身于平原，而为了考察平原便高踞山顶一样，同理，深深地认识人民的性质的人应该是君主，而深深地认识君主的性质的人应属于人民。”[3]

《马基雅维利对近代政治学说的贡献》是一篇阐述马基雅维利政治学说的论文，文中有这样的表述：

马基雅维利对正统道德学及其追随者的反驳是那样简单而又具有摧毁性的力量，寥寥数语即把他们的道德观给全部推翻了。对此，人们先是目瞪口呆，随后便掀起至今尚未消失的诅咒的浪潮。

在一个传统社会里，人们总是乐于接受传统或代表传统的东

1 杨耕:《为马克思辩护——对马克思哲学的一种新解读》,中国人民大学出版社,2010,第139页。

2 杨耕:《为马克思辩护——对马克思哲学的一种新解读》,中国人民大学出版社,2010,第139页。

3 尼科洛·马基雅维利:《君主论》,商务印书馆,1985,第2页。

西。谁代表传统，谁就能得到理解、承认和支持，谁冲撞或否定传统，谁就会遭到反对、指责和诋毁。马基雅维利冲撞并否定了传统，这是一个传统社会所不能容忍的。以基督教的观点来看，其立场既愚蠢又邪恶，因为他忘记了末日审判。对于基督教的这个观点，马基雅维利保持了沉默。但是，这个沉默是意味深长的，也是划时代的。[1]

《公开的情书》，俯叙技法的运用也多有所见："在痛苦的黑夜里，我常常想到老邪门，想到我和他在多年的友谊里培育起来的这种生活的态度。我也常常想到你，你深沉的思想，高尚的灵魂，坎坷的经历。我了解你，同情你。但是，老嘎，我亲爱的朋友，你永远也不要忘记，在碰到光辉理想的时候，在你伤心和绝望的时候，如果心中只有纯洁、脆弱的爱，那是不行的。这种爱是高尚的，但生活需要勇气，生活就是斗争。如果没有正视生活的勇气，那就决不能成为时代忘情的伟大歌手——一个真正的艺术家。这是我对你痛苦的心的赠言。我相信，它将比任何安慰都更能使你勇敢。"[2]

规模需求理论创始人、中国现代经济学家王吉绯，在阐述大自然的简洁性、普适性与物理学中的基本相互作用时这样表述：

"物理学家普遍具有一种信仰，认为隐藏在自然界深处的真理应该是简单的，而且反映在数学上还应该是优美的即对称性高。就像牛顿所说，自然喜欢简洁，不会响应多余的解释。

"然而众所周知的是，物理学中的基本相互作用可以分为四种。这显然与大自然的简洁性和普适性相违背的。所以多年来，人们从不同角度对此进行了研究，力求统一四种基本作用力，将宇宙中所有的力用一个简洁的公式表达。这种尚未找到的理论曾经有过很多名称，意思都非常接近，比如'统一场论''万有理

1 杨鹏飞:《马基雅维利对近代政治学说的贡献》,《青海师范大学学报》1992年第3期,第54页。

2 靳凡:《公开的情书》,北京出版社,1981,第38-39页。

论’‘终极理论’‘大统一理论’等。

“当然，这些理论名字如此响亮，并不意味着物理学将到此为止，它们只是统一四种基本力而已。科学永远有新的现象需要研究，真正终极的真理只能越来越靠近，不可能一劳永逸。”[1]

（三）概叙与细叙

概叙，即把握事件的主要过程，对事件作扼要介绍。这个介绍，不是事件的简单压缩。

改革开放以来，中国出现了一个庞大而复杂的社会群体即新社会阶层。新社会阶层的出现，是改革开放的产物。这一阶层的出现和成长，有着复杂的背景、特定的历史条件和多种具体因素，影响也颇为深远。如果用一篇论文或专著的一章来写，不论从哪一个视角写，先对新阶层予以概叙都是较为合适的。

《大国成长的逻辑——现代中国社会的新陈代谢与政治经济演进》中的“新阶层的崛起与社会资源的有效配置”一节，有这样一段表述：

改革开放以来，中国逐步从单一的公有制计划经济体制转变为以公有制为主体的多种经济成分并存的社会主义市场经济体制，中国社会也逐步从农业社会转变为工业社会。随着经济体制和社会的变化，中国的社会结构也发生了深刻变化，由原来的“两个阶级，一个阶层”向多元化转变，出现了新的阶层。新阶层是从工人、农民、干部和知识分子队伍中分化出来的，其中的绝大多数是中国中产阶级的重要组成部分。新阶层是改革开放的产物，在改革开放过程中，他们通过诚实的劳动和合法经营，为社会主义建设作出了重大贡献。在影响中国发展的多种力量中，中国中产阶级的迅速崛起不容忽视。在中国历史上，从未有过这么多人在一两代人的时间里取得如此巨大的经济进步。今天，中国正在从一个相对贫穷的发展中国家向中产阶级国家转变，这是

1 王吉绯:《万有能量的哲学原理》,当代中国出版社,2013,第202页。

我们时代最为精彩炫目的一幕。中国新阶层的出现和成长受惠于改革开放，改革开放为新阶层的出现和成长提供了机遇[1]。

胡湛、彭希哲的《应对中国人口老龄化的治理选择》一文，有这样一段表述："人口老龄化已成为中国社会的常态。它是现代社会发展的自然过程，也是人口再生产模式从'传统型'向'现代型'转变的必然结果，可以被看作社会现代化的重要标志之一。从本质上讲，老龄化没有好坏之分，所谓的'问题'或'挑战'不完全来自老年人或者老龄化本身，更多源于变化了的人口年龄结构与现行社会经济架构之间的不匹配所产生的矛盾，因而需要治理模式和公共政策的调整乃至重构以适应之。中国自2000年进入传统意义上的老龄社会已近20年，无论政府还是民众对老龄化已有直接认识，学界研究亦日趋深化，但整个社会对其应对却仍存诸多认知误区，并习惯将其当成一种不正常的人口和社会态势，相当多的研究也都是在传统的逻辑框架内探讨防止或延缓老龄化的种种途径。这在很大程度上是用20世纪的思路和方法来应对21世纪的挑战，其治理空间与政策效能已捉襟见肘。作为一种不可逆转的人口态势，老龄化的影响已渗透到中国社会的方方面面，其发展进程与中国特色社会主义进入新时代相同步，并始终伴随'两个一百年'奋斗目标的实现过程。在此背景下，应对中国人口老龄化的治理模式无疑要基于整体性的中国思考，在更新观念和创新制度的基础上跳出传统理论与框架的桎梏，以形成新时代的中国方案。"[2]

概叙，是一种概括能力的运用。它文字简约，一带而过，可以使叙述节奏大大加快。

细叙，是一种再现事件中主要细节，使人获得生动画面的叙述。比如，方纪的《挥手之间》，写毛泽东去重庆谈判的片段：

1 党庆兰:《大国成长的逻辑——现代中国社会的新陈代谢与政治经济演进》,兰州大学出版社,2024,第293页。

2 胡湛、彭希哲:《应对中国人口老龄化的治理选择》,《中国社会科学》2018年第12期,第134-135页。

“机场上人们静静地站着，千百双眼睛跟随着主席高大的身影在人群里移动，望着主席一步一步走近飞机，一步一步踏上了飞机的梯子。”“这一会儿时间好长啊！人们屏住了呼吸，一动不动地望着主席的一举手，一投足，直到他在飞机舱口停住，回转身来，又向着送行的人群。”“人群又一次像疾风卷过水面，向着飞机涌了过去。主席就在飞机舱口，取下头上的帽子，注视着送行的人们，像是安慰，像是鼓励。人们不知该怎样表达自己的心情，只是拼命地一齐挥手，像是机场上蓦地刮来一阵狂风，千百条手臂挥舞着，从下面，从远处，伸向主席。”“主席也举起手来，举起他那顶灰色的盔式帽；但是举得很慢很慢，像是举起一件沉重的东西。一点一点地，一点一点地，举起来，举起来；等到举过了头顶，忽然一挥，便停在空中，一动不动了。”[1]

张扬的长篇小说《第二次握手》写科学家丁洁琼飞回祖国的片段：

丁洁琼回想起她飞入祖国领空的场景。飞机起飞后不久，不断增加航速，在无边的夜色中向东北方向飞行。当东方的天际渐渐呈现出朦朦胧胧的白色时，飞机已经飞过了海拔一万米的高空。这时，机长从领航室来到了丁洁琼等人的机舱，坐在了丁洁琼身旁。他抬腕看了一下手表，平静地报告道：“教授同志！请允许我告知您：现在是北京时间七时三十九分；三分钟之后——七时四十二分，飞机将飞越古洛山口的国境线，进入我国领空。”

丁洁琼一惊，急忙取下手表，拨正时差。然后，她怀着不平静的心情，目不转睛地盯着手表的时针、分针和秒针。“啊，北京时间……”她在内心一遍又一遍念叨着这个亲切的字眼。今后，她将依照祖国的时间决定自己的步伐！

“还有三十三秒……二十八秒……十秒……”丁洁琼紧紧盯住手表。终于，在北京时间七时四十二分整，她兴奋地抬起头来，环顾了一下周围的人们，又与年轻的机长对视了一眼。机长

1 方纪：《挥手之间》，作家出版社，1963，第110页。

站起来，从窗口望下去，可以隐约瞧见一重重、一座座冰雪皑皑的高峰。他回过身来，向丁洁琼伸过一只大手，端庄的面庞上第一次绽出淡淡的笑容，依然以平静的语气说：“祝贺您，教授同志！古洛山口已经飞越，从现在起，专机开始在我们祖国的领空飞行……”

“啊！‘祖国’，‘祖国的领空’，‘在我们祖国的领空飞行！’”[1]

细述，生动具体，寓情于理，可以使叙述节奏渐渐地变缓。

（四）连叙和截叙

连叙，主要是时间紧紧相连，动作节节相接，使叙述显得连贯完整，顺流而下。比如，捷克作家尤利乌斯·伏契克以他的鲜血和生命写成的《绞刑架下的报告》[2]，记述了他和他的同志们对纳粹分子的斗争经历以及自己被捕入狱的经过，表达了他对生活的热爱，对祖国和故乡的眷恋。其中第一章“二十四小时”多处使用了连叙的表达技法。

报告的开头这样写：“差5分钟就要敲10点了，1942年4月24日，这是一个美丽而温暖的春天的夜晚。”

就在这个时候，他和其他五人一起被盖世太保逮捕。

深夜11点，开始审讯、拷打。次日凌晨一点，拷打还在进行。“最后的电车回场了，街上空无一人，收音机在向它热心的听众道着晚安。”

2点钟，布拉格入睡了，拷打仍在进行。

“3点钟。清晨从四郊合拢而来，菜农把菜运向市场，清道夫走出来打扫街道。也许，我还能看到一个黎明。”

4点钟。拷打还在进行。他连疼痛都感觉不到了，但死亡还没有到来。

1 张扬：《第二次握手》，中国青年出版社，1979，第401-402页。

2 伏契克是捷克斯洛伐克的民族英雄，于1943年被盖世太保杀害。手稿是在一张张纸条上用铅笔写成的，由一个好心的捷克看守人帮助从盖世太保监狱里一条一条地转移出来的。

“5点、6点、7点、10点、中午了。工人们在上班，孩子们在上学。商店里的人们有的在买，有的在卖，家家正在做午饭。母亲此刻大概还在想念我。”

下午5点钟，拷打还在进行。只不过，拷打的劲头松了一些，中间停顿的时间长了一些而已。晚上，他听到从远方传来的一个声音：“他活不到明天早晨了。”

最后，报告写：“差5分钟就要敲10点了。1942年4月25日，一个美丽而温暖的春天的夜晚。”[1]

报告写的是24个小时内的事，共用了13个时间。

连叙可以给人一种紧迫感、急切感。

截叙，是一种时断时续的叙述。在事件发展进程中，插入一段说明，或议论、或解释事理、或点明题旨，然后再继续叙述，中断部分的插入就是插叙。比如，方纪的《挥手之间》的第25—28自然段就是这样，第26、27段就是插入的议论。没有这两段，文章也能连起来，而且很自然。

“主席也举起手来，举起他那顶灰色的盔式帽；但是举得很慢很慢，像是举起一件沉重的东西。一点一点地，一点一点地，举起来，举起来；等到了举过了头顶，忽然一挥，便停在空中，一动不动了。”

“主席的这个动作，给全体在场的人以极其深刻的印象。这像是表明了一种思索的过程，作出了断然的决定；像是集中了所有在场的人，以及不在场的所有革命的干部、战士和群众的心情，而用这个动作表达出来。这是一个特定的、历史性的动作，概括了当那个伟大的历史转折时期到来的时候，领袖、同志、战友，以及广大革命群众之间的无间的亲密，他们的无比的决心和无上的英勇。

“请感谢我们的摄影师吧，为人们留下了这刹那间的、永久的形象，这无比鲜明的历史记录！正是在这挥手之间，表明了一

1 伏契克:《绞刑架下的报告》,中国青年出版社,1995,第11页。

种深刻的历史过程，表现了主席的伟大性格。愿所有的人，通过这张照片，能够理解和体会，那当抗日战争胜利，我们的国家处在十字路口，处在两种命运、两个前途决定胜败的斗争的严重时刻，我们的党和毛主席，为国家和人民作出了怎样的贡献！

“飞机的发动机响了，螺旋桨转动起来。随着这声音，人们的心猛烈地跳动，人们的眼睛一刻也不离开这架就要起飞的飞机。”[1]

请注意，如果去掉“主席的这个动作……”和“请感谢我们的摄影师吧……”这两段，接的仍很自然。

截叙可以使叙述有起有伏、有曲有直，不至于平铺直叙。

（五）顺叙与倒叙

顺叙，即按时间的先后顺序叙述。这种叙事方法，在考场作文《我在这战斗的一年里》得到较好的应用。

1977年，中国恢复高考。这一年，北京市的命题作文题目是《我在这战斗的一年里》。北京市密云县知青考生刘学红的这篇作文，在实际分数乘以0.7以后，得了99分。1978年2月29日，高考分数尚未公布，《人民日报》就刊登了该生的这篇作文。大学毕业后，刘学红曾历任中国青年报学校教育部副主任、教育导刊主编、电脑网络部主任等职，后来成为中青在线总经理。

“个人的命运与国家的命运紧密相联。”数十年过去，刘学红依然感慨：这是我们这一代人曾经经常挂在嘴边上的一句话。对我来说，印证这个说法的最好的个人经历和历史事件，当属40年前那次史无前例的高考。那是一次汇集年代最长、考生年龄相差最大、复习时间最短的一次创纪录的高考。历史没有如果，如果没有那次高考，我无法知道我现在会怎么样；然而，因为有了那次高考，我的人生轨迹得以彻底改变。

2007年7月10日下午两点，刘学红把写着她名字、印着

1 方纪：《挥手之间》，作家出版社，1963，第110页。

“100198”报名号的“北京市1977年高等学校招生准考证”交给中国国家博物馆藏品保管二部征集室的工作人员收藏，此时，她内心充满着一种幸福和感激之情。她说，从这个时候起，这张40年前的小纸片开始承载着特殊的使命，它成为当代中国一段特殊的历史转折和发端的真实见证。

命题作文《我在这战斗的一年里》，应怎样写？由于特殊的历史背景，很多考生都是描述自己过往的亲身经历，刘学红也不例外，写上山下乡。

开头写：

一年一度秋风劲。转眼之间，从去年金色的十月，欢乐的十月，到今年丰收的十月，胜利硕果累累的十月，已经整整一年了。我，一名普通的上山下乡知识青年，在广阔的农村，沸腾的田野上也度过了这战斗的一年。

第二大部分是按时间顺序叙述，冬春夏秋，四个季节。

塞北的寒冬，北风刺骨，寒气逼人，“我”这个长期生活在城市的女孩子还是头一次度过这山村的寒冬。天寒地冻，开山移土，修筑水平梯田，开辟大型的现代化的苹果园。冬去春来，起早贪黑，挑水上山，植树造林。短短的半个月，就栽上了4000多棵苹果苗，4000多棵红果树，挑水浇灌了2000多棵小树，劳动的汗水洒遍了坡坡岗岗，泉水和汗水滋润着又嫩又绿的果树。夏日炎炎，400多亩的大型果园开辟出来。感慨劳动是艰苦的，是严酷的，但它却能把人锻炼得更坚强，只有经过艰苦的劳动，才能饱尝劳动的欢乐。金色的秋天，和农民一起采摘着丰收的水果，抬头望着那片经过我们一年苦战，已经栽上小树苗的大型果园，憧憬着那小树成材，硕果累累的山乡远景，心头涌起无比甜蜜的感情：今朝荒山光秃秃，明日花开蜂飞舞，待到秋风还礼时，累累果实挂露珠，辛勤汗水流腮颊，颗颗晶莹映幸福[1]。

最后这样收尾：

1 刘学红:《我在这战斗的一年里》,《人民日报》1978年2月29日。

在1977年这不平凡的一年中，我和贫下中农一起，为普及大寨县，为改变穷山沟的面貌做了一点事情，怎能不使人万分欣慰呢？这一年，是举国上下，各条战线大跃进的一年，是辉煌胜利的一年，也是战斗的一年[1]。

按时间的先后顺序叙述，叙述较为容易，但是，应力避两种情况：一是开头拖沓，过程平淡；二是写成流水账。按时间顺流而下，文思随着过程走，过程缓缓而流，结果是平铺直叙。

需要注意的是，如果文章的篇幅较长，顺叙必须注意概叙、细叙、连叙和截叙的巧妙运用。

倒叙，即从后果追溯前因，容易设置悬念。这种叙事方法，在长篇小说《第二次握手》中得到较好的应用。

张扬是中国著名作家，1963年2月，不满19岁的他写出长篇小说《第二次握手》初稿，后又多次重写，1970年稿造成全国规模的手抄本流传，1979年7月出版后累计印数达数百万册，至今仍居当代我国长篇小说发行量之首位。该书“重写本”于2006年10月问世。

小说从1956年深秋的一个傍晚写起，写北京一家药物研究所教授苏冠兰家，来了一位不速女客。教授夫人叶玉菡热情迎接，但苏冠兰见到女客后并没有出门接待，却呆坐在房间里惊愕而痛苦。来客见了女主人和苏教授的一双儿女，便匆匆离去。“过去的事情”真会“永远过去”吗？不，它绝不会无影无踪地消失。接着，笔锋一转，叙事回到1928年夏季的江南。

从1928年至1956年回国，小说按照两位主人公情感发展的时间顺序来写：

1928年，苏冠兰在齐鲁大学读书，暑假去江南。一个偶然的机会，他跳江救了一个溺水的姑娘丁洁琼。科学救国的共同志向使他俩产生了感情。然后是南京火车站，两人第一次握手告别，并立下海誓山盟。

1 刘学红:《我在这战斗的一年里》,《人民日报》1978年2月29日。

苏冠兰的父亲执意迫使儿子与故友之女叶玉菡成婚，苏冠兰无奈，只得以20年后结婚为借口推迟婚期。为了摆脱父亲的束缚，苏冠兰欲与丁洁琼一起赴美留学。不料父亲从中作梗，迫使丁只身赴美。

丁洁琼在美国学成，并成为著名的原子物理学家，后因反对美国在广岛使用原子弹，被美国政府监禁，从此中断了与苏冠兰的联系。苏冠兰的父亲趁机捏造丁洁琼结婚的消息，这不仅使苏冠兰陷于痛苦之中，并一心投入专业研究。在一次事故中，原子物理学家叶玉菡用身子挡住了射向苏冠兰的子弹，令苏冠兰深受感动，与叶日久生情，结为夫妻。丁洁琼则始终铭记与苏冠兰的誓言，拒绝了异国爱情，毅然回国。

倒叙，容易设置悬念，但会遇到三种情况：

其一，事件结尾部分的截取可长可短，如截取不当，会使读者费解；其二，开头交代过多，或过于简单，都会使读者费解；其三，结尾充当开头，如与事件的起端衔接不当，就会前后脱节或是显得生硬造作。

（六）合叙与分叙

合叙，是指多方面共同活动或数据的综合叙述。分叙，是指单方面独立活动或数据的分解叙述。在叙述头绪较多的事件时，需要有合有分。

中国现代经济学家王吉绯，在《让穷人的钱更值钱》一文里这样表述：

把钱分为贵贱，就是发行子币，通过市场的方式，增加中低收入者的购买力。在给中低收入者发工资的时候，可以把现金和子币相互配合，按一定比例发放。

比如说100元现金，分解为50元现金加50元子币两部分。这50元子币如果买猪肉的话，可以当作70元现金使用，这时候货现率为40%；如果买菜的话，可以当作60元现金使用，这时候货现率为20%。但是，子币必须在半年内在本城市花掉，过期作废，不能存到银行，也不能买家电等商品。如果要存到银行，就还是50元。

当然，子币可以有很多种类，不一定定向到某一个具体的商品，可以是一类商品也可以是很多商品的组合，各自的货现率，政府可以根据情形针对性地加以调节。不仅是衣食住行，对教育、医疗等基本生活保障类开销，都可以此类推。

那么，增加的这部分购买力，由谁埋单呢？首先，可以由政府财政，最后补贴给收子币的企业，这跟发现金补贴给中低收入者是一样的，只不过更加保证了补贴的用途，不至于被挪作他用。其次，可以由收子币的企业本身消化掉。企业因为子币的发行获得了大批忠实客户，有义务给出一定的折扣；而中低收入者通过消费储蓄放弃了部分选择权，完全有理由获得一定的优惠。

让穷人的钱更值钱了以后，我们将发现：消费增长在加快，为“调整产业结构、转变经济增长方式”赢得了时间和空间；贫富差距在减小，效率和公平并重的社会，越来越和谐[1]。

上述文字，第一段为合叙，第二至五段为分叙。

学术专著《风雨兼程——现代中国政治经济的重建与社会演进》，在论及中国改革开放极大地释放了中国经济的活力，国内生产总值于2010年跃居世界第二位之时，如此表述：

改革开放30多年来，中国始终不渝地坚持以经济建设为中心，积极应对前进道路上的各种矛盾、问题和风险，取得了举世瞩目的成就。据统计，与1978年相比，2012年的经济总量增长了127.8倍，贸易进出口额增长了108.9倍。从经济总量、部分省市人均国内生产总值、制造业产值、贸易进出口额、外汇储备等综合指标来看，中国创造了世界经济史上的“增长奇迹”。现在，中国已成为名副其实的经济大国，并具备了迈向世界经济强国的

1 王吉绯:《让穷人的钱更值钱》,《企业家天地》2008年第2期,第76页。

现实基础，重要标志如是：[1]

上述一段文字，即合叙，对改革开放以来中国在经济上所取得的成就作了简要的综合表述。之后，从国家经济总量、部分省市经济总量和人均国内生产总值、制造业产值、贸易进出口额、外汇储备、工农业生产之比六个部分予以分列阐述。由于内容较多，仅摘取其中的三段文字：

首先，经济总量。经济大国首先要有世界排名靠前的经济总量。据统计，1978年，中国的国内生产总值仅有1482亿美元，居世界第10位。经过30多年的快速发展，到2010年，总值已达58798亿美元，跃居世界第二位，仅次于美国。

其次，部分省市经济总量和人均国内生产总值。在这两个方面，中国东部沿海部分发达省市的经济总量和人均国内生产总值已接近或超过一些中等发达国家的水平。据统计，2013年，广东、江苏和山东省的国内生产总值分别为62163.97亿元、59161.8亿元、54684.3亿元，按现行汇率计算，这三个省市的国内生产总值均已超过9000亿美元，分别接近或超过荷兰、瑞士等一些中等发达国家。2013年，天津、北京、上海等省市的人均国内生产总值已分别接近或超过波兰、匈牙利等一些欧美中等发达国家。

再次，制造业产值。制造业产值是衡量一个国家经济实力的重要标准。根据联合国统计，2011年，中国制造业产值为2.05万亿美元，首次超过美国，跃居世界第一。2013年底，中国的钢铁、煤炭、水泥、棉布等200多种工业品产量均居世界第一位。钢的产量有必要在此作特别交代，20世纪80年代，中国钢产量的增长开始大幅提速。据统计，1996年，第一次达到1亿吨并超过日本，成为最大的钢产量国家，此后一直位居最大产钢国地位。进入21世纪后，中国的钢产量更以令人惊诧的速度扩张，

1 党庆兰：《风雨兼程——现代中国政治经济的重建与社会演进》，兰州大学出版社，2018，第197-198页。

2000年达1.27亿吨，2010年至6.27亿吨，是世界钢产量的40%，约是美德日俄英五国的1.8倍。事实说明，中国的制造业大国地位已基本确立[1]。

叙述的语言要求：一是要精选准确而生动的动词，能多产生动作感；二是要有连贯性。要前后连接、上下呼应、疏密相间。

二、精于描写与形象刻画

描写，是表达方式的一种，其技法可分为细描与白描、正面描写和侧面描写两组。这些技法，多用于文学作品，但又不仅限于此。

（一）细描与白描

细描，又叫工笔，指用工整细腻的笔法对描写对象的某些方面作精雕细刻的描写，要求是细腻而不繁琐，丰满而不臃肿，讲究形象生动、丰满、真实。描写人物，既写音容笑貌，又写服饰打扮；描写景物，既写楼台亭阁，又写五光十色。

现代中国作家李汉平的长篇小说《梦・泪・梦》，写季百凌刚见到方婕时的印象：

百凌默默地打量着方婕。她真美，生得清秀、娉婷。玉一般洁白细腻的脸上有一双弯生生的长眉。美丽的杏核儿眼，秀直的鼻子，小巧圆润的嘴恰似红樱桃，苗条修长的身材，好像一棵小白桦。这一切配合在一起，使她有一种超凡脱俗的美。绰约如仙子[2]。

桂林山水甲天下。“江作青罗带，山如碧玉簪。”摄影者笔下的桂林山水，如诗如画。先写梯田，再写江景。

1 党庆兰:《风雨兼程——现代中国政治经济的重建与社会演进》,兰州大学出版社,2018,第197-198页。

2 李汉平《梦·泪·梦》,人民文学出版社,1983。第71页。

梯田如玉，“层林尽染”：

从流水湍急的河谷，到白云缭绕的山巅，从万木葱茏的林边到石壁峭崖前，凡有泥土的地方，都开辟了梯田。垂直高度达数千米，横向绵延二、三公里。龙脊梯田景色秀丽、如诗如画。它整齐有序，线条丰富多彩，如练似带[1]。

江水似练，一碧万顷：

漓江是桂江上游河段支流的通称，属珠江流域西江水系，位于广西壮族自治区东北部。漓江段全长164公里，著名的桂林山水就在漓江上。

漓江风光有山青、水秀、洞奇、石美“四胜”之誉。从桂林至阳朔的83公里漓江河段是漓江的精华，这里有深潭、险滩、流泉、飞瀑的佳景，是岩溶地形发育典型、丰富和集中的地带。青山绿水，奇峰倒影，令人有“舟行碧波上，人在画中游”之感。

如果说，临桂区田心村的农夫与老牛，阳朔县乌龙泉的落日与晚霞是人和自然织就的一幅幅绚丽又恬静的田园画卷，那么，登临相公山俯瞰到的漓江第一弯，则属于大自然鬼斧神工造就的一幅气势磅礴的天然水墨瑰宝。当你在黎明时分登高远眺，只见山峰林立、云海翻腾之间，缕缕晨曦透过云层洒向江面，清澈的江水如白练般逶迤穿梭在群山之中，江边村庄的灯火仿佛一条金色长龙陪伴着蜿蜒曲折的漓江[2]。

白描，也叫写意描写，即滴彩不饰，指用朴素、洗炼的笔法勾勒描写对象的特征。白描讲究线条简练、明快，要求以一代一，笔到意到。白描的效果是：朴实无华，意味无穷。画面只是轮廓，要靠读者想象去补充、发展。鲁迅把这种方法归纳为12个字：“有真意，去粉饰，少做作，勿卖弄。”[3]

1 陈曦:《桂林山水:人在景中走如在画中游》,《中国律师》2021年第8期,第2页。

2 陈曦:《桂林山水:人在景中走如在画中游》,《中国律师》2021年第8期,第3页。

3 鲁迅:《鲁迅论创作》,上海文艺出版社,1983,第658页。

注意，白描重在传神。

美国前国务卿基辛格在《白宫岁月》里对周恩来的描写：

“周恩来于四时半来到。他面容消瘦，颇带憔悴，但神采奕奕，双目炯炯，他的目光既坚毅又安详，既谨慎又满怀信心。他身穿一套剪裁精致的灰色毛式服装，显得简单朴素，却甚为优美。他举止娴雅庄重，他使举座注目的不是魁伟的身躯，而是他那外弛内张的神情、钢铁般的自制力。”[1]

美国第37任总统理查德·尼克松，在《领袖们》一书里记述法国前总统戴高乐：

“当我1960年初次见到戴高乐时，立即就被他的仪表吸引住了。我知道他是个高个儿，身高六英尺四英寸，法国军队中个儿最高的将军，而他的军人姿态使他的高度显得更加惊人。只是后来我才注意到他稍稍有些弓背。

“在他来访时，我注意到，像他这样身材的人，他的举止就显得异常优雅。不论做手势、举步或者在餐桌上使用刀叉，他从不显得笨拙或迟钝。他赋有一种安详的、感人的威严，而又兼有某种旧时代的彬彬有礼的风度。

“我在1960年所见到的戴高乐，其性格同新闻记者和外交人员所描绘的傲慢和暴躁很不一样。我发现他是一个很难描述的、稍有一点怯生生的善良人。他并不热烈，但也不生硬。我想说他简直是温文尔雅的。但是就大多数领袖人物来说，风度温文尔雅是一回事；政策又是另一回事。”[2]

《第二次握手》，描写丁洁琼离开苏冠兰家的那一刻：

“女客目送他消失在院角的大门口，收敛了笑容，转身凝视着苏冠兰家的房门。她秀美的面容上依然毫无表情，在满天浓重的夕晖映照下，像一尊大理石雕像般冷峻、端庄。”[3]

1 亨利·基辛格：《白宫岁月——基辛格回忆录》（第2册），世界知识出版社，1980，第704页。

2 理查德·尼克松：《领袖们》，海南出版社，2008，第41页。

3 张扬：《第二次握手》，中国青年出版社，1979，第10页。

白描的关键在于准确地捕捉典型化的特征。白描不求全而求准，不求细而求活。细描和白描都是常用的描写手法，二者无高下之分。至于采用哪一种，要看作者的习惯和文章的风格。

（二）正面描写和侧面描写

正面描写，就是直接描写，对描写对象进行直接的、正面的描绘，直接展现形象和画面。一般的人物描写、景物描写、场面描写均采用这种手法。

长篇小说《林海雪原》最后一章“铁流”的几段文字：

“冬去春来，大地万物俱苏，一切的一切充满了新的活力。

“雄伟的长白山，一片碧绿，呈现着锦绣景色。恰似万宝库在闪闪放光。

“整个的牡丹江市，沉浸在紧张愉快的劳动旋律中。

“所有工厂的高大烟筒，冒出浓浓的烟雾，射向晴朗的高空。隆隆的马达声各处争鸣。市郊的原野上，漾溢着一片山歌。农民、农妇们在辛勤播种。

“火车发出巨大的吼声，往返如流地在滨绥图佳线上奔驰。天空翱翔着年轻的练习机群，在急升，在俯冲，在盘旋摆阵。

“牡丹江水，汹涌澎湃，浪头滚滚，犹如万马奔腾，一泻千里。

“牡丹江市南郊，海浪飞机场旁的碧绿草场上，集结着千军万马，歌声冲天彻野，战马咆哮嘶鸣。雄武威风的野战军，在待命出发。”[1]

报告文学《哥德巴赫猜想》，写数学家陈景润：

“一九六六年五月，像一颗璀璨的明星升上了数学的天空，陈景润在中国科学院的刊物《科学通报》第十七期上宣布他已经证明了（1+2）。

“自从陈景润被选调到数学研究所以来，他的才智的蓓蕾一

1 曲波:《林海雪原》,人民文学出版社,1978,第589-590页。

朵朵地烂漫开放了。在圆内整点问题、球内整点问题、华林问题、三维除数问题等等之上，他都改进了中外数学家的结果。单是这一些成果，他那贡献就已经很大了。

“当他已具备了充分依据，他就以惊人的顽强毅力，来向哥德巴赫猜想挺进了。他废寝忘食，昼夜不舍，潜心思考，探测精蕴，进行了大量的运算。一心一意地搞数学，搞得他发呆了。有一次，自己撞在树上，还问是谁撞了他？他把全部心智和理性统通奉献给这道难题的解题上了，他为此而付出了很高的代价。他的两眼深深凹陷了。他的面颊带上了肺结核的红晕。喉头炎严重，他咳嗽不停。腹胀、腹痛，难以忍受。有时已人事不知了，却还记挂着数字和符号。他跋涉在数学的崎岖山路，吃力地迈动步伐。在抽象思维的高原，他向陡峭的巉岩升登，降下又升登！”[1]

“他越过了雪线，到达雪峰和现代冰川，更感缺氧的严重了。多少次坚冰封山，多少次雪崩掩埋！”“他向着目标，不屈不挠；继续前进，继续攀登。战胜了第一台阶的难以登上的峻峭；出现在难上加难的第二台阶绝壁之前。他只知攀登，在千仞深渊之上；他只管攀登，在无限风光之间。一张又一张的运算稿纸，像漫天大雪似的飞舞，铺满了大地。数字、符号、引理、公式、逻辑、推理，积在楼板上，有三尺深。忽然化为膝下群山，雪莲万千。他终于登上了攀登顶峰的必由之路，登上了（1+2）的台阶。”[2]

侧面描写即间接描写，对描写对象不进行直接的描绘，而是采用烘托的方法。

在这里，还要谈《陌上桑》。《陌上桑》是汉乐府中的一首乐府诗，为乐府诗中的名篇，属《相和歌辞》。又名《艳歌罗敷行》《日出东南隅行》。全诗共三段，第一段从开始至“但坐观罗敷”，

1 徐迟:《哥德巴赫猜想》,《人民文学》1978年第1期,第59页。
2 徐迟:《哥德巴赫猜想》,《人民文学》1978年第1期,第59页。

主要描写罗敷的美貌。“日出东南隅，照我秦氏楼；秦氏有好女，自名为罗敷；罗敷喜蚕桑，采桑城南隅；青丝为笼系，桂枝为笼钩；头上倭堕髻，耳中明月珠；缃绮为下裙，紫绮为上襦；行者见罗敷，下担捋髭须；少年见罗敷，脱帽着帩头；耕者忘其犁，锄者忘其锄；来归相怨怒，但坐观罗敷。”[1]

对罗敷的美貌，诗作没有进行正面描写，而是采用了侧面描写的技法，效果更佳。走路的人看见罗敷就放下担子捋着胡子注视她，年轻人看见罗敷就禁不住脱帽重整头巾，耕地的人忘记了自己在犁地，锄地的人忘记了自己在锄地，回来后相互埋怨，只因为都在欣赏罗敷。

昭君出塞，是中国历史上的一个故事。从西汉到元初，故事经历了一个演变过程，有实有虚。王昭君，名嫱，字昭君，原为汉宫宫女。公元前54年，南匈奴呼韩邪单于被其兄北匈奴郅支单于所败，遂向汉朝称臣归附，成为汉朝的属国，并三次入朝朝贡。公元前33年正月，呼韩邪到长安朝觐天子，以尽藩臣之礼，并自请为婿，元帝遂将宫女王昭君赐予他。后来，根据这个故事创作的诗歌、琵琶曲、戏剧等艺术作品，使史实特别是出塞时的场景大为虚化。不管出塞场景虚化的成分有多少，但把它作为写作表达技法之一，也不妨一举。

据说，到了王昭君向汉元帝告别的时候，元帝见昭君丰容靓饰，光明汉宫，顾影徘徊，竦动左右，不禁大吃一惊。他本想将她留下，可又怕失信于人，只好忍痛割爱，让昭君出塞和亲。

自己后宫有这样的美女，怎么会没发现呢？元帝叫人从宫女的画像中再拿出昭君的像来看，才知道画像上的昭君远不如本人可爱。为什么会画成这样呢？原来宫女进宫时，一般都不是由皇帝直接挑选，而是由画工画了像，送给皇帝看，再决定是否入选。当时的画工毛延寿给宫女画像，宫女们要送给他礼物，这样他就会把人画得很美。王昭君不满这种勒索行为，也不愿送礼

1 舒婷:《影响了我的两百首诗词》,百花文艺出版社,2005,第43页。

物，所以毛延寿就没把王昭君的美貌如实地画出来。为此，汉元帝大为恼火，怒而要杀画工。宰相却说，这责任不在画工，因为昭君太美，画工没那个水平画出她的美。汉元帝认为此话有理。如此表述，比直接描写王昭君如何之美效果要好。昭君之美，是无法直接描绘的。

描写的语言要求，简单地说就是要形象、深刻。

三、说明的技法与妙用

说明的技法很多，主要有归类说明与定义说明、拟人说明和故事说明、比喻说明与比较说明、举例说明与引用说明、事理说明和数字说明等。

（一）归类说明与定义说明

归类说明与定义说明，是最基本、最简单的说明方法。

归类说明，即把被说明的事物划归到该事物所属的某一大类中去，以初步说明事物的主要属性和基本特征。

比如，腈纶是一种合成纤维；徐迟是一位报告文学作家；魏巍的《谁是最可爱的人》是一篇优秀的报告文学。

中国科普作家华惠伦的《开采海底之宝——珊瑚》，对珊瑚作如此说明："珊瑚的群体是丛枝状，有'海底之花'和'珊瑚树'等称号。其实，珊瑚属于无脊椎动物中腔肠动物门珊瑚虫纲。"[1]有人误认为珊瑚是一种植物，读过这段归类说明，就会知道珊瑚是一种动物。

徐迟的《哥德巴赫猜想》，对"科学成就"的说明："大凡科学成就有这样两种：一种是经济价值明显，可以用多少万、多少亿人民币来精确地计算出价值来的，叫作'有价之宝'；另一种成就是在宏观世界、微观世界、宇宙天体、基本粒子、经济建

1 华惠伦:《开采海底之宝——珊瑚》,《现代化》1980年第2期,第50页。

设、国防科研、自然科学、辩证唯物主义哲学等之中有这种那种作用，其经济价值无从估计，无法估计，没有数字可能计算的，叫作“无价之宝”，例如，这个陈氏定理就是。”[1]

归类说明能够大致介绍，但它毕竟只是类别的介绍，人们还不能把它作为一种概括说明的方法，在具体说明中起辅助作用，一般不单独使用。

定义说明，就是为概念下定义，即用定义的方法介绍事物的固有属性。如何下定义，有一公式：即被定义概念等于“种差”加“属概念”。“属概念”即归类，就是被定义概念所属的大类；“种差”，即被定义概念与同类相邻概念间的主要差别。

比如，“水是没有颜色、没有气味、没有味道的透明液体”。其中，“水”是被定义概念，“透明液体”是属概念，其余的“没有颜色、没有气味、没有味道”的说明部分就是种差，即“水”与其他透明液体的差别。

“古汉语是我国古代汉民族的共同语言。”其中，“古汉语”是被定义概念，“共同语言”是属概念，其余的说明部分是种差，也就是“古汉语”与其他共同语言的差别。

“鸟是有羽毛的卵生的动物”“月食是由于地球运行于太阳与月球之间所引起的月球失光现象”等均属定义说明。

下定义，须说明对象的本质属性。要注意科学性、准确性，把那些非本质的属性排除在外。比如，“人”的定义不能说成“人是两条腿直立行走的动物”，而应该说成“人是能制造和使用工具的动物”。

中国现代经济学家王吉绯，关于“有效遮挡”的表述如是：

“直径比非常大、距离非常近的遮挡，属于严重的遮挡。比如说地球表面的物体，一边是超光波和其他能量源，比如日半球就有太阳的能量；一边是地球，遮挡了该方向的所有能量源。超光波对其形成的斥力即引力远远大于地球能量导致的斥力，所以

1 徐迟:《哥德巴赫猜想》,《人民文学》1978年第1期,第67页。

物体被牢牢地压在地球表面。这些物体的直径远远小于地球的直径，体积相对地球来说极其微小，因此遮挡关系最为严重，所以物体本身没有发生相对于地球的自转和公转，而是留在地球表面，成为地球的一部分，跟随着地球自转和公转。

“在行星和太阳之间，直径比相对小，但是依然很大，不过距离相对较远，投影产生的引力蚀效应相对弱一些，所以行星没有坠落到太阳表面，具有稳定的公转轨道。正是由于遮挡关系不算严重，所以才造成星体交错时的引力蚀效应最大。

“行星之间的遮挡最为复杂，因为直径比不大，距离相对较远。更复杂的问题是，个别行星还有自己的卫星和环，相对于扩大了星体的直径。有时候是行星系之间包含卫星等完全遮挡或部分遮挡，有时候是行星本体完全遮挡或部分遮挡。”[1]

定义说明，是一种比较准确、严密的科学说明方法，能帮助人们明确概念。

（二）拟人说明和故事说明

拟人说明，就是把要介绍的事物赋予人的形象和性格，从而把它的特征、特点介绍出来。这里有两种情况，一是让物体以人的形象站出来自我活动、自我展现，二是把物体当作有人性特征的东西予以介绍。

第一种情况，让物体以人的形象站出来自我活动、自我展现。比如中国空间技术专家、科普作家朱毅麟的《洲际导弹自述》一文，介绍有关导弹的知识，是用拟人手法，赋予导弹以人的语言行为、思想感情，讲述自己的出身、家族、形状、构造、威力等，讲得妙语不断，情趣盎然。

文中的拟人手法，不是用于某一句或某一段，而是体现在通篇构思之中，始终把导弹作为人的一员。

开篇如是：

1 王吉绯:《万有能量的哲学原理》,当代中国出版社,2013,第56-57页。

“1957年8月，我在苏联出世。消息传开，曾经使全世界为之轰动，因为我是一种不可多得的战略武器。从此以后，我就成了超级大国军备竞赛场上的第一号种子选手。”[1]这些词语本来都用于人类社会，现在却用来说导弹，他就生活在人们中间，读来倍感亲切。

在介绍导弹的构造时，如此表述：

“我锥形的脑袋里装的是核弹，人称弹头。接近目标时，弹头同身体分离，冲向并炸毁目标。身体呈细长圆柱形，由发动机、制导系统和弹体结构三部分组成。有时弹体末端还有几片尾翼，在飞行时起稳定作用。

“发动机使我能在空中一边飞行，一边加速，越飞越快。我自己带有氧化剂，能保证发动机在真空中也可以燃烧工作，直到推进剂即燃烧和氧化剂烧完为止。

“制导系统是我的大脑和神经中枢，它指挥我沿着规定的路线飞向目标。弹体结构把身体各部分联结成一个整体。”[2]

在说到液体导弹容易贻误战机，逐渐改用固体导弹时，用了“复员”“转业”“参军”等部队中常用的词语，令人忍俊不禁。

在述说自己巨大的威力时，则眉飞色舞，自豪之情溢于言表：

“我有飞得快、爬得高、打得准的绝技，具有强大的威慑力量。我的最大飞行速度可达每秒七公里，比声音快五倍，一万公里的路程，半个小时就飞完，即使对方的预警雷达网在飞行中途发现我，立即准备防御或反击，也已经是临阵磨枪，措手不及了。在万里征程中，我大部分时间飞行在几百公里高的外层空间，那里没有空气，可以通行无阻，高速前进，任何常规防空武器，对于我也只能作‘高不可攀、鞭长莫及’的望空兴叹。在制导系统指引下，‘我行我素’，外界干扰对我不起作用，飞行一万

1 朱毅麟:《洲际导弹自述》,《光明日报》1980年5月16日。

2 朱毅麟:《洲际导弹自述》,《光明日报》1980年5月16日。

多公里，弹头命中目标的误差不超过一公里，甚至只有二百米。”[1]字里行间，壮志不已，这些本来用于描写人们心态的词语，如今赋予导弹，使人为之动情。

在讲述自己的发展史时，也颇有情趣：

“为了保护我免遭对方‘先发制人’的打击，60年代初，人们把我从地面转移到地下，藏在发射井里，整装待命，伺机出击。随着卫星侦察设备的不断改进，从卫星拍摄的照片上可以发现地下发射井的位置，于是地下井也不安全了。人们又想出了‘机动发射’的新招，把我装在车辆上转来转去，迷惑对方。”“70年代，人们赋予我‘分头术’，在快接近攻击目标时，我摇身一变，变出好几个子弹头，叫对方的预警雷达和反弹道雷达真假难分，防不胜防。”[2]

文尾一段，以洲际导弹之口，概括作者对洲际导弹总的看法：

“我自出世以来，完全被两个超级大国所垄断和控制。霸权主义者狐假虎威，拿着我到处张牙舞爪，扩张侵略，致使我也背上了‘洲际捣蛋’的恶名。其实我是无辜的，我同一切武器一样，是人制造的，由人操纵的。在扩张主义者的手里，我可以成为‘助纣为虐’的工具；在人民的手里，又能变成伸张正义的力量。”[3]

拟人手法的长处，用第一人称方式来写，会使文字更加生动、活泼、有趣[4]。

第二种情况，把事物当作有人性特征的东西介绍。

《春》，是现代中国散文家朱自清散文中的名篇。该篇散文，最早收入朱文叔所编《初中国文读本》，于1933年由上海中华书

---

1 朱毅麟:《洲际导弹自述》,《光明日报》1980年5月16日。

2 朱毅麟:《洲际导弹自述》,《光明日报》1980年5月16日。

3 朱毅麟:《洲际导弹自述》,《光明日报》1980年5月16日。

4 周承芳:《说明文的文学表现手法与文学色彩》,《聊城大学学报》2002年第4期,第106页。

局印行。1981年，被人民教育出版社中学语文编辑室所编《语文》收录。作品以诗的笔调，描绘了我国南方绿草如茵，花木争荣，春风拂煦，细雨连绵的春天特有的景色，呈现一派生机和活力。在春境中的人，也精神抖擞，辛勤劳作，充满希望，该文是一篇满贮诗意的散文。

该文分三个部分，即作品的起笔、主体和结尾。其中，有三处表达采用了拟人的手法：一是起始，二是主体的第二个特写镜头，三是结尾。

作品的起笔："盼望着，盼望着，东风来了，春天的脚步近了。"[1]两个"盼望着"的词语重叠，强化了人们对春天的期盼。"春天的脚步近了"，更是把春天拟人化了，把春天直接当作人来写，赋予春天以感情和生命，似乎春天正在大踏步向我们走来，把无形的春天写得具体而生动。看："一切都像刚睡醒的样子，欣欣然张开了眼。山朗润起来了，水涨起来了，太阳的脸红起来了。"[2]在起始部分，作者从总的方面描绘春境，勾画出大地回春、万物复苏的景象。

主体部分，推出五个特写镜头，细致入微地描绘春天的动人景象。第一个特写镜头是春草，第二个是争荣花木，第三个是春风，第四个是春雨，第五个是春境中的人。

五个特写镜头，有一处即第二个特写镜头采用拟人手法，写桃花、杏花、梨花，写花木争荣："桃树、杏树、梨树，你不让我，我不让你，都开满了花赶趟儿。红的像火，粉的像霞，白的像雪。"[3]行文至此，作者不以再现自然花色为满足，继而写引来"嗡嗡地闹着"的成千成百的蜜蜂和"飞来飞去"的大小蝴蝶的众花所特有的色香。此外，作者还展开想象的翅膀："花里带着甜味，闭了眼，树上仿佛已经满是桃儿、杏儿、梨儿！"[4]想象一

1 朱自清:《朱自清经典散文》,山东文艺出版社,2018,第283页。
2 朱自清:《朱自清经典散文》,山东文艺出版社,2018,第283页。
3 朱自清:《朱自清经典散文》,山东文艺出版社,2018,第283页。
4 朱自清:《朱自清经典散文》,山东文艺出版社,2018,第283页。

笔，不仅拓宽了视野，更从未来角度渲染了春花的可爱。

第三处采用拟人的手法是文章结尾，对春的赞美：

“春天像刚落地的娃娃，从头到脚都是新的，它生长着。

“春天像小姑娘，花枝招展的，笑着，走着。

“春天像健壮的青年，有铁一般的胳膊和腰脚，领着我们上前去。”[1]

结尾三个句子，不仅比喻巧妙，意义深厚，而且分行排列，先后有序。把春天比作“刚落地的娃娃”，因为她是“新生”的；把春天比作“花枝招展的小姑娘”，因为她是“娇美”的；把春天比作“健壮的青年”，因为他有着“无穷活力”。这些文字，是对五幅春景图含义的概括，点明了中心。结尾三句的顺序，从“娃娃”到“小姑娘”再到“青年”，又形象地点明了春天的成长进程。最后说“领着我们向前去”，表达了作者追求美好未来的强烈感情。另外，用“去”字结尾，正与起笔“东风来了”的“来”字相呼应。开头是春天在盼望中到来，最后是进入春天的行列向前去。一来一去，一呼一应，整体完美。

故事说明，就是把要介绍的知识编成生动有趣的故事。这类知识性的故事，多半介绍一些地方的民情风俗习惯。

植树风俗，在国内外都有诸多趣闻。吴富贵的《世界各国植树风俗趣闻》一文，以讲故事的形式对多国的植树风俗作了有趣说明。

“日本的长野县南部木村政府从1980年起作出规定，凡是元月新婚的夫妇，都必须在指定地点，营造‘新婚林’，每对夫妇栽种五至六棵树，并且承担培育树木的费用20000日元，50年内由村政府派专人管理。在植树的时候，新婚夫妇要将自己的姓名和结婚日期的牌子插在自己种植的树木的旁边，村政府还专门为他们摄影留念。

“在日本著名的城市神户和大阪，如果哪个家庭需要增加一

1 朱自清：《朱自清经典散文》，山东文艺出版社，2018，第284页。

辆汽车，按照政府的规定，那家就要栽种一棵树，因为日本政府认为，汽车在行驶过程中，会产生大量的有毒气体和噪音，而树木是天然的消声器和义务消毒员。”

“非洲坦桑尼亚的许多地区，至今流传着很有趣的植树风俗。不论谁家生了孩子，都要把婴儿的胎盘埋在门外的土里，并且在上面种一棵树，这种做法有人称为‘添口树’。

“古代犹太人有个风俗，每当一个男孩呱呱落地的时候，家里的长辈就要在自家的花园里栽种一棵杉树；如果生的是女孩，就种植一棵松树。

“波兰的一些地方，也有生下小孩要先种树的习惯，谁家生了小孩，都要栽种三棵树。这种树，人们称为家庭树。”[1]

故事说明同文学作品中的故事不同。一是故事说明比较短，二是不讲究完整性和形象性。

（三）比喻说明与比较说明

比喻说明，即利用两个事物的相似之点，用一个事物说明另一个事物。比如，周长春的《人间彩虹——斜拉桥图解》：“桥的基本形式是深桥、拱桥、吊桥。桥梁的样子就像一条板凳，板凳的横板是桥的身体，板凳的腿是桥墩，桥身一般多用钢材、木材、混凝土等材料做成。拱桥，是把梁桥的平桥身变成弯曲的桥身，像一片瓦那样弯成拱桥，它用石转砌成，因为石头能经受很大的压力。吊桥，是用钢绳吊起的，就像晒衣绳自然下垂一样，绳索的两头牢牢地固定在两岸的墩台上，然后在钢绳上吊装木板为桥面，所用材料，只有钢缆才行，因为它可以经受相当大的压力。”[2]

上文用板凳比喻桥梁，用瓦比喻拱桥，用晒衣绳比喻吊桥。

1 吴富贵:《世界各国植树风俗趣闻》,《国际人才交流》1992年第7期,第41页。

2 周长春:《人间彩虹——斜拉桥图解》,《中学物理教学参考》2011年第10期,第15-17页。

即使从来未见过桥的人，读文章也能知道桥梁、拱桥、吊桥是什么样子。

文有仁和朱毅麟所编的《飞向星星》一书“亿步穿杨”一节，在说明宇宙飞船飞行时这样比喻：

“我国古代有个出名的射手，名叫养由基。据说，他能在百步以外，用箭射穿一片杨树的叶子。这是很了不起的箭法，因此人们一直用‘百步穿杨’来形容射击的准确。

“可是，要把宇宙飞船送到环绕地球飞行的轨道上，特别是送到月球或金星、火星等行星上，‘百步穿杨’的准确程度就远远不够了。

“我们知道，养由基射杨树叶子的时候，相对于地面来说，杨树叶子是不动的，养由基本人也是不动的，动的只是射出去的那支箭。把宇宙飞船送到月球上，情形就大不相同了。地球在动，它绕着太阳转圈子，每秒钟走30公里；月球也在动，它绕着地球转圈子，每秒钟走1公里；宇宙飞船是非动不可，它离开地球的时候，速度是每秒钟11～11.1公里。向月球发射宇宙飞船，就好像一个人站在一列飞驰的火车上，开枪射击一只奔跑的野兔，这当然要比‘百步穿杨’困难多了。”[1]

比较说明，即把两种或两种以上的彼此有一定联系和相同点的事物作比较，以说明事物的性质和特点。

中国科幻作家郑文光的《宇宙里有些什么》一文中的一段文字，介绍了小恒星的体积、密度、引力、亮度、表面温度。在介绍密度和引力时，采用了比较说明的方法。

“也有些恒星非常小，有的比地球还小。可是这种星星的物质，密度特别大，火柴头那么大的一点点就抵得上十多个成年人的重量。用白金造成同样大的一个球，重量才能抵得上它的二百万分之一。人到这种星星上面休想站得起来，因为它的引力是那样大，人的骨骼早就被自己的体重压碎了。……这样的小星星发

1 文有仁、朱毅麟：《飞向星星》，中国少年儿童出版社，1979，第37页。

出炫目的白光，它的表面温度高达30000～50000摄氏度。”[1]

再看一段：“许多红色的星星很大很大，有的可以装得下80万万个太阳。这些星星由非常稀薄的气体状态的物质组成。最稀薄的，密度只有地球上空气的几万分之一，比我们用抽气造成的‘真空’还要稀薄得多。”[2]

文有仁和朱毅麟所编《飞向星星》一书，在把星际空间和星球作对比之时如此表述：

“发射宇宙飞船的时间如果比规定的晚了一分钟，宇宙飞船离开地球的速度如果比规定的差了每秒钟几米，或者飞行方向比规定的偏了1%度，这艘宇宙飞船就根本到不了月球。

“月球还是离地球最近的星球，如果要把宇宙飞船发射到金星、火星或其他的行星上去，准确程度岂止是需要‘百步穿杨’，就连‘亿步穿杨’也还不够哩！

“星际空间实在太辽阔了！相比之下，星球就显得非常渺小。如果我们把一只瓢虫比作地球，那么整个太阳系所占的空间，就有一座大礼堂那么大。在这座大礼堂里，有几只大大小小的甲虫，或近或远地绕着礼堂中央的挂灯在转圈子。这些甲虫就是金星、火星等行星。至于从地球上发射出去的宇宙飞船，甚至不及一粒灰尘大。在这种情况下，发射宇宙飞船的准确度要求极高了[3]。

FAT32和NTFS是常见的电脑文件系统，各有特点，把这两个系统进行比较，予以说明，有助于深化对计算机存储系统的理解。

FAT32全称为File Allocation Table，指的是文件分配表是采用32位二进制数记录管理的磁盘文件管理方式；NTFS全称是New Technology File System，意即新技术文件系统。关于FAT32和

1 郑文光:《宇宙里有些什么》,《语文学习与研究》1987年第7-8期,第46-47页。

2 郑文光:《宇宙里有些什么》,《语文学习与研究》1987年第7-8期,第46-47页。

3 文有仁、朱毅麟:《飞向星星》,中国少年儿童出版社,1979,第38-39页。

NTFS，可从分区、压缩、加密存储空间、传输能力等多方面比较其区别[1]。

FAT32与NTFS是两种不同的磁盘文件系统格式，就像两个不同的图书馆，其书架的摆放，尺寸各不相同。

第一，支持分区大小不一样。

FAT32最大只支持32GB独立分区，NTFS最大支持的独立分区是2TB即2048GB。单个磁盘，当大于32GB的时候就要用NTFS格式来分区。FAT32不支持超过4GB的单个文件，如果单个文件超过4GB，系统便会提示磁盘空间不足，存储归于失败，NTFS则支持超大单个文件。

第二，系统文件压缩的不同。

FAT32不支持系统文件压缩，NTFS则支持系统文件压缩。在磁盘分区中，任意文件中右键属性，在高级属性窗口中可以设置给单个文件或整个文件夹压缩，压缩之后可以一定程度上节省占用磁盘空间的容量大小，而且当对文件进行读取时，文件将自动进行解压缩。文件关闭或保存时，会自动对文件进行压缩。超过4GB的压缩包文件解压缩的时候，系统盘必须为NTFS格式，否则无法解压。

第三，针对电脑用户的加密方式不同。

FAT32不支持文件安全设置，NTFS则支持文件安全设置。NTFS可以针对电脑用户对该格式下的所有文件夹、文件进行加密、修改、运行、读取目录及写入权限的设置。NTFS文件系统格式，任意文件夹或文件上右键属性，在高级属性窗口中勾选中加密内容以便保护数据即可做到加密[2]。

第四，磁盘的空间利用率不同。在一台电脑有多个用户使用时，作为系统管理员，可以给用户设置不同的磁盘空间容量，被

1 彭爱华、刘晖：《Windows Vista 使用详解》，人民邮电出版社，2007，第246-248页。

2 彭爱华、刘晖：《Windows Vista 使用详解》，人民邮电出版社，2007，第248页。

设置用户只能使用这个被限额的磁盘空间。FAT32文件系统，分区大小在2 GB～8 GB时簇的大小为4 KB，分区大小在8 GB～16 GB时簇的大小为8 KB，分区大小在16 GB～32 GB时，簇的大小则为16 KB；NTFS文件系统，当分区的大小在2 GB以下时，簇的大小都比相应的FAT32簇小，当分区的大小在2 GB以上即2 GB～2 TB时，簇的大小均为4 KB。相比之下，NTFS可以比FAT32更有效地管理磁盘空间，最大限度地避免了磁盘空间的浪费。同一磁盘，用NTFS格式化的容量，是用FAT32格式化的容量的60万倍。

第五，产生的碎片和空间不一样。从FAT16的文件系统格式，到之后的FAT32，然后再到NTFS文件系统格式，由于磁盘分区的格式不同，那么所产生的磁盘碎片也是越来越少。FAT32文件系统格式，产生的磁盘碎片一般；NTFS文件系统格式，则较少产生磁盘碎片。

可以看出，与FAT文件系统相比，NTFS文件系统功能更强大，适合更大的磁盘及分区，且磁盘利用率、安全性与稳定性更高，是更为完善和灵活的文件系统[1]。

（四）事理说明和数字说明

事理说明，一般要概括文章的主要内容，首先围绕事物或事理进行说明，之后说明该事物或事理的特征。

经济学家王吉绯，在阐述“惯性起源于等能量密度”时这样表述：

“地球火山的喷发，不会影响地球轨道处的能量密度，只会影响地球表面的能量运动。甚至彗星撞击这样的宇宙天灾也不会改变太阳系的能量密度带。1994年7月16日至22日，一颗命名为“苏梅克·列维9号”的彗星断裂成21个碎块，以每秒60公里

1 彭爱华、刘晖：《Windows Vista 使用详解》，人民邮电出版社，2007，第247-248页。

的速度连珠炮一般向木星撞去，释放出5亿颗广岛原子弹的巨大能量，撞击后产生的多个火球绵延近1000公里。但是太阳系内的能量密度带毫发无损，包括木星在内的各行星轨道照旧。

“就像高山上不同海拔地区出现特色各异的生态群落一样，太阳系内不同的行星因为接受太阳能量不同，而表现出了不同的物理特性群落。当物体穿越能量密度带从一颗行星走到另一颗行星，其速度和质量都将发生改变。”[1]

比较说明，即把两种或两种以上的彼此有一定联系和相同点的事物作比较，以说明事物的性质和特点。

马晓东的《趣解生活中的物理现象》一文，在对服装颜色和光学现象的关系进行说明时，如此表述：

“你知道物理在服装颜色和图案的设计中的应用吗？还真有学问哩！许多青年人爱穿水兵的‘海魂服’，这种针织衫上有蓝白相间的粗横条，清新爽朗，小伙子穿起来，确实神气。有趣的是，瘦人穿上它，显得丰满，而胖人穿了它，看起来更臃肿了。其实这是一种光学现象——视错觉。原理是：大小和形状都相同的物体，由于采取不同的分割方法，便会引起人们的错觉。如两个条纹不同的正方形，是一样大小，由于左面的采取横向分割，右面的采取竖向分割，结果左面的图形看起来高一些，右面的图形则宽一些。这种现象在物理学上叫作‘分割错觉’。同样的分割用在不同的地方，会产生相反的效果。在装璜设计上，要想使一只盒子显得高一些，就可采取横向分割；然而在衣着装饰上的分割错觉却恰好相反，矮胖的人穿横向条纹的‘海魂服’，不但没有增加高的感觉，反而增加宽的感觉，显得更胖了。这是因为盒子一般不太大，它正好处在人眼的正常视野中，眼球不必转动就可以看清它，观看横向分割的时候，就会不自觉地把分割条数考虑进去，便觉得高度有所增加。观看穿横向条纹衣服的人，情况便有所不同，为了能看清这些条纹，视线必然会沿着条纹方向

1 王吉绯:《万有能量的哲学原理》,当代中国出版社,2013,第195-196页。

移动，不自觉地把条纹长度跟条纹间隔作比较，就觉得横向的宽度增大了。所以，矮胖的人不宜穿‘海魂服’之类的横向条纹衣服，而适合穿竖直条纹的服装。”[1]

在对太阳镜和光线的关系进行说明时，这样表述：

“夏天人们都爱戴上太阳镜，你知道它保护眼睛的原理吗？太阳镜能遮挡令人不舒服的强光，同时可以保护眼睛免受紫外线的伤害。所有这一切都归功于金属粉末过滤装置，它们能在光线射入时对其进行‘选择’。有色眼镜能有选择地吸收组成太阳光线的部分波段，就是因为它借助了很细的铁、铜、镍等金属粉末。事实上，当光线照到镜片上时，基于所谓‘相消干涉’过程，光线就被消减了。也就是说，当紫外A、紫外B以及红外线等某些波长的光线穿过镜片时，在镜片内侧即朝向眼睛的方向，它们就会相互抵消。形成光波的相互重叠并非偶然现象，一个波的波峰同其靠近的波的波谷合在一起，就导致相互抵消。相消干涉现象取决于镜片的折射系数即光线从空气中穿过不同物质时发生偏离的程度，还取决于镜片的厚度。一般来讲，镜片的厚度变化不大，而镜片的折射系数则根据化学成分的差异而不同。变色眼镜的镜片能在太阳光线射来之后变暗，当照明减弱之后，它又重新变得明亮了。之所以能够如此，是因为卤化银的结晶体在起作用。在正常情况下，它能使镜片保持完美的透明度。”[2]

数字说明，即运用确凿的数字来说明事物。

比如，胡裕树主编的《大学写作》里的一段数字说明：“一些统计资料表明，女的平均寿命比男的长。根据日本1975年的统计，男性平均寿命为71.76岁，女性为76.95岁，女性平均寿命比男性寿命高5.19岁。英国在1945年调查的百岁老人中，女性是男性的4.6倍。”[3]

1 马晓东：《趣解生活中的物理现象》，《软件》2016年第9期。第109页。

2 马晓东：《趣解生活中的物理现象》，《软件》2016年第9期。第109页。

3 胡裕树主编：《大学写作》，复旦大学出版社，1985，第219页。

学术专著《风雨兼程——现代中国政治经济的重建与社会演进》，对改革开放后中国非公经济发展情况的说明：在改革开放以前，私营经济在一定程度上不受支持。随着改革力度的加大，也由于经济发展的需要，1978年之后，私营经济被《宪法》确定为公有制经济的补充。之后，全国许多地区纷纷出台政策，把非公有制的发展确定为振兴经济的突破口。正是在这种环境中，私营企业得到了长足发展。

“据统计，到1996年底，私营企业已发展到81.9万户、从业人员1771.1万人、注册资金3752.4亿元，三项分别比1995年增长25.1%、22.5%、43.1%，创造税收60亿元。是年，个体经济创造税收397.8亿元，二者之和占全国税收的8.46%。

“政策的放宽，使我国的非公有制经济从1997年开始得到了全面发展。这种发展，不仅是数量上的增加，更重要的是质量上的提高。据统计，到1997年底，我国个体工商户已为2850.86万户，从业人员5441万人，注册资金2573.98亿元；私营企业96.07万户，从业人员1349.26万人，注册资金5140.12亿元。到2000年底，私营企业已达160万户，个体户达4000万户。2001年，全国登记在册的私营企业已达202.85万户，注册资本总额为18212.24亿元，其中资本在1000万元以上的有23100户，亿元以上的有383户。到2007年，全国私营企业已增至551.3万户，注册资本金总额达93873.1亿元，户均注册资本金额为170.3万元，私营企业主人数达1396.5万人。”[1]

科林·塔奇的《树的秘密生活：它们如何生存，如何与我们息息相依》，应运而生。科林·塔奇是剑桥大学生物学博士、现代英国作家、伦敦经济学院哲学中心客座研究员，11岁即开始在自己的花园里培育树苗，18岁之前已经成为技压群芳的仙人掌种植家，在剑桥学习时期已开始科普写作。多年来，他把对树的知

1 党庆兰:《风雨兼程——现代中国政治经济的重建与社会演进》,兰州大学出版社,2018,第216-217页。

识和深情交揉在一起，创作出上述著述。对于该著述，中国科学院院士、结构生物学家饶子和作此评价：我们常以严肃甚至枯燥为特征看待科学著作，而科林·塔奇的著作不仅知识严谨，探究深刻，而且文笔抒情，发生在大自然间的小故事起伏跌宕，对自然的真爱流露笔尖，读起来既像科学论著又像浪漫诗文。英国《金融时报》则评价著述是一封写给大树的情书，文笔饱蘸激情和科学活力，充满温情和智慧。

科林·塔奇在其著述里谈到气候时，作如此说明：在过去几十亿年间，世界气候的波动蔚为壮观。“过去的4000万年左右，全球温度下降是由于大气层中二氧化碳的持续减少引起的，这一点归因于喜马拉雅山脉和西藏高原的上升，它是由印度与东亚缓慢的构造上的挤压造成的。西藏高原和喜马拉雅山脉是一块巨大的岩体，阻止了从太平洋吹过来的湿润的风，于是引起降雨，表现为季风。雨水溶解了空气中的二氧化碳，与喜马拉雅的岩石产生化学反应，然后流向大海。这样，大气层里二氧化碳的含量逐步减少，地球随之变冷。”

“在过去的200年间，大气层里二氧化碳的含量又开始上升——不是由于自然的原因，而是因为无休止的人类活动。大气中的二氧化碳含量现在是百万分之370，而西方工业革命之初的1750年，也仅仅是百万分之280，平均每年增加大约0.4%。甲烷同期增长151%，一氧化碳上升了17%，二者还在继续上升。按现在的增长比例，到2080年，二氧化碳含量大约是百万分之750，是如今的两倍，这会使全球温度比起1990年上升1.4摄氏度至5.8摄氏度。这样的温度会其实融化极地冰冠，使海平面上升9—88厘米。海平面上升得再高些，如果接近了1米，将会淹没一些较小的岛屿（包括几个主要城市）。”[1]

图表说明，是用图表来说明事物。如果由于说明的数字繁

1 科林·塔奇：《树的秘密生活：它们如何生存，如何与我们息息相依》，商务印书馆，2015，第362页。

多，用文字逐项说明就会显得重复啰唆。在此种情况下，可用图表把数字集中起来，分别说明。图表的类型很多，不再一一列举。用图表说明的优点在于简明、清楚，便于对照。图表说明，弊端也有，比如在文中特别是社会科学之类的文稿插入图表，有碍文面的整洁，但如果是长篇或专著，可把图表附于文后。

说明的语言要求如是，精确、通俗、简洁。

（五）举例说明与引用说明

举例说明，通俗易懂，此处从略。现在谈引用说明。引用说明即摘录专家学者的精辟解释作为证明，来说明事物的性质和特征。

需要注意的是，说明方式中的引用与议论方式中的引用有很大的区别，说明中的引用是借他人言论解释事理、介绍知识，是解说性的，而议论中的引用是借他人言论证明自己的观点，是论证性的。

四、议论的要素与逻辑证明

议论，作为一种表达方式，在这里主要从两个方面进行探讨，一是议论的要素，二是议论的种类和技法。

（一）议论的要素

一段完整的议论，也就是一个完整的逻辑证明，它由三部分组成，即论点、论据、论证。从语言角度来说，论点、论据、论证叫议论要素；从逻辑的角度来说，则叫论证结构。

论点又叫论断，是论证的对象；论据，即用来证明论点的理由和根据，是论证的基础；论证，是运用论据证实论点的过程，用论据证明论点时所运用的推理形式。

论点又叫论断，是论证的对象，是作者对所论述的问题提出的见解、主张和表示的态度。

当代中国史是中国通史的一个组成部分，是近距离和现场感很强的历史，是正在进行中的历史。这段历史，不仅迅速地建立了全新的政治经济秩序，彻底改变了国民的生活方式，而且还极大地改变了国民的思想和心理，在中国五千年的文明史上，没有任何一段历史像当代中国这样，国家的命运和个体的人生际遇有着如此密切的联系。《史学研究的鲜活主题——关于当代中国史研究的思考》一文，提出这段历史具有恒久的言说和研究价值[1]。此即论点。

在甲骨、金石、简帛、纸张之后，文献进入了数字化时代。大数据时代的新文献形态如电子文本、文本集、数据库、知识库、系统平台等，在体量、结构、组织、管理等方面均呈现出与传统文献不同的特征，大数据技术引发了传统文献的生产方式创革、结构形态新变和获取方式拓展，文献的碎片化、标准化、结构化与可视化形成各种文本集、数据库等“宏文本”“超文本”，促进了文献的关联与知识的再发现。网络分析、文献计量、主题模型等文本信息技术的应用，可以革新传统文献学的实践路径，增强传统文献研究的整体性和实证性，催生新的研究范式，促进传统文献学的现代转型。当代大数据技术改变了我们对传统文献学的认识方式和把握尺度，反映了人们对知识挖掘、组织、管理与再造能力的追求。大数据技术长于数据挖掘，而传统的文献研究者实际上也是“数据挖掘者”，只不过挖掘的对象和使用的方法不同而已。大数据技术引发了文献生产的创革、文本形态的新变和知识获取的拓展，最终将促进传统文献学的现代转型[2]。《大数据技术与传统文献学的现代转型》一文，提出要审视大数据技术与传统文献学的这一转型，进一步推动大数据技术下新型文献

1 党庆兰:《史学研究的鲜活主题——关于当代中国史研究的思考》,《西北成人教育学院学报》2015年第2期,第40-45页。

2 刘石、李飞跃:《大数据技术与传统文献学的现代转型》,《中国社会科学》2021年第2期,第63-64页。

学的实践功能的拓展，并以期借此认识大数据技术与传统学术的深层关联。此即论点。

在整个论证过程中，论点占主导地位，统帅地位。论据，则是用来证明论点的理由和根据，它是论证的基础。

1979年1月1日中美两国建交，至此，两个对抗了20多年的大国实现了关系正常化。中美关系的这一变化，是两国关系史上具有历史意义的重大突破，也是当代世界影响最大的外交突破之一。《中美关系解冻的国际政治因素》一文，以美国霸主地位的相对衰落，世界多极化趋势的加强，苏联的崛起，中越关系的变化，中国国防重点的北移和对美政策的改变等诸多论据，论证了中美两国接近的内在逻辑和基本动力[1]。

近代德国，是资本主义世界后起的工业强国。19世纪中期，当英国完成工业革命的时候，它还是一个落后的农业国家。但是，1871年统一后，它就以惊人的速度跃进，用短短30多年的时间，就跃居欧洲第一位，世界第二位。它发展速度之快、水平之高、成就之大，令人惊异。《德国政府与近代德国的崛起》一文，用统一经济制度、保护关税、发展教育事业、应用最新科学技术成就等大量论据，证明了政府政策所起的巨大作用。认为正是由于德国政府在上述领域采取了一系列强有力的举措，才推动了其社会经济的高速发展，使其后来居上[2]。

关于罗斯福“新政”与美国国家垄断资本主义制度的关系，多年来都是学界讨论的热门话题。《关于新政的分期问题——兼与刘绪贻先生商榷》一文，从20世纪30年代以来美国社会经济的发展入手，论述了为什么不能说“新政”实施年限一直延续至今，“新政”结束了，但“新政”的影响和以“新政”为发端的美国国家垄断资本主义经济制度还没有结束。认为，“新政”与

1 党庆兰:《中美关系解冻的国际政治因素》,《史学月刊》2005年第12期,122-124页。

2 杨鹏飞:《德国政府与近代德国的崛起》,《青海师范大学学报》1992年第2期,第58-63页。

“国家垄断资本主义”两个概念的不同，从理论上论证了“新政”与美国国家垄断资本主义制度关系。认为，“新政”的影响是深远的。“新政”结束了，但以“新政”为发端的美国国家垄断资本主义经济制度并没有结束，而是刚刚开始，并一直延续到今天。但是，绝不能说“新政”延续至今，因为“新政”与“国家垄断资本主义”是两个不同的概念，一个是子概念，一个是大概念；一个是短时段的概念，一个是长时段的概念，二者不处于同一层次、同一级别。虽然“新政”的实质是实行和加强国家垄断资本主义，但这并不等于这两个概念的内涵和外延是相同和重合的。“新政延续至今”与“国家垄断资本主义经济制度延续至今”是用两个不同概念所表述的两个不同的论断。实际上，“新政”只不过是美国国家垄断资本主义经济制度的一个阶段，即这个制度的开端而已。延续至今的不是“新政”，而是以“新政”为开端的美国国家垄断资本主义经济制度[1]。

论据可以是事实，也可以是理论。事例、现象、数字等即事实论据；公理、定理、规则、事物运动的规律、公认的名言警句、经典著作中的论断语录等即理论论据。

论证，就是运用论据证实论点的过程，用论据证明论点时所运用的推理形式。

注意三要素，论点解决的是要证明什么，论据解决的是用什么证明，论证解决的是怎样证明。

（二）议论的种类

议论的种类有两种，一是立论，二是驳论。

立论，就是对一定的事件或问题从正面阐述作者的主张和见解。立论的目的在于肯定某些意见和主张。比如，《中美关系解冻的国际政治因素》《大数据技术与传统文献学的现代转型》《联

1 胡国成:《关于新政的分期问题——兼与刘绪贻先生商榷》,《世界历史》1986年第7期,第11-13页。

邦政府在近代美国经济中的作用》等。

驳论，就是对一定事件和问题上的某些见解、主张和论据表示异议并加以否定。其中，最重要的是反驳论点，因为驳论的主要目的是推翻对方的论点。

（三）议论的技法

议论的技法，主要有直接法与间接法、并列法与递进法、对比法与引申法、单向法与多向法等。下文仅讲三种技法。

首先，直接法。

即调动各种论据直接证明或驳斥某一论点。

唐代文学家杜牧的赋作《阿房宫赋》，作于唐敬宗李湛宝历元年即公元825年。当时，朝廷昏聩失德，大兴土木，修建宫室，闹得朝野疑惧，无不怀有危机感。在此情况下，23岁的杜牧写下此赋，借古讽今，切谏时弊。通过对阿房宫兴建及毁灭的描写，总结了秦朝统治者骄奢亡国的历史教训，向唐朝统治者发出了警告。

除了具有震撼人心的思想力量外，赋作也具有很高的艺术价值。文章熔叙事、抒情、议论于一炉，概括叙写与细致描摹有机结合，骈散相间，错落有致，一气贯通，情理融会，既富于形象性，又有极大的气势，在艺术技巧上极见才思。此文后被选入《古文观止》，编者认为这篇赋“为隋广、叔宝[1]等人炯戒，尤有关治体”，颇具见地。

杜牧之前，总结秦亡教训的诗文颇多，也有不少人能从统治者与人民的关系立论，但是，还没有一篇作品像此赋一样通过阿房宫的兴灭这一特殊的事物把人民与独夫的尖锐对立揭露得如此形象而深刻，以至有人认为此作“前半篇造句犹是赋，后半篇议论俊发，醒人心目，赋文本体，恐不如此。但太半是论体，不复

1 隋广，即隋炀帝杨广，隋朝第二位皇帝，公元604—618年在位；叔宝，即陈后主陈叔宝，南北朝时期陈朝的最后一位君主，公元582—589年在位。

可专目为赋矣”。

赋作先是极写阿房之瑰丽，将宫殿建筑之恢宏壮观，后宫之充盈娇美，宝藏之珍贵丰奢描写得层次分明而具体形象，不是羡慕其奢华，伏有不爱六国之人意在；而后用夸张的手法描写了歌舞之盛，“歌台暖响，春光融融；舞殿冷袖，风雨凄凄。一日之内，一宫之间，而气候不齐”。最后是议论，写秦统治者的毁灭及其毁灭之故，以警示当时的最高统治者：

“嗟乎！一人之心，千万人之心也。秦爱纷奢，人亦念其家。奈何取之尽锱铢，用之如泥沙！使负栋之柱，多于南亩之农夫；架梁之椽，多于机上之工女；钉头磷磷，多于在庾之粟粒；瓦缝参差，多于周身之帛缕；直栏横槛，多于九土之城郭；管弦呕哑，多于市人之言语。使天下之人，不敢言而敢怒，独夫之心，日益骄固。戍卒叫，函谷举，楚人一炬，可怜焦土！呜呼！灭六国者，六国也，非秦也；族秦者，秦也，非天下也。嗟夫！使六国各爱其人，则足以拒秦；使秦复爱六国之人，则递三世可至万世而为君，谁得而族灭也？秦人不暇自哀，而后人哀之，后人哀之而不鉴之，亦使后人而复哀后人也。”[1]

立论如是，驳论亦然。

庄子和惠施在濠水桥上的辩论。辩论之事，记于《庄子》。《庄子》，是战国中后期庄子及其后学所著道家学说的汇总。该著不仅是一部哲学名作，也是文学、审美学的寓言杰作典范，对中国文学、审美的发展产生了深远影响。其中的《秋水》篇，记有庄子和惠子在濠水的桥上游玩的典故。

庄子，即庄周，战国中期著名的思想家、哲学家、文学家，道家学派的主要代表人物；惠子，即惠施，战国中期著名的政治家、思想家、哲学家，名家学派的主要代表人物，也是庄子的至交好友。《庄子》一书，记载了他们之间的许多辩论。濠水桥上

1 杜牧：《阿房宫赋》，吴楚材、吴调侯选：《古文观止》，中华书局，1959，第317-318页。

的辩论，只是其中的一次。

典故记载，一天，庄子和惠施在濠水的桥上游玩。庄子说："鱼在河水中游得多么悠闲自得，这是鱼儿的快乐呀！"惠子说："你不是鱼，怎么知道鱼的快乐？"庄子说："你不是我，怎么知道我不知道鱼儿的快乐？"[1]

还有，关于日本明治维新。在史学界，明治维新通常被认为少有的成功的改革或革命，成功之说几乎是共识。近年来，新的学术成果问世，从另一个视角审视维新，认为维新并不完全是史学界所说的那种少有的成功的革命[2]。

《论明治维新的初衷与维新的双重命运》一文，首先，明治维新的以富国强兵为目的的各项改革，推动日本迅速实现了国家的转型，改革的结果基本上符合维新的初衷；其次，以富国强兵为目的发挥民族活力的举措，提升了日本民族的素质，凝聚了国家力量，推动了国家的发展，与维新的初衷基本上保持了一致；再次，维新所推行的富国强兵政策，增强了日本的国家实力，拓展了日本的生存和发展空间，但富国强兵的目的在后来的变质，导致了理智的丧失，推动日本走上了战争的极端。明治维新孕育的一群骄横跋扈的日本军人，用残酷的战争玷污了维新的初衷。日本民众用自己的血肉之躯，铸成了富国强兵的大厦，这座大厦最终在第二次世界大战中倒塌[3]。

最后得出结论：明治维新并不完全是史学界所说的那种少有的成功的革命，几乎毁掉整个大和民族的变了质的富国强兵政策，无论如何都谈不上成功。维新的命运是双重的。在近现代历

---

1 原文：庄子与惠子游于濠梁之上。庄子曰："鯈鱼出游从容，是鱼之乐也。"惠子曰："子非鱼，安知鱼之乐？"庄子曰："子非我，安知我不知鱼之乐？"。载《庄子》，岳麓书社，2018，第201页。

2 杨鹏飞：《论明治维新的初衷与维新的双重命运》，《历史教学》1997年第10期，第27页。

3 杨鹏飞：《论明治维新的初衷与维新的双重命运》，《历史教学》1997年第10期，第27–32页。

史上，日本命运上的大起与大落、成功和挫败都与维新相关[1]。

其次，并列法。

是指把围绕观点的若干方面分项排列，也就是在一个中心论点统帅下，分列若干分论点。

比如，《经济大国的建立与“中国道路”的思想精髓》一文，围绕总论点中国经济在改革开放后30余年时间里获得高速增长与“中国道路”的关系。在中心论点的统帅之下，分列四个分论点。

该文的总论点是：“1978年，中国共产党十一届三中全会决定改革开放，改革开放这一战略举措极大地释放了中国经济的活力。30多年来，中国始终不渝地坚持以经济建设为中心，取得了举世瞩目的成就，已经从农业大国转变为工业大国、经济大国。到2010年，中国国内生产总值更跃居世界第二位，仅次于美国。中国的经济，能连续30余年保持高速增长，一举成为世界第二大经济体，这无疑是20世纪末21世纪初最值得世界关注的现象。有关‘中国道路’‘中国经验”‘中国模式’‘中国奇迹’‘中国崛起’‘和平崛起’等一系列概念的提出，正是从不同角度对这个现象进行的描述和诠释。无论通过怎样的概念体系和高深的经济理论模型来解释中国经济成功的因素和逻辑，均绕不开‘中国道路’的思想精髓。”[2]

总论点之下的四个分论点是：一是坚持摸着石头过河与顶层制度设计相结合，保证改革方向和战略的正确性，科学地认识和把握国情，根据自己的国情，走适合自己发展的道路，是“中国道路”的思想精髓之一；二是坚持以经济建设为中心，实施科教兴国战略，为现代化建设提供可靠的智力保障和技术力量；三是坚守中国人民选择的不可退让的原则，在经济建设上实事求是、不争论，进一步解放思想；四是社会主义市场经济理论的形成和

1 杨鹏飞:《论明治维新的初衷与维新的双重命运》,《历史教学》1997年第10期,第36页。

2 党庆兰:《大国成长的逻辑——现代中国社会的新陈代谢与政治经济演进》,兰州大学出版社,2024,第315页。

道路的开辟，完成了对资本主义市场经济的超越和扬弃，推动了中国经济结构的转型[1]。在上述每个分论点之下，又分列小论点，形成一个完整的论点系统。这四个分论点，是并列的。

最后，得出结论：“中国共产党十一届三中全会决定改革开放，改革开放极大地释放了中国的经济活力。正是由于中国始终不渝地坚持以经济建设为中心，坚持摸着石头过河与顶层制度设计相结合，准确地认识和科学地把握国情，按照自己的国情走适合自己发展的道路；由于善于开辟社会主义市场经济道路，完成对资本主义市场经济的超越和扬弃，才取得了举世瞩目的成就。只有真正地理解上述真谛，才能深刻地领悟‘中国道路’的内在逻辑和思想动力。”[2]

并列法，长处颇多，其中最明显的是容量大，更适合于篇幅较长的论文。

再次，递进法。

就是按照事物步步深入的不同层次，由浅入深地进行证明或反驳。

近代中国启蒙思想家、资产阶级改良主义政治家、戊戌变法运动领袖之一梁启超的政论文《少年中国说》，运用的就是递进技法。文章分五个层次。

第一层次，以驳斥“老大帝国”这一日本人和欧洲人对中国的称呼入笔，认定中国不是“老大帝国”，而是少年中国。告诉人们，要说国家的老与少，就先说人的老与少，然后从多方面对老年和少年进行了比较。认为，人固然有这些不同，国家也应当如此。

第二层次，写中国命运可悲可叹及其种种表现。作者以开阔的视野、博大的心胸，抚今追昔，在历数唐虞郅治、秦汉雄杰、

1 党庆兰:《大国成长的逻辑——现代中国社会的新陈代谢与政治经济演进》,兰州大学出版社,2024,第315页、318页、322页、326页。

2 党庆兰:《大国成长的逻辑——现代中国社会的新陈代谢与政治经济演进》,兰州大学出版社,2024,第331页。

汉唐隆盛、康乾武功的基础上，笔锋顿挫，一转而至感慨万千。感叹畴昔已随岁月流转为陈迹，如今风雨飘摇、山河破碎、人命危浅、朝不虑夕，国为待死之国，民为待死之民，万事已到了无可奈何的地步。字里行间，充满着痛心疾首的深沉焦虑与忧愁。

第三层次，认为中国没有出现过所谓的国家，出现的只是王朝。黄帝子孙，聚族而居，自立于地球上既有数千年，然而这个国家竟没有名称。所谓唐、虞、夏、商、周、秦、汉、魏、晋、宋、齐、梁、陈、隋、唐、宋、元、明、清，只不过都是王朝的名称罢了。朝代有朝代的老与少，国家也有国家的老与少。王朝与国家是不同的事物，就不能以王朝的老与少指代国家的老与少。自汉以后各代，没有一个朝代不具有少年和老年时代的。把它们称为一个王朝老化是可以的，但称一个国家老化就不合适了。一个王朝衰老将死，犹如一个人衰老将死一样，与我所说的中国没有关系。中国，以前尚未出现在世界上，而今才刚刚萌芽。天地是多么宽广，前途是多么辽阔，多么美啊我的少年中国！

第四层次，论述中国国势衰微的根源。指出中国国势衰微的根本原因是制度的因袭、官员的守旧。风度优美举世无双的少年中国，之所以被欧洲和日本人称之为“老大帝国”，是因为掌握国家大权的都是老朽之人，“中国老朽之冤业也”[1]。创建未来的少年中国，是中国少年之责任。

第五层次，指出创建少年中国的力量在于“中国少年”，即富有创新精神和爱国志向的一代民族新人。“今日之责任，不在他人，而全在我少年。”[2]在此基础上，作者以激昂饱满的诗人般的笔触描绘了一幅中国少年奋发有为而少年中国豪迈崛起的动人画面：美哉我少年中国，与天不老！壮哉我中国少年，与国无疆！

1 梁启超:《梁启超全集》,第二集,中国人民大学出版社,2018,第223页。
2 梁启超:《梁启超全集》,第二集,中国人民大学出版社,2018,第225页。

纵观整体，文章层层递进，逻辑严密。个别段落，也环环相扣，步步深入。行文中排比、递进句法的运用，更是显示出作者思维的明晰和推理的严谨。

还有，在从晚清至“五四”时期，中国文学发生了巨大变革，其中，语言范式的转型具有关键的本体性和标志性意义。“通过改良文言和化雅向俗的努力，创造出文白杂糅、中西兼采、富有思想张力、笔锋常带情感的新文体，促成中国文学体系和书面语的近代变革。”《晚清与“五四”：从改良文言到改良白话》一文，即“以梁启超、胡适为中心，通过对晚清与‘五四’两代文学革命先驱从改良文言到改良白话历程的考察，探讨晚清文学界革命与‘五四’文学革命的历史链接”。[1]

论文的本论部分，从三个层次进行阐述。一是晚清时期的文言改良与化雅向俗，二是“五四”时期的白话改良与化俗为雅，三是晚清至“五四”时期的历史接力与历史合力。

第一层次，晚清时期的文言改良与化雅向俗。

在这一层次，作者认为，“19世纪末与20世纪初，在西学东渐和启蒙救亡背景下，近代中文报刊蓬勃兴起，中国文学与思想的传播媒介和读者接受方式发生了重大改变，一个以报刊为中心的文学与思想变革的时代悄然来临。”“遵循从众向俗、化雅为俗的大众路向，用浅显易懂、妇孺易解的报馆之文，鼓民力、开民智、新民德，追求导愚觉世、左右人心的阅读效应，这既是报章文体自身发展的需要，也是梁启超文体价值观氤氲生成的结果。”[2]

第二层次，“五四”时期的白话改良与化俗为雅。

在本层次，作者认为，“‘五四’文学革命是从提倡白话文、反对文言文入手的。”“这一思路的内在逻辑，是对晚清以降思想

1 胡全章、关爱和：《晚清与“五四”：从改良文言到改良白话》，《中国社会科学》2018年第9期，第159-160页。

2 胡全章、关爱和：《晚清与“五四”：从改良文言到改良白话》，《中国社会科学》2018年第9期，第160-161页。

启蒙先驱和文学界革命者重‘革其精神’而轻‘革其形式’思维模式的纠正，其突破口是作为新思想、新精神载体的语言工具，意在通过彻底打破精英与大众、雅与俗之间文化壁垒的努力，实现言文合一理想和播文明思想于全体国民的文化启蒙目标。”[1]

第三层次，晚清至“五四”时期的历史接力与历史合力。

在该层次，认为，“从晚清到‘五四’，从梁启超到胡适、陈独秀，从文学界革命到文学革命运动；从借道东洋输入近世西洋文明思想，到取径欧美高张‘德先生’‘赛先生’之帜；从改良群治、新民救国的文学救世说，到‘活的文学’‘人的文学”等白话文学观；从强调‘革其精神’到侧重‘革其形式’；从着眼改良文言到立足改良白话，从化雅向俗的浅近化到由俗入雅的语体化；从言文杂糅的近代新文体，到言文合一的现代新文学，可谓长江的前浪与后浪。晚清一代知识先驱发起的思想启蒙运动、汉语拼音化运动、白话文运动、文学界革命等，为新文化人提供了多种思想养分、文体试验、语体探索、文字改革方案和多向度的历史选择；而中国新文学历史局面的成功开创，改良的白话作为现代正式书写语地位的逐步确立，则是‘五四’一代新文化人对晚清启蒙先驱提供诸多历史方案的最后抉择。晚清与‘五四’两代新文化先驱，为实现输入新知、开启民智、改良文学、改革文字、教育普及、国语统一的民族国家现代化理想而追求言文合一的语文革新试验，几经山重水复，终见柳暗花明。”[2]

（四）议论的语言要求

一是要富有逻辑性，二是要富有感染力。

1 胡全章、关爱和：《晚清与“五四”：从改良文言到改良白话》，《中国社会科学》2018年第9期，第167页。

2 胡全章、关爱和：《晚清与“五四”：从改良文言到改良白话》，《中国社会科学》2018年第9期，第171-172页。

美国著名的民族学家、人类学家路易斯·亨利·摩尔根，在深入研究原始社会人类的社会制度、姻亲制度和氏族制度的基础上，于1877年出版了其最重要的学术著作《古代社会》，指出氏族是原始社会的基本细胞，继而提出原始的母权制氏族是一切文明民族的父权制氏族以前之阶段。摩尔根的研究成果，发展了文化进化的理论，是对文明的起源和进化所作的最早的、重大的科学论述。此外，著述也颇为重视文化的进化性质，提出了社会变化的革命性质，预言了社会制度将向比较公平化方向发展。在著述的最后一章，摩尔根如此断言：

“自从进入文明时代以来，财富的增长是如此巨大，它的形式是如此繁多，用途是如此广泛，为了所有者的利益而对它进行的管理又是如此巧妙，以致这种财富对人民来说变成了一种无法控制的力量。人类的智慧，在自己的创造物面前感到迷茫而不知所措了。然而，总有一天，人类的理智一定会强健到能够支配财富，一定会规定国家对它所保护的财产的关系以及所有者的权利的范围。社会的利益绝对地高于个人的利益，必须使这两者处于一种公正而和谐的关系之中。只要进步仍将是未来的规律，像它对于过去那样，那末单纯追求财富就不是人类的最终的命运了。自从文明时代开始以来所经过的时间，只是人类已经经历过的生存时间的一小部分。社会的瓦解，即将成为以财富为唯一的最终目的的那个历程的终结，因为这一历程包含着自我消灭的因素。管理上的民主，社会中的博爱，权利的平等，普及的教育，将揭开社会的下一个更高的阶段，经验、理智和科学正在不断向这个阶段努力。这将是古代氏族的自由、平等和博爱的复活，但却是在更高级形式上的复活。”[1]

学术专著《从传统社会到现代文明——十六至十九世纪世界

1 Lewis H. Morgan, *Ancient Society, or Researches in the Lines of Human Progress from Savagery through Barbarism to Civilization*, Chicago: Charles H. kerr and Company, 1962, P.681；路易斯·亨利·摩尔根:《古代社会》,商务印书馆,1977,第637页。

政治经济秩序的重建与社会变迁》，在论及第二次产业革命和西方国家的经济建设时这样表述：19世纪后期突起的第二次产业革命，以迅雷不及掩耳之势席卷了整个资本主义世界，并随之蔓延全球。在经历了思想革命和政治革命洗礼的主要西方国家，掀起了大规模的全方位的国家建设浪潮，一批新的工业力量脱颖而出[1]，特别是美国和德国，仅用大约30年的时间就走完了通往工业大国的里程。在论及科学技术在近代美国经济发展中的作用之时，表述如是："科学是一种知识形态，是人类社会发展历程中最高意义上的革命力量，一旦与物质条件相结合，就会成为'物化的智力'，转化为直接的生产力，精神财富就会转化为物质财富，所以，科学的进步与技术的变革是决定经济增长的一个极为重要因素。"[2]

在论及美国联邦政府和近代美国社会经济的发展之时，著述认为："美国是资本主义国家竞争的胜利者。在这场竞争中，联邦政府起了极大作用。政府从追求最大利润和生产实效这一原则出发，利用国家政权的力量，通过制定较为正确的政策和措施为自己的经济基础服务，为本国带来了社会经济的繁荣。说到底，19世纪后期美国社会的进步和经济的繁荣是南北战争的产物，而南北战争是马克思主义经典作家高度评价的政治革命，作为竭力反映这种革命的政治经济要求的政府政策，出色地完成了历史使命，功不可没，其中一些经验也值得每一个试图发展本国经济的民族借鉴。"[3]

在报告文学《哥德巴赫猜想》一文中，徐迟以诗人的激情、诗化的语言热情讴歌陈景润数学研究里的公式、符号所蕴含的科

1 杨鹏飞:《从传统社会到现代文明——十六至十九世纪世界政治经济秩序的重建与社会变迁》,兰州大学出版社,2015,第285页。

2 杨鹏飞:《从传统社会到现代文明——十六至十九世纪世界政治经济秩序的重建与社会变迁》,兰州大学出版社,2015,第306页。

3 杨鹏飞:《从传统社会到现代文明——十六至十九世纪世界政治经济秩序的重建与社会变迁》,兰州大学出版社,2015,第309页。

学之美。在盛赞“这些是人类思维的花朵”之后，觉得意犹未尽，连用六个比喻，多角度、全方位地礼赞，极尽赞美、颂扬之能事，将抽象的科学研究具象化。这诗化文字本身就是语言艺术之花，美不胜收[1]。“这些是空谷幽兰、高寒杜鹃、老林中的人参、冰山上的雪莲、绝顶上的灵芝、抽象思维的牡丹。这些数学的公式也是一种世界语言。学会这种语言就懂得它了。这里面贯穿着最严密的逻辑和自然辩证法。它可以解释太阳系、银河系、河外系和宇宙的秘密，原子、电子、粒子、层子的奥妙。但是能升登到这样高深的数学领域去的人不多。”[2]

“真正不简单！数学家的逻辑像钢铁一样坚硬！今后，可以信得过，他不会放松了自己世界观的继续改造。他生下来的时候，并没有玫瑰花，他反而取得了成绩。而现在呢？应有所警惕了呢，当美丽的玫瑰花朵微笑时。”[3]

顾春芳的《〈红楼梦〉里的生活美学》一文，在谈到《红楼梦》中的优雅生活能给人们怎样的人生启示时，表述如是：“《红楼梦》中的优雅生活能给我们怎样的人生启示呢？人生无常，美好的大观园中的少男少女并不知道大厦将倾。戏台上杨贵妃和唐明皇对天盟誓‘在天愿作比翼鸟，在地愿为连理枝’。但是他们完全不知道安史之乱即将到来，‘三千宠爱集一身’的杨玉环即将身死马嵬坡。戏台下的人品味戏中人的命运，而又有神秘的力量在太虚幻境注视着人间的悲欢离合，其叙事意义在小说嵌套式的叙事结构中可窥见一斑。”[4]

---

1 朱永芳:《字斟句酌千锤百炼——摭谈徐迟〈哥德巴赫猜想〉的语言修改》,《读写月报》2018年第1—2期,第27页。

2 徐迟:《哥德巴赫猜想》,《人民文学》1978年第1期,第64页。

3 徐迟:《哥德巴赫猜想》,《人民文学》1978年第1期,第68页。

4 顾春芳:《〈红楼梦〉里的生活美学》,《红楼梦学刊》2023年第3辑,第73页。

五、抒情与想象力

抒情即抒发感情，通过种种方式把作者的情感抒发出来，把作品中人物的感情抒发出来。

抒情的技法可分为两类，一是直接抒情，二是间接抒情。直接抒情，即采取公开、直接、坦率的表达情感；间接抒情，即借助叙述、描写和议论等方式来表达情感。

（一）直接抒情

直接抒情即直抒胸臆、直陈心迹。比如，邢秀玲的《别乡》中的最后一段。邢秀玲是一家报社的编辑，在调离高原时，感受颇多，撰文，直抒胸臆。

“我多想再从稿海中抢救出几篇作品，我多想再提笔给被冷落的作者写几封信，我多想再跟那些真正的文友谈几回心……如果生活的时针能够倒转，我会十倍、百倍地珍惜每一个平凡的日子，弥补自己的一切疏漏！然而，我只能带着深深的遗憾离开耕耘了十几年的园地，再也不能和高原的作者共戴一角蓝天，共踏一块土地；再也不能和熟识的文朋诗友同沐一抹夕阳，同赏一轮明月……在节日的聚会中，没有我的位置；在我的灯晕下，没有友人的倩影……我们远隔千里，相思而不能相见。但你们每个人的名字，将镂刻在我的心上。

“再见！我亲爱的朋友们！你们对我的关怀、爱护、嘱咐，我将永志不忘，它将支撑我生活的小舟，风里不会迷路，浪里不会沉没。

“再见！我挚爱的故乡！我在大海边会看到你巍峨的山影，会听到你奔涌的潮声。我的每一缕思念将寄给你！我的每一束目光将投向你！我的每一个梦境将属于你！我离你越远，心贴得越近；我想你越久，爱越发深沉。”[1]

当代著名作家魏巍的《寄故乡》，最后两段：

“朋友们，愿你们建设起更多的工厂，让它们手拉着手，肩并着肩，让它们的烟囱喷出的黑烟，像画家豪迈的大笔一样抹满我故乡的天空，愿它们的尘灰，落上我窗前的牵牛花，就像鞍山的美人蕉披满一层工业战线上的光荣战尘。朋友们，当我回去时，我不怕迷失路，愿意迷失在你们生产品的小山旁，迷失在你们烟囱的丛林里，迷失在你们家园美丽的小径中，像我错走进天宫一样。

“故乡，我的历经苦难而又终于走向幸福的故乡，你走过的道路，我是知道的；你的心愿，我是了解的。我将怀着你的意志和心愿，踏上怀仁堂的石阶；我将怀着你们满腔的热诚与感激，走到毛主席的身边。通过中华人民共和国宪法的时候，我将怀着对社会主义故乡的渴望，举起我的双手。选举中华人民共和国主席的时候，我将用我们千千万万父老的感激的热泪，写上象征着我们全体人民、各个民族光明与希望的名字：‘毛泽东’。父老们！我就是怀着你们这样的心愿和意志，以尊严而又虔诚的步子，走向怀仁堂去。”[2]

《红楼梦》第二十八回，曹雪芹的《红豆词》：“滴不尽相思血泪抛红豆，开不完春柳春花满画楼。睡不稳纱窗风雨黄昏后，忘不了新愁与旧愁。咽不下玉粒金莼噎满喉，照不见菱花镜里形容瘦。展不开的眉头，捱不明的更漏。呀！恰便似遮不住的青山隐隐，流不断的绿水悠悠。”[3]

首句“滴不尽相思血泪抛红豆”点出全曲的爱情主题。以下用一连串排比句表现热恋中的青年人为爱情而苦恼的情景。“开不完”“睡不稳”二句以春秋景色的代换写痛苦的年复一年；“忘

1 邢秀玲：《别乡》，《青海日报》1992年9月11日。

2 魏巍：《春天漫笔》，作家出版社，1959，第3–4页。

3 曹雪芹、高鹗：《红楼梦》，人民出版社，1964，第335页。

不了”等五句详写因爱而引起新仇旧恨，食不下咽，镜容消瘦。结句又用青山隐隐、绿水悠悠比喻爱情之难以割舍。

《红豆词》所言所诉，决非尽是诗情画意，它还包含痛苦和伤感的呈诉。这段诗歌的前八句，都含有一个“不”字，血泪是滴不尽的，花和柳是开不完的，黄昏之后也还是无法入睡的，愁苦与相思是绵绵无绝期的，再昂贵的饭菜也无法下咽，那美丽的容颜早已消逝，眉头永远是紧锁的，时间难捱，其中层层递进，尽诉相思之情、苦、愁，最后两句，那隐隐的青山和悠悠的绿水还在，就这样日复一日，年复一年，此相思再也无法来了断。

诗歌，《生我的是这块土地》：

“你，这一块黄土地。汉简、敌楼、佛窟，留下丝路古道的遗迹；驼铃、戈壁、黄河，书写着崭新的历史。

“你浩瀚、贫瘠，却以博大的胸怀，养育着两千万儿女；你朴实、淳厚，却处处勃发出生命的新绿。

“甘肃，我的家乡，让我一千次拥抱你。展现你那多彩的身姿吧，——生我的是这块土地！”[1]

食指的诗作《相信未来》，也应在此一举。

食指，本名郭路生，朦胧诗代表人物，被称为诗潮诗歌第一人。其作品基本上遵从了四行一节，在轻重音不断变化中求得感人效果的传统方式，以语言的时间艺术，与中国画式的空间艺术相结合，实现了他所反复强调的“我的诗是一面窗户，是窗含西岭千秋雪”的艺术追求。1969年9月24日，19岁的食指写下诗作《相信未来》，一举名满天下。诗作共分七节，让我们一起来欣赏前三节：

当蛛网无情地查封了我的炉台
当灰烬的余烟叹息着贫困的悲哀
我依然固执地铺平失望的灰烬
用美丽的雪花写下：相信未来

1《生我的这块土地》,《读者文摘》1987年第4期，封底。

当我的紫葡萄化为深秋的露水
当我的鲜花依偎在别人的情怀
我依然固执地用凝霜的枯藤
在凄凉的大地上写下：相信未来

我要用手指那涌向天边的排浪
我要用手掌托住那太阳的大海
摇曳着曙光那枝温暖漂亮的笔杆
用孩子的笔体写下：相信未来[1]

诗作的影响是巨大的，那“出人意料”的大胆的浪漫主义，明澈如水的纯净诗句，儿童般执拗的真诚，迅速地抓住了无数青年的心。在那个特殊的年代，对于正在苦闷地寻求出路的无数中国青年来说，“这种孩子式的形而上的信仰尽管十分盲目”，但仍给了他们奋斗下去的勇气和力量。

直接抒情的优点在于感染力强。但是，如果缺乏激情和铺垫，就会流于空洞。而且，如果缺乏深厚的内涵，就会显得太直、太露、太浅。

（二）间接抒情

间接抒情有几种，比如借助叙述抒情、借助描写抒情、借助议论抒情。

首先，借助叙述抒情，即在叙述中注入浓重的感情色彩，即带着感情来叙事。

毛岸青、邵华的《我们爱韶山的红杜鹃》，是一篇优秀的抒情散文。该文通过反复咏赞韶山的红杜鹃，缘物寄情，具有强烈的艺术感染力。

作者记述，在1976年的春天，“我们回到了老家湖南。我们

1 食指：《相信未来：食指诗选》，江苏凤凰文艺出版社，2016，第31页。

含泪伫立橘子洲头，漫步湘江峭岸；回清水塘，登岳麓山；徘徊板仓小径，依恋韶山故园……万千思绪，随山移水转。正是杜鹃花开遍三湘的季节，乡亲们怀着深厚情谊，连同韶山的泥土，送给我们一棵盛开的红杜鹃”[1]。“我们爱韶山的红杜鹃，韶山的杜鹃像烈火。‘星星之火，可以燎原。’”“我们爱韶山的红杜鹃，韶山的杜鹃像朝霞”“妈妈的一生正像霞光那样绚丽灿烂。”[2]

中国现代作家沈大力，1960年毕业于北京外国语学院法语系。大学毕业后留校，历任翻译、教师、外国文学研究所所长，联合国教科文组织巴黎总部国际公职人员和审校，巴黎东方语言文化学院教师，法国高等教育与研究部教授。撰写了大量的作品，其中有《悬崖百合》《梦湖恋》《夜空流星》《谦卑的紫罗兰——献给巴黎公社的烈士》《蝉鸣时节》《巴黎声影》《法兰西文品》《诗与画的美学》《欧美游记》《泰坦的芦笛》等，还翻译过《巴黎公社诗选》《鲍狄埃诗选》《国际歌》《马赛曲》《樱桃时节》等国外作品。

比如，沈大力的《谦卑的紫罗兰——献给巴黎公社的烈士》中的一段：

“丽莎女公民：您不留恋巴黎艺苑的玫瑰，千里迢迢来这荒岛陪伴野花，令我深为感动。还记得吗？我们初次相逢是在伏尔泰广场的街垒。那时，我无意识地回避了一位天真少女的问题；不过，您今天会看到，我的生命却如野地的紫罗兰一样，春去即谢，只求在开放时给大地添过一分美色。因此，尽管我也热烈地爱着你，渴望你的爱情，但我更恳求您，千万别把自己的终身寄托给一个不久人世的囚徒，而要把青春的热望倾注于未来。您肯定相信，现存的这个基于私有制的等级社会终究要覆亡，一个自由、平等的新世界一定会诞生！到那时候，如果我这卑微的紫罗兰能再度开放，我愿为您祝福，点缀新娘的嫁衣。永别了，丽

1 毛岸青、邵华:《我们爱韶山的红杜鹃》,《人民文学》1977年第9期,第30页。
2 毛岸青、邵华:《我们爱韶山的红杜鹃》,《人民文学》1977年第9期,第34页。

莎！原谅我过去在爱情上的胆怯；现在，您得宽恕我的冒昧了，因为我没有得到您的允许，就在这纸上吻了您的名字。”[1]

《尼采传：一个特立独行者的一生》的译者刘娟，在“译后记”里这样表述：“译完本书已是深夜两点，译到尼采对妹妹说：‘利斯贝思，你为什么哭呢，难道我们不幸福吗?’眼泪就滴到了键盘上。一颗备受煎熬的孤独灵魂最后反问：难道我不幸福吗?这是一种怎样的命运之爱?我常常自诩，我早已否定了幸福。我始终认为快乐可以是个体的，幸福则必须是全体的，看到这个世界还有那么多的不义、不公、不人道，我想我可以偶尔感到快乐，却终难幸福。但是尼采却轻轻反问，难道我们不幸福吗?维特根斯坦临死前也说过同样的话，他说：‘我度过了极为幸福的一生。’也许生命的神秘深邃就在这里，也许生命的苦痛中总有一丝丝劳瘁而苦涩的幸福值得九死一生。”[2]

中国科学院院士赵忠贤，在《写给母亲》一文中如此表述：“您一直操持家务，从不要我们分心，只要我们好好工作。我有时回家很晚，您总是一直等我回来。您说话不多，但记挂着我的一切。我很难想象，我长期在外的时候，您不会写信，您的内心又是怎样在惦记和呼唤。”

注意：这种叙述不要求完整，不要求详细，只要求粗略地叙述和强烈的情感的抒发。

其次，借助描写抒情。

借助描写抒情，借助人物描写或借助景物描写都可以。

张扬的长篇小说《第二次握手》，描写大学生苏冠兰与丁洁琼相爱，遭苏父反对。丁赴美留学，成为著名的原子物理学家。留在国内的苏冠兰成了医学教授并与父亲故友之女叶玉菡日久生情成婚。然而，远在美国的丁洁琼拒绝了所有男士的追求，履行

1 沈大力:《谦卑的紫罗兰——献给巴黎公社的烈士》,《中国青年报》1981年3月18日。

2 丹尼尔·哈列维:《尼采传:一个特立独行者的一生》,贵州人民出版社,2006,第233页。

着与苏的爱情约定。回国后，始知爱情的悲剧已无可挽回，便执意奔赴边疆，后被苏冠兰夫妇的诚意所感动，留在北京献身科研事业。

小说的“尾声”，写中国原子弹的试爆成功，借助对场景的描写抒情：

“五年后的金秋季节，在我国西北地区一片广漠的戈壁滩上，盛夏的暑气已经退尽。缕缕金风吹拂着浩瀚的沙海，吹拂着沙丘上稀疏的红柳和刺蓬……周围没有人影，没有驼群，一片寂静。突然，地平线上一团白色的火光迸发，传来一阵惊天动地的隆隆巨响，随后，一团红色的蘑菇云冉冉升起……”“这是一朵在中华民族的广阔土地上首次升起的蘑菇云，是中华儿女依靠自己的无穷智慧凝聚成的一朵科学奇葩。”[1]

《古诗十九首》是一组五言诗的合集，是乐府古诗文人化的标志。一般认为，它不是一时一人之作，它所产生的年代应当在东汉献帝建安之前的几十年间。有人称其为“五言之冠冕”，有人评价为“惊心动魄，一字千金”，总之是极尽褒奖。反映游子思乡，是诗集的重要内容之一，其中的《明月何皎皎》即是代表作。

“明月何皎皎，照我罗床帏。忧愁不能寐，揽衣起徘徊。客行虽云乐，不如早旋归。出户独彷徨，愁思当告谁？引领还入房，泪下沾裳衣。”[2]这首诗，写一个久客思家不能成寐的游子，对着照射罗帏的皎皎月光，愈加触动了乡愁。自然，愁思是压不下去的，只得揽衣而起，徘徊空房之中，不觉自言自语：“客行虽云乐，不如早旋归。”此时，明月满地，夜凉如水，索性打开门来走出去望一望千里相共的明月吧！踌躇四顾，除了一片茫茫的月光什么也看不到。满怀愁绪，向谁去倾诉呢？不得已回到房中，不觉落下泪来。此诗通篇只有前两句是写景，以下全是抒

1 张扬:《第二次握手》,中国青年出版社,1979,第408页。

2 马茂元:《古诗十九首初探》,陕西人民出版社,1981,第101页。

情，而明月如昼的景色悉在其中，那个“忧愁不能寐”的主人公的全部形象都被浸泡在月光之中，格外鲜明[1]。

薛亦然的诗作《乐团指挥》，也是一例。

电铃响过，灯暗了
大剧院的地平线上
出现了你

你的手臂，缓缓地
抬起了所有的视线
聚光灯下，指挥棒
闪耀着神思的光辉
于是一切屏住呼吸
一切等待着你

你的面前
是战云高张的营垒
是衔枚待发的警惕
是一行无尽的线谱
是一片汹涌的思绪
背后是因期盼而前倾的大地
巧妙地摺成聆听的行列
所有的听觉和视觉都拧紧了弦
静静地等你猝然而来的一击

呵，如果那小棒往上轻挑
定挑起缠绵的恋情一缕
如果你手臂向下一砍

1 游国恩、王起、萧涤非、季镇淮、费振刚:《中国文学史》,第一卷,人民文学出版社,1963,第183页。

定爆出一声发聩的霹雳
当你两手忽左忽右地波动
所有的座椅就会在荡漾中浮起

但，你托着这凝固的瞬间
任那静的渴盼动的企求将你包围
莫非从生活的纷繁
进入艺术的纯真
必须经过一段肃穆的间歇
才抵达那世界也为之倾倒的境地

也许你同样也在等待
等待一次聚集的完成
等待一个意念的崛起
也许我们都没有等待
默契里自有无数的小溪
向峭崖汇集巨大的势能
倾泻出有声有色的壮丽

于是我看见你流盼里飞扬的美
于是我感到你沉默里坚实的力
呵，一切还未开始
我就把所有交给了你
我也是你麾下的士卒呀
尽管我奏不出壮美的旋律
但我拥有一个和弦
一个热烈而缠绵的和弦
当交响乐在穹窿下响起
我那皈依的灵魂呵

便在共鸣中破壁飞去[1]

此外，茅盾在《白杨礼赞》中对白杨的描写和赞美，贺敬之在《回延安》中写延安山水，都是借助描写抒情。

再次，借助议论抒情。

借助议论抒情，即带着感情来说理。这种抒情，可以在论说事中，也可以在记叙事中。在记叙文中，议论往往接在叙述或描写之后。这时，如果加进抒情，议论就变成一段包含激情的议论，“情”和“理”就紧紧地结合在一起了。

《沁园春·雪》是毛泽东诗词的代表作，作于1936年2月。1945年8月，诗人赴重庆同国民党谈判之时抄给了柳亚子[2]。起初，这首词在重庆传抄。后来在《新民报》的晚刊《西方夜谭》上发表。词的发表，轰动了整个山城重庆，也在全国范围内引起了巨大反响[3]。雪词是一首豪迈奔放、雄视百代的名词，也是一首爱国主义的颂歌。它意境高妙，气势雄浑，其胸襟气魄的雄伟浩阔，可谓横绝六合，扫空万古而有余[4]。

词的上阕主要是写雪景，并通过对雪景的描绘来赞美祖国的大好山河，抒发强烈的爱国激情。下阕主要是引史抒情、借助议论抒情。面对祖国的壮丽江山，诗人即景生情，想起了历来主宰这片江山的英雄人物，并对他们逐一进行了评论。

“江山如此多娇，引无数英雄竞折腰。惜秦皇汉武，略输文

1 薛亦然:《乐团指挥》,《飞天》1999年第7期,第32–33页。

2 柳亚子,民主人士、诗人,曾与宋庆龄、何香凝等从事抗日民主活动,还曾任孙中山总统府秘书,中国国民党中央监察委员、上海通志馆馆长,中国国民党革命委员会中央常务委员兼监察委员会主席、三民主义同志联合会中央常务理事,中国民主同盟中央执行委员。1949年,出席中国人民政治协商会议第一届全体会议。中华人民共和国成立后,曾任中央人民政府委员、全国人大常委会委员。此后任政务院文教委员、华东行政委员会副主席、中央文史馆副馆长。

3 党庆兰:《穿越冰雪世界的思想春光——〈沁园春·雪〉的艺术特色与价值取向》,《西北成人教育学院学报》2021年第3期,第69页。

4 党庆兰:《穿越冰雪世界的思想春光——〈沁园春·雪〉的艺术特色与价值取向》,《西北成人教育学院学报》2021年第3期,第71页。

采；唐宗宋祖，稍逊风骚。一代天骄，成吉思汗，只识弯弓射大雕。俱往矣，数风流人物，还看今朝。”[1]可惜的是，秦始皇、汉武帝、唐太宗、宋太祖这些人，虽有武功，但在文治方面是有欠缺的，至于显赫一世的成吉思汗，则是有武无文了。

这七个句子，用一个“惜”字统领，与上阕的“望”字相对应。前面用“望”来展现眼前的奇景，此处用“惜”来引起对历史人物的评说，不仅把绘景、抒情和议论作了有机的结合，而且显示出一种高度和谐而工巧的结构美。

秦始皇、汉武帝、唐太宗、宋太祖和成吉思汗这些人，在我国两千多年的封建社会中，都具有显赫的声威，是封建统治阶级中有所作为的人物。在他们所处的时代，都产生过一定影响，在历史上起过一定的进步作用，可以说是古代无数英雄中的佼佼者。

秦始皇建立了中国第一个中央集权的封建国家，汉武帝推进了这个多民族统一的国家的发展，他们不愧为封建阶级的杰出代表。但词章打破了传统评价，明确指出：“秦皇汉武，略输文采”！对于促进多民族封建国家的发展和社会经济繁荣的唐太宗，对于结束分裂割据、强化中央集权的宋太祖，封建阶级也历来推崇备至。然而，词章却指出：“唐宗宋祖，稍逊风骚”！至于元太祖成吉思汗，自古诩为“天之骄子”，可是词章评论他“只识弯弓射大雕”，比起秦皇汉武唐宗宋祖来自然就更差一筹。

诗人选择五个封建王朝的著名帝王，概括了中国两千多年封建主义统治的历史。在这里，诗人不是否定他们，而是承认他们也是英雄，认为他们所励精图治的英雄业绩也是值得钦佩的，只是和今天的英雄比起来相形逊色罢了。

诗人站在时代所提供的高度，纵观历史长河，雄视千古伟人，运用“惜”“略输”“稍逊”“只识”等字眼，极有分寸地肯定了上述五个帝王在历史上所起的作用，同时又痛惜他们由于时

1 中共中央文献研究室编：《毛泽东诗词集》，中央文献出版社，1996，第68–69页。

代和阶级的局限，虽有作为，但也终究是有限的。用词既轻松幽默，又极有分寸。诗人认为，两千年来的历代帝王不管他们有着何等的雄才大略，与今天的英雄来比，都算不得什么。词章对历史人物的评点，为词的收束作了铺垫。

评论历史人物，并非这首词的主要内容，也不是诗人的主要目的，而是为了让他们起陪衬作用，借以突出今天的风流人物，抒发伟大的抱负。诗人很自然地把它安排在结尾处。当词章在上阕描绘一派雪景，下阕铺叙历代英雄之后，忽然涌出“俱往矣”三字煞住，急转直下。“数风流人物，还看今朝”，一语作结。这是全词最重要的一句，最警策的地方，也是诗人的精神眼光所聚，它展示了诗人最丰满的思想感情，诗人的政治抱负和对未来的自信在这里表现得特别充沛而动人[1]。

借助议论抒情，这种议论不需要论据，也不需要论证，仅仅是一个带着强烈感情色彩的论断。

1 党庆兰:《穿越冰雪世界的思想春光——〈沁园春·雪〉的艺术特色与价值取向》,《西北成人教育学院学报》2021年第3期,第71页。

第六章
语言驾驭的原则与技巧

文章是语言的艺术，思想感情、艺术技巧和表达方式等都必须通过语言来实现。驾驶语言的技巧和书面表达力的强弱，直接关系到文章水平的高低，这也许就是“语不惊人死不休”孜孜追求的重要原因之一。对于语言的要求，因文体和文章的内容不同而异。文体不同，对语言的要求也不同。论文要庄重、准确，散文要优美、凝练，应用文要简明、朴素。在这里，我们只讲对语言的基本要求。基本要求主要包括达意、准确、形象、丰富、凝练、明快、典雅、生动等。这里只谈凝练、典雅、生动三个方面。达意是基本要求，它包括通顺和准确两个方面。语言通顺，这是最低要求，也是最起码的要求，再也找不到比这更低的要求了。可是，图书、刊物、报纸问题很多，可以说是比比皆是，触目惊心。尽管如此，此处不予探讨。

一、语言的凝练之法

凝练，说的是简洁，即紧凑、简练、干净，是用最少的文字表达尽量多的内容，说得干脆利落，亦即“文约而义丰”，是从文字和篇幅的比例来说的。

应注意的是，简洁并非苟简，那就会导致语意不明，妨害意思的准确表达。据说，有咬文嚼字者改古诗，认为“清明时节雨纷纷”这首诗啰唆，应把每一句的前两个字删去，认为：雨，在什么时节都可以纷纷，何必清明？行人总是在路上，“路上”二字无用；“酒家何处有”已是问话，不用借问；遇到的人都会指杏花村，不是非牧童不可。

原诗为：“清明时节雨纷纷，路上行人欲断魂。借问酒家何处有？牧童遥指杏花村。”改后的诗成了：“时节雨纷纷，行人欲断魂。酒家何处有？遥指杏花村。”这样一改，简是简了，却把原诗改得面目全非，破坏了原诗的韵味，我们不以为然。

下面谈凝练，看看凝练的文字是多么的清爽！

1949年3月，中共中央在河北平山县西柏坡村举行七届二中全会，制定了夺取全国胜利和胜利后的各项方针政策。毛泽东在会上作报告，预见性地提出要警惕“糖衣炮弹”的袭击，并提出两个“务必”，告诫全党要居安思危：“夺取全国胜利，这只是万里长征走完了第一步。如果这一步也值得骄傲，那是比较渺小的，更值得骄傲的还在后头。在过了几十年之后来看中国人民民主革命的胜利，就会使人们感觉那好像只是一出长剧的一个短小的序幕。剧是必须从序幕开始的，但序幕还不是高潮。中国的革命是伟大的，但革命以后的路程更长，工作更伟大，更艰苦。这一点现在就必须向党内讲明白，务必使同志们继续地保持谦虚、谨慎、不骄、不躁的作风，务必使同志们继续地保持艰苦奋斗的作风。”[1]

上述文字，在当时那个政治环境里，颇感清新。

中国现代经济学家王吉绯，关于引力的表述：

“太阳通过传递给行星能量对行星产生了斥力作用，推动行星运动。同一个行星，距离太阳越近，接收到的能量越多，斥力就越大，距离太阳越远，能量越少，斥力就越小。显而易见，如果没有其他力的影响，所有行星都会被太阳的推力推到太阳系的

1 毛泽东:《毛泽东选集》,第四卷,人民出版社,1960,第1439-1440页。

边缘，并且留在那里，也就是能量为零、受力为零的地方。”“引力只是一种现象，‘引力’其实是单向的斥力，不是相互吸引的关系。能量高的物体对能量低的物体有作用力，反之则没有，或者说作用力小到可以忽略。所以只有太阳推动地球，地球无法推动太阳。”[1]

学术专著《风雨兼程——现代中国政治经济的重建与社会变迁》，作者在著述的后记里在叙述了和“历史学”的结缘、“研史”的艰辛和责任感之后，在“感恩”和仰望“星空”的部分这样表述：“在作品出版之际，本人的心里充满了感激，其中有对时代的感激、对父母的感激，也有对自己学生的感激。正是上述被感激的主体，使本人获得了奋进的动力，拥有了和时代并驾齐驱的思想活力。

“从感恩出发，自谦卑做起。在这里，除表达本人会更加努力地浇灌学术之树之外，还要和哲学家步调一致：有两种东西，我对它们的思考越是深沉和持久，它们在我心中唤起的景仰和敬畏就越是时时翻新、有增无已，这就是我头上的星空和心中的道德定律。”[2]

《从传统社会到现代文明——十六至十九世纪世界政治经济秩序的重建与社会变迁》结语：

“从16世纪初开启的人类社会的新时代，到19世纪末已走过400年的风雨历程。400年，这是一个大气磅礴、日新月异、不断迈进的时代。在这个时代，思想革命、政治革命、产业革命接踵而至，政治重塑、经济重建、社会更新和文化繁荣相伴而行，实现了人类社会从传统到现代的完整转型。”[3]

“时代是到来的。物竞天择，适者生存；世道必进，后胜于

1 王吉绯:《万有能量的哲学原理》,当代中国出版社,2013,第15-16页。

2 党庆兰:《风雨兼程——现代中国政治经济的重建与社会演进》,兰州大学出版社,2018,第329页。

3 杨鹏飞:《从传统社会到现代文明——十六至十九世纪世界政治经济秩序的重建与社会变迁》,兰州大学出版社,2015,第359页。

今。与封建制相比，资本主义制度是先进的和进步的，但更高一级的社会形态和更美好的社会还在后头。只有在伟大的社会革命支配了资产阶级时代的成果，支配了世界市场和社会生产力，并且使这一切都服从于最先进的民族的共同监督的时候，人类才能举起甘美的酒浆庆贺自己更大的进步。”[1]

现在回到大学校园，领略一下20世纪80年代初莘莘学子的精神世界。

“再没有比我们这一代人更能体会到自己和时代及社会的整体命运紧密相连的了。如果没有四年前十月里的那一天，我们可能永远都不能读到书店里那些散着油墨芬芳的书了，我们可能永远都不会有机会穿着彩色的连衣裙走在夏日的田野上了……”[2]

“我们当然关心未来，因为我们的未来比过去更长。

“未来就要在这块土地上建成，我们对这块土地不能不怀着强烈的关注和爱。这爱，不是百依百顺，不是盲目吹捧，这爱是深厚的感情和清醒认识的结合，是科学的批评和创造性的劳动的结合。让土地上长满荒草的人，是不爱这土地的。”[3]

怎样才能写得凝练？不说与中心无关的话，不说不言而喻的或重复的话；适当地运用言简意明的熟语；少形容、少比喻，尽量减少修饰成分。

二、语言的典雅之道

所谓语言典雅，就是言辞高雅而不浅俗。典雅，“典”是古典，“雅”是文雅。语言典雅，即语言高雅而不浅俗，它包括文字、文辞、文句、文韵。雅，是一个很好的词，只要和雅字沾边，都是好词。比如：文雅、高雅、优雅、典雅、素雅等。文字

1 杨鹏飞:《从传统社会到现代文明——十六至十九世纪世界政治经济秩序的重建与社会变迁》,兰州大学出版社,2015,第360页。

2 王友琴:《在消失了的圆明园里》,《大学生》1983年第1期,第23页。

3 王友琴:《在消失了的圆明园里》,《大学生》1983年第1期,第23页。

写得雅，有种种条件：文风、文意、文见、文识。小说《红楼梦》的文字，是雅的典范；韵文，汉、六朝的赋，是雅的高峰；诗，李商隐第一；词，李后主李煜的最好，雅风雅调；戏剧，汤显祖的《牡丹亭》，是雅剧之王[1]。

典雅的语言，要求文字具有古典语言的韵味与雅致，让人读起来能够感受到传统文化与现代思想的高度融合。如何才能写出典雅的语言？要求如是：

（一）力求诗意

“清词丽句必为邻”，乃学界共识。《红楼梦》中的语言，不仅有自然质朴的一面，还有典雅绚丽的一面，它是二者的统一。《红楼梦》对诗词曲赋的大量运用，为作品语言平添了典雅绚丽的色彩。仅《红楼梦》前80回，就有诗、词、曲、赋100多首。倘若再加上联额、酒令、灯谜、书启、名帖、偈语、赠言、赞语等，共计有160余处。其中当然也有粗俗的，但就整体而言，称其“典雅”绝无过誉之嫌。

《红楼梦》第五回贾宝玉梦游太虚境所见的仙姑，作品侧重写外貌，以铺张扬厉的手法，华丽的辞藻，描绘了仙姑的容貌、华服、良质、态度，突出仙子的美丽。

“方离柳坞，乍出花房。但行处，鸟惊庭树；将到时，影度回廊。仙袂乍飘兮，闻麝兰之馥郁；荷衣欲动兮，听环佩之铿锵。靥笑春桃兮，云髻堆翠，唇绽樱颗兮，榴齿含香。盼纤腰之楚楚兮，风回雪舞；耀珠翠之皈兮，鸭绿鹅黄。出没花间兮，宜嗔宜喜；徘徊池上兮，若飞若扬。蛾眉颦笑兮，将言而未语；莲步乍移兮，待止而欲行。羡彼之良质兮，冰清玉润；羡美人之华服兮，闪烁文章，爱美人之容貌兮，香培玉篆；美彼之态度兮，凤翥龙翔。其素若何：春梅绽雪，其洁若何：秋蕙披霜。其静若何：松生空谷；其艳若何：霞映澄塘。其文若何：龙游曲沼；其

1 史仲文：《汉语是这样美丽的》，北京工业大学出版社，2007，第84页。

神若何：月射寒江。远惭西子，近愧王嫱。生于孰地？降自何方？若非宴罢归来，瑶池不二，定应吹箫引去，紫府无双者也。”[1]

2007年高考语文湖北卷作文，试卷给出阅读文字和写作要求：

阅读下面的文字，根据要求作文。

母语是一个人最初学会的一种语言。人人都有自己的母语。母语是民族文化的载体，是民族的生存发展之根。在当今世界多元文化竞争与交汇的时代，母语越来越受到普遍关注。我们交流思想感情，欣赏文学作品，掌握科学文化知识等，都离不开母语。可以说，我们每天都在感受母语，学习母语，运用母语。

请根据你对以上材料的理解和体会，自选角度，写一篇作文。

要求：自定立意，自选文体，自拟题目，不少于800字。

《执子之手，与子同生》一文，获2007年湖北高考满分作文。作文分三个部分。第一部分围绕母语的理解展开，满怀激情地从汉语悠久的历史、美妙圆和的音韵、神奇绚丽的形体，以及所负载的文化内涵几个方面对汉语极尽赞美，以翔实而典型事例突现汉语是“民族文化的载体”“中国文明的鉴证”；第二部分简单地写外语的强势及对汉语的冲击，最后是表达学好汉语的决心和郑重宣言：“执子之手，与子同生。”

自拟题目，拟得颇有水平。“执子之手，与子同生”，八个字，既贴且雅，字字入题，拨动心弦。正文第一部分写得情深似海，雅腔雅调：

“睁开惺忪的眼睛，耳边萦绕的是你的韵脚，字正腔圆；翻开尘封的日记，满眼凝望的是你的身姿，隽永悠长；走进亲切的校园，一颗心洋溢着最深的挚爱，满口吟诵的全是你，你流转于我的血脉，不随世事的变迁沉浮；你镌刻于我的基因，不用承诺

1 曹雪芹、高鹗:《红楼梦》,第1册,人民出版社,1964,第54-55页。

就已深植于我的生命。

（二）巧用成语和熟语

“我千声万声地呼喊着您的光辉名字，心里回响着一个马列主义的哲理——革命铸造了领袖伟岸的身躯，领袖体现着人民的根本利益。这就是啊，我八亿人民为什么如此激动、狂喜、心旷神怡，这就是我八亿人民为什么如此亲切、熟悉，因为您的脉搏过去、现在以至将来都将和八亿颗心啊紧紧地跳在一起。”[1]

《语文，心中的一泓清泉——乐语文赋》：写不学语文之弊端：

“无语文也，则竟夜尢眠，终宵多恸。

“苔痕侵壁隐忧，蛛网挂檐叵耐，尽怀低落之情，更无高驰之态，若抑郁于前失，如欷歔于新败，顾瘦影以自怜，遣愁怀而无赖。

“以至伤途穷而路末，怨时蹇而命乖，向墙隅以流涕，闻画角而生哀。”[2]

学好语文之道：

“出师访友，夜坐书斋；遗策常求，古书每猜；阅文沉醉，读诗尽呆；眼涩流血，骨瘦如柴；朝兢夕惕未休，口诵心惟不怠。”[3]

（三）融入哲理

现代中国哲学家杨耕，在阐述哲学与现实的关系时这样表述：“一方面，哲学不能脱离现实，必须直面现实问题，解答时代课题，否则将成为无根的浮萍；另一方面，哲学又必须进入抽

1 边新文：《心里的话儿献给华主席》，载《人民日报》1978年4月7日。

2 付义琳：《语文，心中的一泓清泉——乐语文赋》，载《课堂内外·创新作文》2008年7—8月号，总第392、395期，第77页。

3 付义琳：《语文，心中的一泓清泉——乐语文赋》，载《课堂内外·创新作文》2008年7—8月号，总第392、395期，第77页。

象的概念运动领域，以概念运动反映现实运动，否则就不是哲学。哲学必须以哲学的方式联系现实，解答时代课题。”“哲学研究不能仅仅成为哲学家之间的‘对话’，更不能是哲学家个人的‘自言自语’，哲学必须与现实‘对话’。”“哲学既要深入现实，又要超越现实；既要入世，又要出世。一种仅仅适应现实的哲学是不可能高瞻远瞩的。”

“当今中国最基本的现实就是改革开放和现代化建设。”改革开放和现代化建设“这一社会实践最突出的特征和最重大的意义就在于，它把现代化、市场化和社会主义改革这三重重大的社会变革浓缩在同一时空中，构成了一场极其特殊、复杂、艰难而又波澜壮阔的伟大的社会变迁”[1]。

柯蓝，现代中国作家，长于散文诗。生于湖南长沙，1937年参加八路军，长期从事新闻文化工作。先后入陕北公学和鲁迅艺术文学院学习，毕业后在陕甘宁边区文化协会工作。先后任延安群众报社记者、主编。

著有长篇小说《祖国海岸》，短篇小说集《竹楼夜话》，散文集《起飞的孔雀》《上海散记》《火车上的少校》，散文诗集《早霞短笛》，电影文学剧本《铁窗烈火》，儿童文学作品《王孝和的故事》《雾海枪声》《少年旅行队》等。《将军的桌上》《急行军》《站在生命的终点》等。柯蓝的散文诗，皆具红色基因，题旨积极向上，风格明朗奋扬，充满了革命理想主义的鲜明色彩，有着极其鲜明的时代烙印。

散记第二十六封信，“要有这样的心胸”，文末附记《写给一个青年》：

“朋友，正因为我爱你，所以我才这样希望你：

“希望你的心，永远不去嫉妒别人！也永远不要求去报复，要用真诚等待自己的同志……

1 杨耕：《为马克思辩护——对马克思哲学的一种新解读》，中国人民大学出版社，2010，“马克思哲学：我们时代的真理和良心（代序）”第8页。

行走在亲密团结的花园里，愿我们日夜提着来自心灵的泉水，永远去灌溉宽恕和友爱之花，灌溉尊敬和忠诚之花，而永远要拔掉猜疑和嫉妒的杂草。”[1]

另一篇，《在毕业典礼上》：

“各种毕业典礼。无论在学校，在训练班，这都标志出生活的阶段，人的成长，人生的步骤……

“这是学习之门，也是生活之门。毕业的人，就从这大门走出去了，走到广阔的生活中去了。

“谁能够在他的一生中，能够毕业十次？人不能永远住在学校里学习！生活和社会需要你！工作和劳动需要你！于是你毕业了。未来的科学家！未来的工程专家，未来的教育家，以及各种军事的、政治的、文化的、技术的干部和战斗者！你们在自己的毕业典礼上，都是如此的激动吗？你们惊异这仅仅一年到三年的时间，生活就这么快，在你们的身上，涂上了各种不同的色彩，就规定了你们各种不同的道路，而且从此之后，你们就要为它献出毕生的精力和时间吗……这是多么令人兴奋，而又是多么令人难忘的记忆呵！现在你们又要说一些什么呢？

“快举起杯来！尽情地饮干这一杯毕业酒吧！这是生活的甘露！这酒将在我们未来的日子里注进我们的胜利！这酒也将使毕业典礼和你所有的一切，永远留在我们生活的旅途上，成为不谢的花环……

“这是我对你们最衷心的献词。”[2]

柯蓝总以“温暖的目光”感遇万物，他的散文诗，追求哲理性的写法，也具有理性美与精神美，青春燃烧的辉煌和热度成为柯蓝人格和作品的代表色。集子都是红色题材，反映了诗人强烈的革命现实主义创作观。曾有专家这样评论柯蓝：“强烈的政治价值观和高扬的生命激情，实现人的全部潜能的人格欲望，构建

1 柯蓝:《早霞短笛》,作家出版社,1958,第29页。

2 柯蓝:《早霞短笛》,作家出版社,1958,第193-194页。

了柯蓝的情感系统和心理意向以及‘青春’的主题原型。”[1]柯蓝的哲理体的这种写法，写照和浓缩了他那个时代的典型情绪，对社会生活特别关注，还对人生理想积极思考，也使读者获得了思想与精神上的升华。

在这里，作者自由灵活地运用多种修辞格，并融进哲理，让人深切地感受到哲学升华的语言的魅力。

（四）活用抒情

抒情主要是反映社会生活的精神方面，并通过在意识中对现实的审美改造，达到心灵的自由，它是个性与社会性的辩证统一，也是情感释放与情感构造、审美创造的辩证统一，是语言典雅的重要内涵。

再回到大学校园，听莘莘学子讲圆明园时的感慨：

“人的生活应该广阔、崇高。如果能爱着，又被爱着，是多么的好。

“生命在消失，也在成长。彩色的云化作了无色的雨，只要它未被污染，它便将滋润大地上的万千生命，带来无限生机。”[2]

“事情要我们一件一件来做，能前进一厘米就前进一厘米。

“我想，应该这样。不必说什么花已凋谢，叶也冷清，我们会用扎扎实实的劳动，创造一个采莲掘藕的收获季节。”[3]

“星星在闪烁，晚风像大幅的丝绸拂面过，种种白日可见的缺憾，此刻都消失在朦胧中了。一个清凉、开朗、恬静、神秘的夜晚，似乎要比白天显得好。

“玉米正在成熟，莲蓬正在充实，藕在泥里悄悄地长。甜美的夜色卷裹着我。许多久已忘怀的小事会出现在脑海里。对生活的热爱，献身的渴望，温柔的感情，萌动的希望，奋斗的勇气，

1 王志清:《心智场景》,中国华侨出版社,1996,第21页。

2 王友琴:《在消失了的圆明园里》,《大学生》1983年第1期,第23页。

3 王友琴:《在消失了的圆明园里》,《大学生》1983年第1期,第23页。

像温泉水一样漫上心头。”[1]

《执子之手，与子同生》的第一部分，在满怀激情地赞美汉语美妙圆和的音韵、神奇绚丽的形体、丰富而深厚的基因之后，以翔实而典型的事例阐述汉语是“民族文化的载体”“中国文明的鉴证”：

“你是我一生的情结，对于你我有着最深的眷恋，你有一个响亮的名字，你被世界上四分之一的人口亲切地使用，现在我要满心呼唤你，我的母语——汉语！

“你有着五千年甚至更长的积淀，面对你多变却清晰流畅的腔调，没有人会不被你折服，浩渺的字库，准确而深刻的含义，圆润而饱含真情的声音，谁都称赞你是世界上最美的语言。

“你有着变化多端却同样瑰丽的身影，无论是北魏庄重严肃的碑体文，还是盛唐声势宏伟的颜体字中，你都是一个灵动悠然的智者。隽秀，有着《兰亭集序》的曼妙，雄壮，有着《神军策》的刚强；韧性，有着隶书一丝不苟的延展；写意，有着狂草飞扬独舞的洋洋洒洒。你是一轴水墨卷，于空白中寻找大象；你是一幅八卦图，于平衡构筑完整，于寥寥数笔中融构一个天地，你神奇绚丽。

“你有着李白放浪形骸的气质，于千年中留着一根傲骨，在文明史上巍然屹立；你有东坡寄情自然的情怀，象形而生，缥缈着道家天人合一的境地，你就是壶口黄河的奔腾，就是万里长城的坚毅，就是华山断崖的险峻，就是神州涌动的大气象。

“你是民族文化的载体，是民族生存发展之根；你是中国文明的见证，是中华腾飞振兴的基石。”[2]

此作出自一中学考生之手，令人感叹！以至于有专家如此点评：这是一首对汉语的赞美诗，这又是一篇捍卫汉语的宣言书，还是一篇彰显汉语无穷魅力的佳作。第二人称的运用，使作者激

1 王友琴：《在消失了的圆明园里》，《大学生》1983年第1期，第23页。

2《课堂内外·创新作文》2008年7—8月号，总第392、395期，第164-165页。

荡于胸的情感得以自然流畅的喷发。全篇多用整句，语言流畅，音韵和谐，佳句频现，在较高的程度上做到了内容和形式的统一[1]。

三、语言的生动之术

语言生动，有很多因素，这里谈主要的，谈三美，即语言的形象美、句式美和语音美。

（一）语言的形象美

形象美，即具体、形象。不论是描写还是叙述，都能写得活灵活现，使人如临其境、如见其人、如闻其声，给人以真切的感受。此外，还包括整齐划一的美、抑扬顿挫的美、百回曲折的美、生动有趣的美。

写文章，要做到“情用极处”。真情实感始终是评判文章的重要标准，若能使文章句句含情，字字含泪，能把细腻的感情传达给读者，引发读者的共鸣，定会感人至深，这就要根据表达的需要，选择最能传情的语言。

刘真，当代中国作家，作品有短篇小说、散文、散文诗，在艺术上颇具特色，作品故事生动，语言清新流畅，风格细腻、朴实，其《望截流》中的一段：“当合龙胜利的鞭炮声一响，新堤堰变成了摇篮，两面的水，像新生婴儿的面容，他闹累了，在夜幕和灯光下睁大了眼睛，自己小了，而人们却变成了波涛巨浪，推拥、欢呼，奔跑着。像长江每一个孔里的水：哗、哗、哗！又像是这样地说着：从这里走也可以，好，好！”[2]

毛泽东的《中国社会各阶级的分析》中的一段：“这个小资产阶级内的各阶层，虽然同处在小资产阶级地位，但有三个不同

1 张崴：《课堂内外·创新作文》2008年7—8月号，总第392、395期，第165页。
2 刘真：《望截流》，《青年文摘》1981年第3期，第47页。

的部分。第一部分是有余钱剩米的，即用其体力或脑力劳动所得，除自给外，每年有余剩。这种人发财观念极重，对赵公元帅礼拜最勤。虽不妄想发大财，但总想爬上中产阶级的地位。他们看见那些受人尊敬的小财东，往往垂着一尺长的涎水。这种人胆子小，他们怕官，也有点怕革命。因为他们的经济地位和中产阶级颇接近，故对于中产阶级的宣传颇相信。对于革命取怀疑态度。”“第三部分是生活下降的。这一部分人好些大概原先是所谓殷实人家，渐渐变得仅仅可以保住，仅仅变得生活下降，他们每逢年终结账一次，就吃惊一次，说：‘咳，又亏了！’这种人，因为他们过去过着好日子，后来逐年下降，负债渐多，渐次过着凄凉的日子，‘瞻念前途，不寒而栗。’”[1]

当代中国作家、学者王蒙，著有《青春万岁》《活动变人形》等近百部小说，作品被翻译为20多种语言，获“人民艺术家”国家荣誉称号，其散记《访美归来断想》的片段即体现了抑扬顿挫的美、百回曲折之美：

“中国，我的母亲！正是在远离你几万里的大西洋与太平洋的彼岸，我时时想着你，紧紧靠着你，深深恋着你！不论是墨西哥的披肩，英格兰的领带，还是美国中西部的牛仔裤和法兰西的女裙，都促使我对你的朴素的中山服、对襟小棉袄和圆领的白衬衫更加思念。也许这些衣服还不够精美，但是穿着这些单调服装的人和我同命运、共甘苦，心连着心。不论是标准的、绅士风度的牛津音，粗犷豪放的西海岸口音和被黑人发展变化的英语，也不论我学英语学得多么起劲，可我的思想，我的感情，我的喜怒哀乐和细致入微的意识的波流，仍然只能够用微妙而又清晰，丰富而又简洁的汉语表达。当回到祖国，听到周围的人都说中国话的时候，我的感觉大概和一条从沙岸上跳回到大海里的鱼的感觉一样。不论是宽广的密西西比河，漫长的密苏里河，丹佛地区的

1 毛泽东:《中国社会各阶级的分析》,载《毛泽东选集》(第1卷),人民出版社,1991,第3–4页。

埃尔伯特山和古老的加里福尼亚红杉林，它们只能使我更加思念奔流万里的黄河和长江，天山的云杉和大兴安岭的原始森林。一条河，一座山，一株树，只有凝聚着你，你的祖先和后辈，你的战友和亲人的血和汗，泪和梦的时候，这河山、这草木才是活的，才是刻骨铭心的与珍贵的。”[1]

《沁园春·雪》是毛泽东诗词的代表作，词的上阕主要是写雪景。“北国风光，千里冰封，万里雪飘。望长城内外，惟余莽莽；大河上下，顿失滔滔。山舞银蛇，原驰蜡象，欲与天公试比高。须晴日，看红装素裹，分外妖娆。”[2]

“北国风光，千里冰封，万里雪飘。”祖国的北方，一派严冬景象，无边的大地被坚冰封冻，万里长空正大雪纷扬。

词章的起始，就写出了北方冬日雪景的壮伟场面。首句点明地域，虽是泛说，却有笼罩全局的作用。二、三两句紧承起句，显得十分开阔，把第一句所说的风光落实了。“千里冰封”写大地，“万里雪飘”写长空。“千里”“万里”是交错着说的，即千万里都是冰封，千万里都是雪飘。这是写景，是明写。字虽不多，却写得壮阔宏伟，气象雄浑。

“望长城内外，惟余莽莽；大河上下，顿失滔滔。山舞银蛇，原驰蜡象，欲与天公试比高。”放眼远望，长城的里里外外，只剩下飘飘而落的大雪；黄河的上游下游，顷刻间失去了滚滚的波涛。披着厚厚白雪的千山万岭，像银蛇在舞动，盖着厚厚雪花儿的高原如白色的象群在奔驰。群山、高原竞跃竞驰，仿佛要和老天一比高低似的。

上述七句，用一个“望”字领起，承前三句，对北国风光作了进一层的描绘。“长城”二句，承上“雪飘”而来，是“雪飘”的结果。“大河”两句，承上“冰封”而来，是“冰封”的后果。

1 王蒙:《访美归来断想》,《中国青年》1981年第4期,第11页。

2 中共中央文献研究室编:《毛泽东诗词集》,中央文献出版社,1996,第68页。

这四句都是写景，是暗写。“长城内外，惟余莽莽”，这是雪，飘飘而落的大雪，但没有直接点明是雪；“大河上下，顿失滔滔”，这是写冰、写河，写黄河。黄河为什么一下子失去了它那滔滔的波浪呢？那是千里冰封、万里雪飘的缘故，河水被冰封冻、被雪覆盖了。由于冰封、雪飘，长城、大河尽改旧观。紧接着，诗人又用拟人的手法，把静止的群山和高原描绘成活动的姿态。群山像银蛇在舞动，高原像蜡象在奔驰。用“银”“蜡”写色，用“蛇”“象”描形，用“舞”“驰”绘态，化静为动，化无生为有生，赋“山”“原”以蓬勃的生命力。“欲”字紧承上文，化无意为有意，把群山写得跟人一样，也有意志、有愿望了。这是多么神奇的境界、多么丰富的想象！这儿句，没有一个字说雪，但却句句是雪。尽管句句是雪，却丝毫显不出严冬的酷寒，也没有万物凋零的悲切。如果没有对祖国的深情厚爱，这样的诗句是写不出来的。诗人明写暗写，勾画了一幅无比壮丽的图画。祖国的山河好不好？好！至此，可以说是淋漓尽致了，可是诗人又说了：“须晴日，看红装素裹，分外妖娆。”等到天晴了看吧，红红的阳光照耀着白白的雪色，红日白雪交相辉映，那才美呢！

继前面七句实写雪景之后，笔锋一转，化实为虚，由现实引出理想，描绘出诗人想象中的雪后天晴的壮丽景色。此句甚妙！妙在从雪后着笔，给人以充分想象的余地。这是写景，也是抒情，情景交融，字里行间处处洋溢着强烈的爱国激情。

咏雪是中国传统诗词中常见的题目，自古及今，写雪的诗词很多，但大多只是着眼于雪本身的描摹刻画，抒发人的乐趣，而且，写的雪景往往是小家、小院、小景。唐五代皇帝李煜，写了宫廷的“玉彻银装”算是大的了，而毛泽东的这首咏雪词，一下写了长江以北的半个中国，实际上写了整个中国的横断面。这首词是咏雪，而又未停留在雪上。与一般的咏物词不一样，《沁园春·雪》词是通过描写北国冬日雪景，歌颂祖国江山的壮丽，进而纵论千古英雄，抒发伟大的抱负与豪情。上下数千年，纵横几万里。

为了写壮丽的雪景：一是借助于巨大的背景，在偌大的空间里来写雪；二是借助于雄奇的想象，使雪中的景物充满了生意。这里的空间是如此广阔，竟至容纳了整座长城、整条黄河和整个秦晋高原，竟至以“千里”“万里”来计算。如果背景不宽、空间不广，就无法表现“千里冰封，万里雪飘”的北国风光，更无法表现“长城内外，惟余莽莽；大河上下，顿失滔滔”的气势。这里的想象是如此新颖，使人读后不禁拍案叫绝。假如不用这种雄奇的想象，就不能使“山”“原”分别与“银蛇”“蜡象”紧密地联系在一起，更不能使群山齐“舞”、众丘竞“驰”。由于诗人展开了想象的翅膀，把“山”“原”分别比之为“银蛇”“蜡象”，并以“舞”“驰”这种动作性很强的词语来描绘它们蜿蜒起伏的形态，用“欲与天公试比高”这种表示有所作为的心理的句子来状写它们几与高天相接的气势，使之活跃起来。这样，这个雪的世界，不仅丝毫显不出荒凉寒冷，而且处处都勃发着生机。至此，诗人已经把祖国大地雪中的壮伟风貌写得淋漓尽致了，没法再写了。可是，诗人还是要写的！于是，把笔锋一转，化实为虚，开拓出一片新意。“须晴日，看红装素裹，分外妖娆。”一个想象中的景色，把北国风光写得更是气象万千、瑰丽无比。

《沁园春·雪》词伟岸的形象美，体现在自然美、社会美、伦理美等诸多方面，绚丽多姿。诗词艺术形象的表现手法，是为思想服务的，有什么样的思想，就运用什么样的艺术表现形式，使思想与艺术形式做到高度统一，这是诗人诗词伟岸的形象美的最大优点和特点[1]。“形象思维第一流，文章经纬冠千秋。素笺画出新天地，赤县翻成极乐洲。”[2]

1 李子建:《论毛泽东诗词伟岸的形象美》,载中国毛泽东诗词研究会编:《毛泽东诗词研究丛刊》(第2辑),中央文献出版社,2005,第56页。

2 郭沫若:《七律·纪念毛主席诞辰》,载《郭沫若选集》(第2卷),四川人民出版社,1979,第397页。

（二）语言的句式美

讲究句式美，是汉语写作的一大特点，或骈或散，或骈散结合；或长或短，或长短交错、整散结合，都能形成一种气势和力量。此外，还包括语形上的对称美、均衡美、整齐美。

欲使句式美，应根据表达的需要，善用修辞，巧用句式。

修辞是作文造句必不可少的工具和手段，灵活运用修辞，不仅会使语言有生命力，还能使句子化腐朽为神奇、化静为动，使语言鲜活、灵动，从而产生巨大的感染力。

句子是语言表达中最基本的单位，承载着信息，并使用特定的结构和语法规则，以使读者或听者能够理解所传达的意思。不同的句式结构可以表达不同的含义和语境，句式可以提高作文的连贯性和流畅性，增强文章的表达力和修辞效果。不同的句式结构可以给读者带来不同的感觉和印象。

巧用句式，即根据抒发的感情、体现的思想或表达内容的不同需要，恰当选用不同的句式，以变换节奏，使语言抑扬有致、波澜起伏.如文言语句含蓄典雅，长短句错落有致，感叹句便于抒情，对偶句铿锵凝练，反复句余韵悠然，排比句气势磅礴，反问句令人深思，若能综合运用这些句式，或特意安排这些句式，会使文章大增其色。

王蒙的散记《访美归来断想》的结束段，长短交错、整散结合：

“中国，我的祖国，我天天想着你，夜夜念着你，却不知从哪里写起。我的所爱，我的所恨，所哭，所笑，我的斗争、劳作、委屈、追求、失望和新的永远不会磨灭的希望都在你这里！在衣阿华的玉米田里，在纽约的国际贸易大厦，在费城的市政厅旁和在洛杉矶的好莱坞大街，我每分每秒都感到你的巨大，你的光荣，你的落伍和你的奋起直追。做一个中国人是艰难的，艰难锻炼了我们，我们从来也没有怕过艰难。做一个中国人也是幸福的，我们正处在转折的关头，我们正创造中华历史的新的篇章。我们总有一天让全世界认识中国人。所有这一切，好的和不好的，可喜的和可悲的，焦灼的期待和始终不渝的愿望，都属于中国，也都是我的，都和我息息相关。我愿意为你而献身，我愿意为你经受一个又一个的考验，只要你强大，只要你富足，只要你以崭新的面貌屹立在东方，只要你的无数儿女挺起胸膛，向前!”[1]

当代中国著名人文学者、思想家、文学家刘再复，著有《性格组合论》《鲁迅美学思想论稿》《文学的反思》《论中国文学》《放逐诸神》《传统与中国人》《现代文学诸子论》《高行健论》《共鉴“五四”》《红楼四书》等80余部学术论著和散文集，并已译为英、韩、日、法、德等多种文字出版。其散文《感谢你，四壁的星光——书屋抒情》，在较高的程度上体现了语形上的对称美、均衡美、整齐美。

从结构上说，散文分三个部分，第一部分写西方思想对作者的影响，第二部分写本土思想对作者的影响，第三部分是概括性的致谢。

第一部分，写西方思想对作者的影响：

“感谢你，诗国的宝剑，决斗而死的普希金，你的真诚的谢树林和非人工的纪念碑是怎样越过俄罗斯的原野，来到我的祖国和我的书屋的？自从认识你，我再也不会因为生活的欺骗而灰心，我的小女儿再也不会忘记大海，不会忘记她的胸脯中该有一颗小金鱼的心。

“感谢你，英国的骄傲，说不尽的莎士比亚，你的犹豫不决的丹麦王子和不朽的情侣罗密欧与朱丽叶，是怎样踏过大西洋的波涛来到我的乡邦和我的桌旁的？你使我在少年时节，就抛弃了上帝，而爱上了自己。知道唯有人，才是大地万能的主宰，世界运转的杠杆，一切美的玫瑰中最神奇的玫瑰。

---

1 王蒙：《访美归来断想》，《中国青年》1981年第4期，第12页。

“感谢你，大胡子的普罗米修斯，我所敬仰的卡尔·马克思，你的星空是何时开始照亮生我养我的土地与田野的？自从我了解你的草拟的伟大宣言和劳动审美化的学说，我的个性就有了广阔的追求，再也不怕崎岖的山路，陡峭的悬崖，再也不屈服于因袭的重担，惰性的气流。”[1]

第二部分，写本土思想对作者的影响：

“感谢你，大声呐喊而常常寂寞的战士，在百草园里追捕蟋蟀的大地之子鲁迅，你在我的思想世界里飞翔了半生，至今毫无倦意，你使我更加厌恶身内与身外的阿Q与阿金，还有女娲大腿上喋喋不休的小君子，你使我的血液里流淌着真实，笔管下流淌着严肃。”[2]

第三部分，概括性的致谢，从东方到西方，从学说到愿望，从猜想到论证，到发现。

“感谢你，遥远的屈原与司马迁、柏拉图与亚里士多德，不太遥远的康德与黑格尔，卡夫卡与海明威。感谢你，一切启迪过我的光辉的名字，一切在我书屋四壁中闪耀的星光，一切使我心灵空间开阔的思辨，一切使我的人生活泼而有序的逻辑，一切使我的才智丰富而解放的情感。

“感谢你，北方的豪放，南方的婉约，西方的理性，东方的神秘；感谢你，一切明晰的学说，一切朦胧的愿望，一切透辟的论证，一切模糊的猜想。都感谢你们，只要你们有过真理的发现，只要你们给大地投进过光明，给历史投下过力与汗水，给人类和我的祖国投进过爱和温暖。”[3]

---

1 刘再复:《感谢你,四壁的星光——书屋抒情》,《中国文学》1985年第2期,第4页。

2 刘再复:《感谢你,四壁的星光——书屋抒情》,《中国文学》1985年第2期,第4页。

3 刘再复:《感谢你,四壁的星光——书屋抒情》,《中国文学》1985年第2期,第5页。

（三）语言的语音美

语音美是语音上的和谐美、节奏美、音韵美。

汉字的读音有“平”“仄”之分。阴平、阳平属于平声，上声和去声属于仄声。平声字高亢响亮，仄声字低回短促。平声字与仄声字按一定的规则结合起来，就形成一种声音的抑扬之美。如这种结合又能与文章内容相适应，那就使文章更为生色。

祖国古典诗词讲究声音的抑扬之美，现在的文章也讲究。平仄排列比不排列要好。比如，“张三李四”与“张三王七”相比，前者好听，而后者则不好听。因为前者是二平二仄，有起有落，后者是四字皆平，缺乏抑扬。

除了平仄相应，形成抑扬之外，还要在可能的条件下押大致相近的韵，使句子念起来有一定的节奏，形成一种既抑扬又回环的音乐美。

梁启超的《少年中国说》中的一段：“今日之责任，不在他人，而全在我少年。少年智则国智，少年富则国富，少年强则国强，少年独立则国独立，少年自由则国自由，少年进步则国进步，少年胜于欧洲则国胜于欧洲，少年雄于地球则国雄于地球。红日初升，其道大光。河出伏流，一泻汪洋。潜龙腾渊，鳞爪飞扬，乳虎啸谷，百兽震惶，鹰隼试翼，风尘吸张。奇花初胎，矞矞皇皇。干将发硎，有作其芒。天戴其苍，地履其黄。纵有千古，横有八荒。前途似海，来日方长。美哉我少年中国，与天不老！壮哉我中国少年，与国无疆！”[1]

1977年，考场作文《我的心飞向了毛主席纪念堂》，作者写进入纪念堂的观感。作文分三个层次。第一层次，写“人们都这么说：‘梦’是‘心’所想。我一直对其不解，直到今年九月九日的晚上，我才真正的深深地感到，梦——心所想。”第二层次，写，夜深了，我的理想恍恍惚惚成了“现实”：来到了纪念堂，

1 梁启超:《梁启超全集》,第二集,中国人民大学出版社,2018,第223页。

场景。一直到走出纪念堂，从梦中醒来。第三层次，写愿望，到北京去，到纪念堂。

作文的重心是第二层次，表述的精彩部分也在这一层次。在这一部分，从写时值仲秋，到纪念堂，纪念堂的外观，再到进入北大厅，写“迎面端坐着毛主席的塑像，塑像的背后是一幅规模巨大的挂毯，五彩缤纷的绒绣图案，显示了我们祖国的大好河山，看着这一切，我仿佛看见：

那英夷运进中国的一箱箱鸦片，正被焚烧在虎门海滩；那黄浦江横冲直撞的外国军舰，也一洗其骄横的气焰；那安源煤矿工人的呼声，那南昌城头的枪声，那黄洋界上的炮声，犹响在我的耳畔；

层层火阵，烧得野牛焦头烂额，只只战船，飞渡长江天堑……

天安门广场猎猎舞动的国旗，更把我的思绪萦牵。

大庆的井架，大寨的梯田，“硬骨头六连”的刺刀，人造地球卫星从冥冥天空送回的讯号出现在我的眼前，响在我耳边……”

下面，再把形象美、句式美、语音美三点结合起来谈。

自古英雄出少年，例举“少年”，考场作文。

1977年9月，中国教育部在北京召开全国高等学校招生工作会议，决定恢复已经停止了十余年的全国高等院校招生考试，以统一考试、择优录取的方式选拔人才。

1977年10月12日，国务院宣布恢复高考。10月21日，中央人民广播电台等媒体以头条新闻发布高考恢复的消息，消息迅即传遍祖国大地。从此，被关闭了十余年的高考考场，重新敞开大门。当年，有570多万出身不同、年龄悬殊、身份迥异的考生涌进考场，甚至有不少父子、母女、兄弟、姐妹、师生携手走进同一考场。当时，几乎所有的考点门口都拉起了这样的横幅：祖国，请您挑选！

1977年12月的高考，是中国历史上唯一的一次冬季高考。这次不同寻常的考试，改写了无数人的人生轨迹。对于570万中国青年来说，那个冬日阳光灿烂。

半年之后，又迎来“特殊年代”后的第一次全国统一招生考试。1977年冬和1978年夏的中国高考，是世界历史上规模最大的考试，报考人数达1160万。1977级学生于1978年春季入学，1978级学生在秋天入学。两次招生仅相隔半年。

1977年的高考，由于时间紧迫，无法组织统一命题，中央要求各省自行组织，自主命题，自定考试时间。山西卷的作文题目是《心里的话儿献给华主席》。那年，山西省五台县考生边新文因其考场作文一举扬名，其作文于1978年4月7日被《人民日报》刊载。

作文分四个层次，层层递进，逻辑严密。全篇句式工整，文辞秀美，

第一层次，阐明写作的目的：“我在词汇的花园里采集，构筑我心中最美好的诗句；我在音韵的瀚海上游渡，谱写我心中最庄严的乐曲。啊，英明的领袖华主席，我把心里的话儿献给您；我把火热的颂歌献给您。”[1]

第二层次，分四个自然段，记述1976年那个特殊的年份，用“谁能忘”“多少次”等阐述蒙在当时人们心头的“忧郁”，然后以“啊，九月的愁云，化作十月的虹霓，九月的悲泪，化作十月的喜雨”[2]等结束该层次。

第三层次，历数“拯救了危亡的敬爱的领袖”的丰功伟绩并抒发人们的欣喜之情。

“忘不了，汾河湾畔怒浪激，吕梁山里杀声起，您走遍千山万水，砍断过日本侵略者的铁蹄，创造过飞歼蒋匪邦的奇迹；忘不了，翠竹千里，稻香吐绿，送走晚霞，迎来晨曦，您在太阳的

1 边新文:《心里的话儿献给华主席》,《人民日报》1978年4月7日。
2 边新文:《心里的话儿献给华主席》,《人民日报》1978年4月7日。

故乡扶持过合作化田野上的耕犁，斩伐过公社化道路上的丛丛荆棘；忘不了，珠峰起舞，捧起哈达万匹，渤海扬波，笑成万朵金菊，您在雅鲁藏布江滨访问昔日的奴隶，您在唐山、营口灾区撒下党的春雨……”[1]

第四层次，决心和展望：“征途呀，纵有千座浪屿、万丛荆棘；革命呀，纵有千道险隘，万道难关，我八亿人民跟着您呀，丹心不变，壮志不移！”“敬爱的领袖华主席，您必将用马列主义、毛泽东思想的光辉，照耀通向共产主义的新的伟大长征的千里万里。”[2]

另一篇“名扬天下”之作。江西考生付义琳的《语文，心中的一泓清泉——乐语文赋》。

1977年的高考恢复，各省自主命题，从1978年开始全国统考。1985年，上海市单独命题；2002年，北京市开始试行自主命题。随后，更多的省份跟进，自主命题在更大的范围内展开。

2007年，江西省单独命题，作文说明与写作要求如下：

阅读下面的文字，按要求作文。

每天，我们都和语文打交道，无论课内还是课外。在你记忆的深处，或许留有语文学习的难忘印象，或许有过关于语文的诸多感慨。

请在下列题目中任选一题作文：

1.语文，心中的一泓清泉　2.语文，想说爱你不容易

要求：不得另拟题目；不得透露个人的相关信息；立意自定；文体自选；不少于800字；不得抄袭或套作。

考生付义琳选了第一个题目，并添加了副标题，完整的题目成为《语文，心中的一泓清泉——乐语文赋》。对于应试来说，添加副标题乃斗胆之举。该文先写语文的自然之姿，后写语文的社会之态，再写不学语文之弊端，最后写学好语文之道。此外，

1 边新文:《心里的话儿献给华主席》,《人民日报》1978年4月7日。

2 边新文:《心里的话儿献给华主席》,《人民日报》1978年4月7日。

文面书写也令人赞赏，全文没有一处涂改，没有一个错别字，连标点符号的使用也十分规范。此文一出，便震惊四座，阅卷场地一片感慨之声，后生可畏！

请看考生笔下语文的自然之姿：

“若夫春也，初雷数声，残冰几块；近郊紫红，远山青黛；飞絮竞逐，游丝相赛；粉蝶恋花，黄蛱绕菜；帘外燕舞堪怜，柳底莺穿可爱；鸟鸣春眠不觉，花落未扫犹在。

“夏也，朝雨迷蒙，暮云叆叇；叶浮飘萍，波翻细麦；浅涧水灵，深林天籁；东海涛惊，北泽浪骇；芰荷覆水景致，牛鹭留人风采；西园草盛径迷，南岭藤多路窄。

“秋也，落日榴赤，流云梨白；薄雾可织，明霞堪裁；山前秋草，庭下凉槐；静菊独傲，过雁相排；丹枫烂漫之极，白鹤野闲之太；碧落爽朗无云，银河澄莹如带。

“冬也，巷陌流光，亭榭溢彩；苏幕密遮，红樱轻摆；寒烛影煌，暖日杳霭；丝竹冬丁，舟桡欸乃；翠竹环绕地阁，蜡梅暗发山脉；凉风遍地骤驰，瑞雪漫天扑盖。”[1]

看语文的社会之态：

“语文者，如桑前之所，泉后之宅；高朋座满，雅客常来；美韵众和，佳酿频斾；歌阑箸落，宴罢冠歪。

“语文者，如同窗旧交，忘机少艾；垂虹胸襟，捉月气概；可与登楚岫，渡秦淮，游阆苑，醉蓬莱，攀绝壁之青松，抚穷乡之古柏；指杏酒以约沽，临陂路而议买。

“语文者，如绮阁绿眉，雕楼青睐；雾寰杏眼，云鬟桃腮；可与之泛舟江南，系马河外；尽历三湘，遍游九派；高歌土家，低吟苗寨，品笛中原，吹笳边塞。”[2]

全篇以赋为文，竭尽铺排之能事，写尽语文的千姿百态。又

1 付义琳:《语文,心中的一泓清泉——乐语文赋》,载《课堂内外·创新作文》2008年7—8月号,总第392、395期,第77页。

2 付义琳:《语文,心中的一泓清泉——乐语文赋》,载《课堂内外·创新作文》2008年7—8月号,总第392、395期,第77页。

用对比手法，说明有无语文对人的价值所在，也道尽学习语文的艰辛和追求的苦况。最后，归结到语文“洵为一泓清泉”，可逸致、可开怀的功能。

赋文对仗工整，文采秀美，华章灿烂，比喻、借代、排比等修辞手法无不恰到好处，驾驭语言的能力达到了登峰造极的地步。甚至有评价曰：作者古文功底极为丰厚，遣词造句准确简洁，对辞赋文体格式相当熟练，四六句式运用自如，一些生僻古雅词藻屡现笔端，令人叹为观止[1]。虽多有借鉴，但作者本人加工推敲的痕迹赫然在目，除“远山青黛”是现成的辞藻，“登楚岫，渡秦淮，游阆苑，醉蓬莱”出自《笠翁对韵》之外，其余均为作者独创。个别地方虽有以辞害意之嫌，但瑕不掩瑜，仍为难得之佳作。

1 付义琳:《语文,心中的一泓清泉——乐语文赋》,《课堂内外·创新作文》2008年7—8月号,总第392、395期,第77页。

结 语

致魅力汉语

你有着人世间最高雅的气质，
你有着世界上最谐美的韵律。
你生命的基因，流传于我们世代相承的血脉，
你青春的乐章，续写于我们日夜兼程的步履。

你从黄河之滨走来，编织着北方父老丰收的希冀，
你从长江岸边走来，洋溢着南国少女笑靥的甜蜜。
东海惊涛，拍打过你扬帆远航的舟楫。
西北大漠，记录着你雄烈长啸的豪气。

你是莘莘学子披星戴月的艰苦奔袭，
你是高考场上接受挑选的稚嫩笔迹。
你是哥德巴赫猜想那群峰竞秀的“1+2”高地，
你是汉赋、唐诗、宋词、明清小说、戏剧……

日月经天，你是江河行地，
春华秋实，你是多彩四季。
佳节盛会，你是激情飞扬的舞姿和星空绽放的花雨，

霓虹灯下，你是情侣温馨的细语和急促幸福的呼吸。

你是轰轰烈烈的造山运动，是我灵魂中连绵无际的山系，
你是数千年悠长的记忆，是正在吐露的娇红媚紫的晨曦……
执子之手，与子同生，
每个黎明，我们都热情地张开双臂，一起迎接太阳升起……

主要参考文献

［1］艾萨克·牛顿.自然哲学的数学原理［M］.重庆：重庆出版社，2015.

［2］保罗·甘乃迪.世界强权的兴衰［M］.香港：中华书局有限公司，1989.

［3］贝罗赫.1900年以来第三世界的经济发展［M］.上海：上海译文出版社，1979.

［4］贝奈戴托·克罗齐.历史学的理论与实际［M］.北京：商务印书馆，1982.

［5］曹胜强，孙卓彩.墨子研究［M］.北京：中国社会科学出版社，2008.

［6］曹雪芹.红楼梦［M］.北京：人民文学出版社，1980年版.

［7］晁瑞.汉语文体学概论［M］.成都：西南交通大学出版社，2022.

［8］陈高墉.墨辩今解［M］.北京：商务印书馆，2016.

［9］陈鼓应.老子今注今译［M］.北京：商务印书馆，2016.

［10］陈果安.现代写作学引论［M］.长沙：中南大学出版社，2008.

［11］陈剑晖.诗性想象：百年散文理论体系与文化话语建构［M］.广州：广东人民出版社，2014.

［12］陈开枝.起点——邓小平南方之行［M］.北京：中国文史出版社，2008.

［13］陈明远.劫后诗存——陈明远诗选［M］.北京：世界知识出版社，1988.

［14］陈平原.中国现代小说的起点——清末民初小说研究［M］.北京：北京大学出版社，2005.

［15］陈众议.文学原理学批评及其他［M］.北京：中国社会科学出版社，2022年.

［16］陈柱.中国散文史［M］.北京：东方出版社，2012.

［17］褚斌杰.中国古代文体概论［M］.北京：北京大学出版社，1990.

［18］崔清田主编.名学与辩学［M］.太原：山西教育出版社，1997.

［19］党庆兰.风雨兼程——现代中国政治经济的重建与社会演进［M］.兰州：兰州大学出版社，2018.

［20］党庆兰.大国成长的逻辑——现代中国社会的新陈代谢与政治经济演进［M］.兰州：兰州大学出版社，2024.

［21］丁福保.历代诗话续编［M］.北京：中华书局，2006.

［22］杜福磊.散文美学［M］.开封：河南大学出版社，1991.

［23］杜福磊.中国写作学理论研究与发展［M］.北京：中央编译出版社，2004.

［24］范文澜.中国通史简编·第二编修订本［M］.北京：人民出版社，1965.

［25］范文澜.中国通史简编·第三编修订本［M］.北京：人民出版社，1965.

［26］方纪.挥手之间［M］.北京：作家出版社，1963.

［27］伏契克.绞刑架下的报告［M］.北京：中国青年出版社，1995.

［28］高朝先.南散曲概论［M］.北京：中国书籍出版社，2022.

［29］顾随.中国古典诗词感发［M］.北京：北京大学出版社，2012.

［30］顾炎武，黄汝成，栾保群.日知录集释［M］.北京：中华书局，2020.

［31］关秀丽.文学理论与文学创作研究［M］.北京：现代出版社，2019.

［32］郭沫若.郭沫若选集［M］.成都：四川人民出版社，1979.

［33］郭绍虞.中国文学批评史［M］.天津：百花文艺出版社，2008年.

［34］郭绍虞.中国历代文论选［M］.上海：上海古籍出版社，1979.

［35］郭书田，刘纯彬.失衡的中国［M］.石家庄：河北人民出版社，1990.

［36］郭预衡.中国散文史［M］.上海：上海古籍出版社，2011.

［37］国家统计局.八十年代的中国经济［M］.北京：中国统计出版社，1992.

［38］何博传.山坳上的中国［M］.贵阳：贵州人民出版社，1988.

［39］何传启.现代化科学：国家发达的科学原理［M］.北京：科学出版社，2010.

［40］何宁.淮南子集释［M］.北京：中华书局，1998.

［41］贺桂梅.书写“中国气派”：当代文学与民族形式构建［M］.北京：北京大学出版社，2020.

［42］贺桂梅.思想中国：批判的当代视野［M］.广州：广东人民出版社，2014.

［43］贺敬之.雷锋之歌［M］.北京：中国青年出版社，1963.

［44］亨利·基辛格.白宫岁月——基辛格回忆录［M］.北京：世界知识出版社，1980.

［45］洪治纲.中国新世纪文学的日常生活诗学［M］.合肥：安徽教育出版社，2020.

［46］胡鞍钢.中国社会政治经济史论［M］.北京：清华大学出版社，2008.

［47］胡传志.金代文学研究［M］.合肥：安徽大学出版社，2000.

［48］胡适.胡适作品集［M］.北京：中国工人出版社，2003.

［49］胡适.中国哲学史大纲［M］.北京：北京大学出版社，2013.

［50］贾平凹.贾平凹散文全编［M］.长春：时代文艺出版社，2015年.

［51］江少川.实用写作教程［M］.武汉：华中师范大学出版社，1989.

［52］姜宝昌.墨守训释［M］.济南：齐鲁书社，2014.

［53］靳凡.公开的情书［M］.北京：北京出版社，1981.

［54］卡尔·雅斯贝斯.历史的起源与目标［M］.北京：华夏出版社，1989.

［55］柯蓝.早霞短笛［M］.北京：作家出版社，1958.

［56］柯林武德.历史的观念［M］.北京：北京大学出版社，2010.

［57］科林·塔奇.树的秘密生活：它们如何生存，如何与我们息息相依［M］.商务印书馆，2015.

［58］李成."中产"中国——超越经济转型的新兴中国中产阶级［M］.上海：上海译文出版社，2013.

［59］李道荣．中国古代写作学概论［M］．郑州：文心出版社，1994.

［60］李雷东．语言学维度下的先秦墨家名辩［M］．北京：中国社会科学出版社，2013.

［61］李乾元．第三个春天——中国农业的合作之路［M］．北京：人民出版社，2011.

［62］李秀林，王于，李淮春．辩证唯物主义和历史唯物主义原理［M］．北京：中国人民大学出版社，1982.

［63］李渔．李笠翁曲话译注［M］．天津：天津古籍出版社，1988.

［64］理查德・尼克松．领袖们［M］．海口：海南出版社，2008.

［65］丽塔・菲尔斯基．文学之用［M］．南京：南京大学出版社，2019.

［66］梁启超．梁启超全集［M］．北京：中国人民大学出版社，2018.

［67］刘国正，陶伯英．中国近现代名家作文论［M］．郑州：文心出版社，1992.

［68］刘祁．归潜志［M］．北京：中华书局，1983.

［69］刘锡庆．基础写作学［M］．北京：人民教育出版社，2006.

［70］龙榆生．词曲概论［M］．北京：人民文学出版社，2018年版。

［71］卢锋．大国追赶的经济学观察——理解中国开放宏观经济［M］．北京：北京大学出版社，2014.

［72］卢梭．忏悔录［M］．北京：商务印书馆，2009.

［73］鲁思・本尼迪克特．菊与刀［M］．北京：商务印书馆，1990.

［74］鲁迅．鲁迅论创作［M］．上海：上海文艺出版社，

1983.

［75］鲁迅.鲁迅选集·小说散文卷［M］.济南：山东文艺出版社，1990.

［76］路易斯·亨利·摩尔根.古代社会［M］.北京：商务印书馆，1977.

［77］罗根泽.中国文学批评史［M］.上海：上海人民出版社，2015年.

［78］马立诚.交锋——当代中国三次思想解放实录［M］.北京：今日中国出版社，1998.

［79］马茂元.古诗十九首初探［M］.西安：陕西人民出版社，1981.

［80］孟德斯鸠.论法的精神［M］.北京：商务印书馆，1963.

［81］缪文远，缪伟，罗永莲.战国策［M］.北京：中华书局，2012.

［82］尼科洛·马基雅维利.君主论［M］.北京：商务印书馆，1985.

［83］钱理群，温儒敏，吴福辉.中国现代文学三十年［M］.北京：北京大学出版社，2024.

［84］秦牧.秦牧文集［M］.沈阳：春风文艺出版社，1985.

［85］食指.相信未来：食指诗选［M］.南京：江苏凤凰文艺出版社，2016.

［86］史仲文.汉语是这样美丽的［M］.北京：北京工业大学出版社，2007.

［87］舒婷.致橡树［M］.北京：江苏文艺出版社，2003.

［88］舒婷.影响了我的两百首诗词［M］.天津：百花文艺出版社，2005.

［89］司马迁.史记［M］.北京：中华书局，1959。

［90］斯塔夫里亚诺斯.全球分裂：第三世界的历史进程

［M］.北京：商务印书馆，1993.

［91］苏洵.嘉祐集［M］.北京：商务印书馆，1924.

［92］谭家健.先秦散文艺术新探［M］.济南：齐鲁书社，2007.

［93］田雪原.人口大国的希望：中国人口转变的理论与实践［M］.北京：社会科学文献出版社，2011.

［94］王必胜.邓拓散文选集［M］.天津：百花文艺出版社，1996.

［95］王吉绯.万有能量的哲学原理［M］.北京：当代中国出版社，2013.

［96］王蒙：王蒙散文［M］.北京：人民文学出版社，2022.

［97］王钦韶主编.中国现代文章写作学的历史发展［M］.郑州：文心出版社，1997.

［98］王世舜.庄子注译［M］.济南：齐鲁书社，2009.

［99］王元骧.文学原理［M］.杭州：浙江大学出版社，2018.

［100］王振铎.编辑学理与媒体创新［M］.开封：河南大学出版社，2010.

［101］王志彬.20世纪中国写作理论史［M］.南京：南京大学出版社，2002.

［102］王志彬.文心雕龙［M］.北京：中华书局，2012.

［103］王志清.心智场景［M］.北京：中国华侨出版社，1996.

［104］魏巍.谁是最可爱的人［M］.北京：人民文学出版社，1961.

［105］吴楚材，吴调侯.古文观止［M］.中华书局，1959.

［106］吴锦才.决定中国方向的新因素［M］.银川：宁夏人民出版社，1993.

［107］吴敬梓.儒林外史［M］.北京：人民文学出版社，

1981.

［108］吴岩主编.20世纪中国科幻小说史［M］.北京：北京大学出版社，2022.

［109］夏丏尊，叶圣陶.文章讲话［M］.郑州：文心出版社，2019.

［110］许维遹.吕氏春秋集释［M］.北京：中华书局，2016.

［111］亚理斯多德，贺拉斯.诗学·诗艺［M］.北京：人民文学出版社，1982.

［112］杨耕.为马克思辩护——对马克思哲学的一种新解读［M］.北京：中国人民大学出版社，2010.

［113］杨荣国.孔墨的思想［M］.北京：读书·生活·新知三联书店，2014.

［114］杨继绳.中国当代社会阶层分析［M］.南昌：江西高校出版社，2011.

［115］杨鹏飞.从传统社会到现代文明——十六至十九世纪世界政治经济秩序的重建与社会变迁［M］.兰州：兰州大学出版社，2015.

［116］杨鹏飞.大洋彼岸的历史学观察——美国政治经济的演进与社会变迁［M］.兰州：兰州大学出版社，2020.

［117］杨鹏飞.在大数据时代相逢——对十六世纪以来世界历史恢宏场景的新解读［M］.兰州：兰州大学出版社，2017.

［118］游国恩，李易：陆游诗选［M］.北京：人民文学出版社，2020.

［119］游国恩，王起，萧涤非等.中国文学史［M］.北京：人民文学出版社，1963.

［120］余英时.红楼梦的两个世界［M］.上海：上海社会科学院出版社，2006.

［121］虞伟.中国古代文学理论与典型主题研究［M］.天津：天津人民出版社，2021.

[122] 詹剑峰.墨家的形式逻辑[M].武汉：湖北人民出版社，1956.

[123] 詹玲.当代中国科幻小说转型研究[M].北京：中国社会科学出版社，2022.

[124] 张觉.韩非子译注[M].上海：上海古籍出版社，2012.

[125] 张扬.第二次握手[M].北京：中国青年出版社，1979.

[126] 章哲，陈世华.中国人才大流动[M].改革出版社，1992.

[127] 中共中央文献研究室.毛泽东诗词集[M].北京：中央文献出版社，1996.

[128] 中共中央文献研究室.毛泽东书信选集[M].北京：人民出版社，1983.

[129] 周振甫.文心雕龙今译[M].北京：中华书局，2013.

[130] 周振甫.诗经译注[M].北京：中华书局，2010.

[131] 朱光潜.克罗齐哲学述评·欣慨室逻辑学哲学散论[M].北京：中华书局，2012.

[132] 朱自清.朱自清经典散文[M].济南：山东文艺出版社，2018.

[133] 朱自清.古诗十九首[M].北京：中国广播影视出版社，2020.

附　录

本著的内容，重在理论，涉及诸多文种，甚至是所有文种。但是，任何一种文种基本上未在著述的本论部分呈现完整的形态。之所以留此缺憾，主要受著述的结构所限。著述的章节结构，是按文章的几个要素设计的，而任何作品均涉及文章的几大要素。从这个角度说，任何一种文种都无法在著述的本论部分呈现完整的形态。这一缺憾，在附录里可稍作弥补。

论文是实用性较强的一个文种，是学术领域的常用文种，也是最为重要的文种之一，著述应该提供一个规范而完整的学术论文形态。此外，考场作文也不容忽视。普通高考，是中国特色的选拔人才的方式之一，举国关注，举世瞩目。每年的普通高考，都涌现出一批“满分作文”“优秀作文”或“高分作文”。那些可畏后生的优秀作文，文采秀美，华章灿烂，水平之高，如何评价都不过分。一些优秀作文的若干文字，虽在著述的本论部分以论据的形式予以引用，但毕竟是其部分文字，提供一个完整的作文形态，仍属必要。

出于上述考虑，专题学术论文、学术评论和考场作文三种文种，各择两篇，谨附于后。

一、专题论文

（一）专题论文一

人才大流动与当代中国人才配置的优化[1]

摘　要：中国的人才大流动，始于改革开放。从改革开放到21世纪初，包括始于2015年的尚在进行的这次流动，先后出现了五次人才大流动的高潮。就中国人事制度来说，虽然没有质的改变，但原有的制度已大为松动。已经过去的四次人才流动，不论是对于人的解放、我国的现代化建设，还是社会变迁，都具有重大意义并产生了无与伦比的影响，有力地推动了我国的现代化建设。随着现代化进程的不断推进，我国的人才大流动还将继续下去，我国人才市场也将日趋与国际接轨，全球一体的人才配置也将在我国实现。

关键词：人才大流动；现代中国；发展；动力

中国的人才大流动，始于改革开放。在改革开放以前，人才流动也有，但仅仅是一些计划流动，规模极小。从社会经济发展的需要而流动这个角度去考察，那时的流动是微不足道的，甚至可以说谈不上什么流动。对于绝大多数人来说，一辈子只有一个单位、一种工作。若想调动，或敢提调动，就要遭到非议，甚至被扣上“在工作上挑肥拣瘦”“不是干一行爱一行”“革命的逃兵”等一堆帽子。真正的人才大流动，是从改革开放开始的。从

1 现代中国人才大流动选题，此前作者曾做过专题论述。根据需要，予以调整，以标准的论文形态置于附录。参见党庆兰：《大国成长的逻辑——现代中国社会的新陈代谢与政治经济演进》，兰州大学出版社，2024年版。

改革开放到21世纪初，我国的人才大流动出现了五次高潮[1]。从人事制度上说，虽然没有质的改变，但原有的制度毕竟已大为松动。上述四次人才流动，不论是对于人的解放、我国的现代化建设，还是社会变迁，都具有重大意义并产生了无与伦比的影响。

一

第一次人才大流动的高潮出现于1978—1983年，其动力是开始改革开放。

这次流动，是从专业与工作不对口开始，从中小城市开始。当时，中小城市技术力量奇缺，国家调配不能满足需要，所以想办法从大城市吸收人才。为引进人才，承诺解决夫妻分居、子女就业、农转非等问题，有些省份还制定了一些规定、条例，以鼓励人才引进。

在引进人才方面，走在最前面的城市有无锡、常州、襄樊、沙市和四平。继上述五市之后，河北、黑龙江、安徽、山东、甘肃、杭州、宁波、温州等省市迅速仿效。

河北省，1980—1983年举办了三次全国性的科技人才交流会，引进和聘用各类科技人员15000名，同时还放宽了专业技术干部家属、子女“农转非”的条件，对山区和县以下驻地工作满8年或连续工龄满15年的专业技术干部，凡取得助理工程师一级职称的专业技术人员和大学毕业生，其家属是农村户口的可以“农转非”。这样一来，不仅稳定了在基层工作的科技人员，同样也促进了部分科技人才向基层流动，仅石家庄一个地区就有260名专业技术干部流动到了县以下单位工作。

1981年、1982年，黑龙江省分别制定了《关于引进科技人才的暂行规定》《关于促进省内科技人员合理流动的暂行规定》，牡丹江市依据上述规定引进人才2851名。据统计，1983年，从外省调入黑龙江省的专业技术人员680人，而流出的有3100多人，

1 第五次人才大流动始于2015年，直接动力是学科评估、学位点评估和“双一流”建设。此次大流动，还在进行中，故未纳入本文研究的范畴。

流出的是流入的4.6倍，中级以上专业技术人员的流出是流入的9倍，外流人员大多去了南方。

1983年，杭州、宁波、温州、嘉兴、湖州、金华、绍兴等地、市及大部分县基本上都举办过人才交流会，从外省引进人才3900多人，省内人才流动达成协议的有529人[1]。

安徽省，截至1983年底，从省外调入各类人才1083人，其中高级7名，中级275人，一般干部801人，同期调出944人。

20世纪80年代初，山东省在东北、西北、安徽等地引进不少人才。1983年以前，对口调整2247人，从省外引进包括94名工程师在内共2341人，省内调剂余缺3209人，择优录用电大、夜大、函大等毕业生及自学成才者3668人，人事部门直接干预调整14人。

甘肃的科技人员，大多是20世纪50、60年代由外地去甘工作的，土生土长的科技人员仅占20%左右。改革开放伊始，人才外流情况颇为严重。据统计，从1979年5月至1983年底，调出的中级以上科技人员近1000人，初级以下各类科技人员每年都超过1000人。在采取各种改善知识分子待遇的举措之后，直到1984年人才的出入才基本达到平衡。

在这次人才流动高潮中，1983年1月，沈阳市成立了人才交流中心，这是全国第一个人才交流机构。两个月之后，广州也成立了人才交流中心。从此，全国各地纷纷建立起人才交流机构。在这一时期，人才流动的特点是这样的：自己找单位，单位寻找人、去挖人。这种现象，在当时被斥之为“无组织无纪律”“挖墙脚”等。直到1983年7月，国务院颁布国发115号文件，人才流动才获得政府的认可。就当时的实际情况来说，政府也不得不认可。政府的认可，只是对既成事实的一种承认。从制度上说，这种承认非常重要，是对旧有的人才体制的一种否定。

在这次流动高潮中，有一部分人去了南方。去南方者有两种

1 章哲、陈世华:《中国人才大流动》,改革出版社，1992,第21页。

情况，一是原为南方人，调回老家；二是深圳特区建立，去深圳谋发展。当初去深圳者，大部分为打工者，高层次的、受过高等教育的是少数。当时，那些人之所以去深圳，是因为在深圳工作不认户口，不识档案，不识党团关系，不识级别，而只认能力。再者，待遇优厚，没有打击报复，没有整人之事，来去较为自由[1]。就因为这崭新的环境，吸引了一大批人。

同后面的几次相比，第一次人才流动高潮的规模还比较小。当时，人才流动还没有在全国范围内形成一种气候。尽管这样，就总数来说，还比较可观。据统计，1978年，在全国734万专业技术人员中，有81万改行做了其他工作，1979—1980年，调剂干部17万人。1981—1983年，又调整34000人[2]。

这次人才大流动高潮的意义，在于它开了中国人才大流动之先河，在某种程度上否定了旧有的人才体制，为后来的更大规模的人才流动奠定了心理和社会基础。

二

第二次人才大流动的高潮，南迁与西进并举，主流是南迁，涌向海南岛和珠三角。

流动的原因主要有二：一是寻找发展机会，在更广阔的领域寻找施展才华的天地；二是价值追求，寻求高薪待遇，在更高的程度上体现自己的价值和劳动成果。

这次人才大流动，开始于1986年，达到高潮的标志是海南人才潮。海南建省，使中华大地各个角落的人都为之激动不已。当时，很多有志青年都抱着一个心愿：到海南去！到能够施展自己才能的地方去！这样，被遗弃多年的孤悬海外的海南岛，展现出一个史无前例的人才膨胀的情景。去海南，这是一场南征，这支南征大军有10万多人，其主力是大学毕业生、工程师、博士、教授、记者、艺术家。

1 章哲、陈世华:《中国人才大流动》,改革出版社，1992,第24页。

2 章哲、陈世华:《中国人才大流动》,改革出版社，1992,第22页。

当时，这场南征就获得了较高的评价，认为，这场南征，用的武器不是刀枪，而是知识；要消灭的不是什么与之对抗的敌人，而是人类共同的敌人、中国人民最危险的敌人即贫穷和落后；要占领的不是什么领土和财富，而是机会，能够发挥自己才能、实现人生自我价值的一个机会、一份工作；要克服和超越的不是高山峻岭等自然屏障，而是人为的屏障即束缚人们的僵硬保守的人才管理体制[1]。

闯海南，情景极为动人。在海南人才交流中心，接待室的墙壁上贴满了人才需求表。有时，一个20平方米的房间就挤满上百人，走廊里站满人，楼下近邻的单位也挤满了那些毛遂自荐者。找不到座位，就站着填表。人才交流中心办公室，每天都能收到大捆大捆的求职信件，每天都需要10个人拆信。那些信函，有着同样的内容：到海南工作！有着同样的热情：义无反顾，决不后悔！有着同样的口径：十万火急，企盼回音！

据记载，有两个北京姑娘，在海南没找到接收单位，但又不愿回京，于是就在街头卖起大饼。从贵州、上海和齐齐哈尔来的几位男青年，把文凭和学位证塞在裤袋里，到码头扛起了麻袋。辽宁的一个青年，卖血凑路费，到海南找工作，直到路费用完，还没把自己推销出去，发誓决不回大陆，于是到一家快餐店，要求端盘刷碗，工钱随便，饿不死即可。

在海南，无论是大街还是小巷，无论大单位还是小单位，到处都是大学毕业生，只要能留在海南，什么工作都肯做。据统计，到1990年底，登门联系、来函联系者共有18.2万人。海南建省、海南开放，使海南一夜之间成了知识分子最集中的地区之一，成为中国发展变化最快的地区之一。

除海南以外，深圳、珠江三角洲，也涌进大批人才。深圳，几乎在一夜之间成为大都市、移民城。

在这一阶段，全民所有制单位都炮火轰轰，打起了留走大

1 章哲、陈世华:《中国人才大流动》,改革出版社，1992,第26页。

战。人才流动出现多种渠道，有的办调动手续，有的兼职，有的借调，有的辞职，有的停薪留职，有的休长假，有的不辞而别。在此情况下，原单位在暴怒中四处告状。

这是“孔雀东南飞”，还有，西北方向。在从1986年开始的第二次人才大流动高潮中，大部分流动者涌向了南方和东南方，还有一小部分去了西北地区。

从东部到西部，从一片绿海的中原到荒凉的大西北，在当时甚至直到现在，人们都不易接受。对东部地区的人来说，谈论西北即谈虎色变，认为，西北是落后的、荒凉的，在那里即使是城市，烧水做饭也要烧牛粪。环境恶劣，会得心脏病，数年后心脏膨大，无法回缩。在此情况下，一些刚刚大学毕业的青年还是毅然决然地踏上了西去的征程，有的去了甘肃、新疆，有的去了青海。在奔赴西北的途中，他们第一次见到山，第一次见到雪山、荒山、秃岭、戈壁和沙漠，第一次见到大草原。看到上述地貌和景观，特别是晚上，透过车窗，望着月光下的缓缓退去的模糊的山岭，有的就不自觉地想起并吟诵起：“在九曲黄河的上游，在西去列车的窗口。是大西北一个平静的夏夜，是高原上月在中天的时候。一站站灯火扑来，像流萤飞走，一重重山岭闪过，似浪涛奔流……。”

到了西北才发现，那里有很多从东部来的年轻人，有的来自浙江，有的来自河南、湖南以及安徽等，甚至还有刚满18岁的大学毕业的女孩子。那女孩子于14岁考上大学，18岁毕业，毕业后独闯西北。

说起当年的情景，直到今天还历历在目。多年过后，很多人已事业有成。其中有一位单枪匹马独闯西北的青年，曾先后在西北两所大学任教，在被学生评为“大学生心目中的优秀老师”之后，面对学生发表感言：“我生在中南，长在中南，学在中南，学成后来到西北，为西北地区服务。有时想起来，感到对不起父老乡亲。家乡养育了我，而我却没有为家乡做任何事情，我把我最美好的年华奉献给了西北地区，奉献给了西北的教育事业。从另一个角度来想，也有可安慰之处。我想，西北的日出也是祖国的日出，西北的教育事业也是祖国的教育事业。今天，我不能过分地谦虚，过分地谦虚将涉嫌对大家的公正和眼光的怀疑。”当年，随第二次人才大流动高潮而到西北寻求发展的风华正茂的“英雄儿女”，大多还夜以继日地奋战在第一线。

今天看来，不论是南迁还是西进，都可称作“壮举”，其意义均至为重大。大流动，这是一种否定，是对中国知识分子固有心态和形象的否定，也是对大陆人才管理方面的某些成见和习惯作风的否定，对计划经济下计划调配人才管理体制的否定，对僵化保守的社会的全面挑战和否定[1]。发生在80年代中期的人才流动潮，与其说像中国历史上的一次次南征、一次次人口大迁徙，倒不如说是像一次北伐，一次不同于历史上任何一次军事上的北伐。实际上，它是一种新的体制、新的思想对旧的经济体制、僵化保守的人事管理和墨守陈规的思想的一次征伐，是对人心的一次征服[2]。

1986—1988年，中国的人才市场真正地活了起来。据统计，三年之间，约有100万人才渡过长江。百万雄师过大江，这是当代中国史上最为壮丽的一幕。几乎在一夜之间，中国的百万人才涌向了改革开放的前沿。这对于南方的发展，对祖国的整个改革开放事业的推动，以及对当代中国社会经济的变迁的影响之深之大，都是不言而喻的。

这次南征和西进，没有任何动员，没有任何思想工作去做。人往高处走，水往低处流，是人心所向，时代大潮。

三

第三次人才大流动的高潮，开始于1992年，其动力是邓小平南巡，改革开放呈现新局面。

1 章哲、陈世华:《中国人才大流动》,改革出版社，1992,第34页。

2 章哲、陈世华:《中国人才大流动》,改革出版社，1992,第36页。

这次高潮的特点，是规模大。人才流向还是两个：一是南征，二是西进，西进主要是去新疆。在这一阶段，各地区、各单位都费尽心机，设计高招以吸引人才。高工资、大住房、优越的工作环境，“三大件”最少必具一件。

商品经济的发展，刺激了人才流动，而人才流动则又推动了商品经济的发展。人才流动，固然有外部因素，但流动者主体的自我意识和收入意识的觉醒则是关键。首先是自我意识的强化。创造欲、成功欲、贡献欲是“逃亡者”产生逃亡冲动的主要因素。人生难得几回搏，大批具有创造欲的人才要冲出旧环境的束缚闯荡天下，从而实现自我价值。除自我意识之外，收入意识的觉醒也是一个不可忽视的因素。同样的工作，同样的劳动，在不同的环境却有不同的收入，而且收入的差距巨大。分配不公所造成的心理失衡，导致了区域和行业逃亡。

当国家机关工作人员的月工资还在100～200元时，乡镇企业即开350～400元，合资企业开400元，外商独资企业开1000元。为了争夺人才，工资一提再提，水涨船高。中外合资企业华麟企业集团公司投重金聘请副经理，年薪50000元。南德集团公司推出广告，招聘各类人才，年薪10万，奖金10万。1995年，广东一高校招聘人才，开出的待遇是：院士应聘，小轿车一辆，四室两厅房子一套，除工资照发外，每月再补10000元。结果，挖走了上海某高校的一个教授。

90年代初，一家公司搞招聘，年薪30万，拉走了航天部所属的西昌卫星发射中心的月薪只有数百元的几个专家。在此情况下，航天部给国务院打报告，请求国务院予以干涉。后来，国务院在批复中表示：应该促进人才流动，不应阻拦，先进地区更需人才。要给予支持，不要人为地干涉。你想吸引人才，你就得发展起来，一旦发展起来，人才自然会来。

同时，西部某高校的一个教师向东部调动，带上挎包、讲稿，还有以防火车上没有座位而备用的小板凳，50多岁，像刚刚毕业的学生，满怀激情地踏上了东去的征程。一年后，同一学校的一位年轻教师也毅然决然地向东调动，打了10多个月的走留大战。原单位用介绍对象、提供套房等各种办法挽留，但无一顶用。那年轻教师一再表示：什么都不需要，只要求放行，不接受代替放行的任何东西。单位尚未放行，行李即已运走，并扬言，让单位知道走的决心。调动成功，先给上述老教师写信一封："战争已告结束，我又开始享受和平。为争取生存空间，进行了14个月的两线作战，其中之甘苦不言而喻……"老教师收信，立即作复："看到信封上的字，就知是老弟来信，就知你在河西战役中胜利了。为扩大生存空间，你进行了14个月的两线作战，确也值得。"

一些三资企业的老板，在摸透中国知识分子的心理后，及时推出极富人情味的、诗一般的招聘广告，让你看后为之心动。"本公司为所有员工创造公平竞争的工作环境，为富有开拓精神和责任心的员工提供施展才华的天地。优厚的待遇和升迁的机会是属于你的。"有些城市，当7月来临之时，在大街上扯满条幅："欢迎全国大专院校毕业生来我市工作""为一切壮志未酬的优秀人才提供成才机会。"

改革开放后，股票先热，继之而起的是房地产，紧跟着是人才。人才热，一直没降，温度每年都升，越来越高。可以断定，这是一种永恒的热，人才争夺的大战还将继续下去。在中国，人才就业的相对平等，只有通过招聘才能实现。要斩断人情关系，堵死后门，只有用招聘之法。

1992年，是中国人才市场火爆的一年。全国各地，人才市场如雨后春笋般出现，各地的人才市场"生意"兴隆，万头攒动。一度平静了的北京市人才交流服务中心，也突然变得门庭若市，一月数次的人才交流洽谈会，场场爆满。一场春季交流会，来者达20000人。

走在全国改革前列的深圳，人才市场已培育成熟。从1984年起便成立专门机构，将培育人才市场当作改革开放的一项重要内容。据统计，1986—1992年，深圳市人才服务中心仅处理求职信函即达60000余封，向2000余家“三资”企业推荐专业技术人才近万名，直接向200余家“三资”企业、民办高科技企业输送高、中级技术人才300余名，为特区和内地培训各类人才40000余人次。[1]

当年的厦门，共有80000名知识分子，市属50000多人，平均每万人有大专以上学历者464人，高于全国平均水平的3.27倍；市区每万人有大专以上学历者782人，是全国的5.5倍，相当于70年代的日本。在厦门的上述高级人才中，有8000多人系从外地引进。8000精兵，一个正规军的编制。全国的孔雀都飞向这里，这里能不五彩缤纷么[2]!

1993年，广东省为期一月的“人才智力市场”于8月28日隆重开业，短短的几天，即有30个省市近70000人涌入市场[3]。

换一个视角，看看高校，“211工程”之战，炮火轰轰。

中国高校之间的人才争夺，在1991年即已开始。国家教委在一次高校负责人会议上透露，中国将启动一项工程，面向21世纪重点扶持100所大学。对这100所大学，国家实行倾斜政策，把它们办成具有国际水平的大学。其他的学校，国家基本不再投资，而是放权至各省、市或部委。以后的工资，也将实行等级制，根据学校的不同，同一职称的工资要拉开档次，此即“211工程”[4]

上述100所大学的遴选，有诸多硬性指标，办学规模、师资水平、校园环境、科研水平、学校管理等均在其中。衡量水平也有指数，比如承担了多少国家级的研究课题、有多少教授、副教授，教师中获得博士学位和硕士学位者的比例，还有一条让许多

1 刘明华:《世纪旋风:人才“大逃亡”》,重庆大学出版社,1993,第9页。

2 刘明华:《世纪旋风:人才“大逃亡”》,重庆大学出版社,1993,第22页。

3 刘渊源:《大跳槽》,四川人民出版社,1994,第10页。

4 刘明华:《世纪旋风:人才“大逃亡”》,重庆大学出版社,1993,第193页。

校长坐卧不安的指标，必须有15个博士授予点。

为了跻身“211工程”，各校使出了浑身解数。关键的问题仍是人才。师资队伍、科研水平最终都落在人的素质之上，而博士点的授予有种种规定和限制，国家向45岁以下的教授倾斜，涉及的仍是人才问题。于是，各校频频开出“职称专列”。高校人才集中，晋升职称论资排队已司空见惯，一些中青年教师的积极性得不到发挥，这是队伍不稳、人心思走的重要因素。各地各校均试图改变这种状况，以保证科研教学后继有人，但由于受体制的限制，起色不大。

1992年的改革大潮，使许多学校受到震撼。按常规的做法，空一个指标再晋升一个教师，显然无法适应工作需要，更无法跻身工程。一些有魄力、动作快的学校或研究单位，便用专项指标来解决优秀中青年教师的职称问题。

1992年，西北大学破格晋升54名中青年教师为教授或副教授，这一破格数占全校晋升高级职称数的25%，最年轻的教授仅34岁。

清华大学人才荟萃，青年教师占教师总数的1/3。该校重视扩大中青年教师择优晋升高级职称的名额。1992年，有25位50岁以下的教师晋升为教授，其中4位在40岁以下，最年轻的教授32岁。那位32岁的教授，是“特殊年代”后清华大学第一位由讲师越级晋升为教授的青年教师。除此，清华大学在当年还晋升54名40岁以下的青年教师为副教授，其中35岁以下者38名，最年轻的三位副教授只有28岁[1]。

是年，北京大学破格晋升52名教授，92名副教授，数量约占全校晋升数的20%。1993年，又破格晋升31名教授和23名副教授，在这次破格晋升的教授中，40岁以下的有15人，最年轻的教授为29岁，18人具有博士学位。副教授平均年龄在35岁以

1 刘明华:《世纪旋风:人才“大逃亡”》,重庆大学出版社,1993,第194-195页。

下。此外，1992年，北大还有32名青年教师享受政府特殊津贴。

中山大学，着力培养跨世纪人才，1992年，40岁以下晋升为教授的有7人，35岁以下晋升为副教授的有46人。最年轻的教授31岁。河南大学最年轻的教授31岁，湖北大学最年轻的教授32岁，哈尔滨工业大学最年轻的教授29岁。

晋升职称，是稳定队伍的一个重要举措，但为了学校的发展，各校之间的人才争夺也在进行。申报博士点需要至少三名教授。一个点必须有三个研究方向，缺一不可。北京某校要申报一个博士点，其中的一个研究方向缺人，该校决心从外地高校“挖”来一位，组成梯队申报。为此，不惜在校外买下一套单元房，安上程控电话，将住宅钥匙送到教授手中。原单位得知此事，立即采取措施，更换住宅，安装国内直拨电话，每年给1000公里的小车免费指标，保证随时用车，并专门为他成立一个研究所，支持出国开会、讲学等[1]。为了招揽博士到该校工作，该校还出台了一系列政策，凡博士到校即聘为副教授，一次性补助3000元，分房三室一厅，配程控电话一部，科研经费20000元[2]。

人才流动，这是中国历史的一次重大转折，也是中国人才观念的一次重要更新。从1992年春季开始，全国各行各业都动了起来。世界上从没有任何一个国家如中国这般大迁徙。据统计，截至1992年底，上海流动人口已达183万，北京130万，广州110万，成都53万，古城西安的流动人口已相当于该市建国初期人口总数，而深圳的流动人口与常住人口之比竟达38：100，其流动人口已突破240万。

在第三次人才大流动的高潮中，流动者主要是知识分子，胜利者也是知识分子，弃政从商者仅为少数。

市场的作用，就是对资源进行合理的配置，而人才资源的配置应当说是其中最重要的一环。我们要搞活市场，首先要搞活人

1 刘明华:《世纪旋风:人才“大逃亡”》,重庆大学出版社,1993,第195页。

2 刘明华:《世纪旋风:人才“大逃亡”》,重庆大学出版社,1993,第197页。

才市场。生产力中最活跃的因素是人，是掌握一定劳动技能的人，只有人才具有能动性。人才资源配置好了，其他自然资源、生产工具才能发挥应有的效力。对于人才流动，社会有如此评论。

四

第四次人才大流动的高潮出现于2001年，其动力是中国加入世贸组织。

2001年11月，中国加入了世贸组织，中国成为全球最具投资吸引力的地方，外商外企蜂拥而至。据统计，到2002年8月底，在我国投资的外商企业已达41万家。在投资热的背后，是新一轮的中国人才大流动和2300万名经过挑选的中国人才涌向了外资企业。

国际性的人才价格、理念，国际性的评价标准，前所未有地影响了中国人才配置的既有格局，因此，这次人才流动的流量和流速远远超过前三次。

中国加入世贸组织后，跨国公司大量涌入，对人才的需求量空前增加。这一次人才流动与前三次不同的是，除了“金领”“白领”的大量流动外，“高级蓝领”也被卷入大潮，人才价格大幅攀升，人才呈现紧张的态势。

由于人才特别是高级人才需求量大增，“金领”出现奇缺。当年，我国大约需要35万名注册会计师，但市场上仅有50000人，而其中的一大半尚未得到国际机构的认可。除会计师之外，法律专业人员也相当缺乏，截至2000年底，我国有律师11.7万人，而企业则有5000万家，相比于国内市场经济、企业发展的庞大需求，律师缺口之大不言自明[1]。

“白领”是从事脑力劳动的职员，在我国高层的“白领”十分紧俏，在人才市场上十分抢手。据美国最大的人力资源管理咨

1 梁胜:《人才大流动:汹涌澎湃“第四波”》,《党政干部学刊》2003年第8期，第33页。

询公司即翰威特公司的分析，2001年，中国企业主要短缺的四类人才及其缺乏情况是这样的：一般科学技术人才短缺17%，信息与电子商务技术人才短缺20%，项目、客户管理人才短缺32%，领导与管理人才短缺49%。2001年2月，福建七匹狼集团分别在石狮、厦门举办大型人才招聘会，并在北京的媒体上打出广告，以年薪30万至100万元招聘分公司总经理等高级职位，令“七匹狼”始料不及的是，应聘者不足10人[1]。

加入世贸组织后，我国的一些行业陆续对外开放，外资企业在我国大举登陆，我国经济也进入快速发展时期，国有、集体和私营企业齐头并进。由此，人才的需求量剧增。人才需求的变化，推动了人才大流动。高级人才在国际、国内市场上进行流动，在全球范围内进行配置。

中国向世界敞开了大门，人才资源实现了共享，“孔雀西飞”也就成了潮流。据统计，仅仅几年，工商、建设、中国、农业四大国有商业银行外流人员即达41300多人，其中，中国银行有4000多人辞职，中国人民银行总行仅在1999—2000年即有60多人跳槽，基本上都是硕士和博士，他们中的许多人都到了外资银行和金融机构。据统计，仅在世纪之交的数年之间，就有200多家海外保险公司进入中国，那些保险公司的业务骨干有60%来自中国人民保险公司。同时，中国科学院物理研究所的专家也锐减，从700多人减至400人。那些专家，有很大一部分流向了摩托罗拉、微软等跨国公司。曾任对外贸易经济合作部服务贸易处副处长的齐红儿，于1997年开始参与中国加入世贸组织的谈判，1998年2月被任命为中国加入世贸组织谈判服务贸易领域牵头人，成为加入世贸组织谈判核心成员中唯一的女性。2001年1月，突然跳至微软，任微软中国公司政府关系高级经理。次年3月，又辞去微软职务，拟自主创业[2]。

1《中国青年报》2001年3月1日。

2《中国青年报》2002年11月6日。

湖北某家媒体的一位记者，于1992年大学毕业，月薪358元。1995年辞职南下，在联通广东分公司任部门经理，月薪2400元。2000年，跳槽至法国让古戎公司，任让古戎中国区常务副总经理，年薪167万元，外加股权350万元。此后，又跳至香港新华联合有限公司，任首席顾问兼执行总监[1]。

中国最大的城市上海，为吸引人才，放宽了人才进沪的政策，降低了引进人才的门槛。此外，还主动出击，外出招募。上海20家高新技术企业组团进京，向清华、北大等10所北京著名高校出贴求贤。据统计，在世纪之交的五年内，上海共引进人才10余万。广东、江苏、浙江等经济发达地区也高招频出，网罗人才，2000年，仅在清华大学即举办90多场招聘会。联想集团，在全国各地展开招募人才攻势，仅2000年就收进150多名硕士、博士。武汉某高校，去重庆招聘人才，待遇如是：260平方米的住房一套，小轿车一辆，车库一个，安家费、科研启动费各10万。同时，经济欠发达的内陆地区，也开出高价，到发达地区争夺人才。

私营企业是我国企业界的后起之秀，若要在强手如林的商海中发展壮大，就必须有高级的管理人才和技术人才，于是，私营企业也千方百计寻找人才、挖掘人才，不惜高价购买人才。

2002年5月，中共中央办公厅、国务院办公厅联合下发了《2002—2005年全国人才队伍建设规划纲要》，这是中华人民共和国成立以来，我国第一次制定的综合性人才规划。这个规划，有助于我国的人才队伍建设，使我国的人才及早进入人尽其才、才畅其流的运行轨道。

综上所述，中国的人才大流动，开始于改革开放。从改革开放到21世纪初，我国的人才流动出现了五次高潮。从人事制度上说，虽然没有质的改变，但原有的制度毕竟已大为松动。人才大流动，不论是对于我国的现代化建设，还是社会变迁，意义均至

1 梁胜：《人才大流动：汹涌澎湃“第四波”》，《党政干部学刊》2003年第8期，第34页。

为重大。大工业的本性，决定了劳动者的交换，决定了职能的更动，决定了职工的全面流动。马克思的教诲，直到今天仍有意义。我们相信，我国的人才大流动将继续下去，人才市场将日趋与国际接轨，全球一体的人才配置，也将在我国实现。

（二）专题论文二

论克罗齐的历史命题[1]

摘　要：克罗齐是意大利历史学家，分析的、批判的历史哲学的主要代表，提出了“一切真正的历史都是当代史”的重要命题。命题解决了历史的本质问题，完成了对传统历史思维模式的超越与转换，确定了假历史的主要形式和判断标准，强调了认识主体在史学研究中的作用，深化了历史认识论，倡导了新的史学精神，使史学功用得到了真正回归，为史学研究和历史学科的发展开辟了新的天地。

关键词：克罗齐；当代史；史学功用；回归

贝奈戴托·克罗齐是意大利历史学家、哲学家、文学理论家，分析历史哲学的主要代表。德国哲学家黑格尔的哲学、意大利历史哲学家维科的历史理论和意大利文学理论家桑克蒂斯的文学理论，给了他很大影响，使他具有一般哲学家所缺少的史学训练和实践，又具有专业历史学家难以企及的哲学思辨能力。1915年，他出版《历史学的理论和实际》一书，提出了“一切真正的历史都是当代史”的重要命题。这一命题，不仅丰富了人类历史思想资源，而且完成了对传统历史思维模式的转换与超越，使史学功用得到了真正回归。

1　杨鹏飞:《论克罗齐的历史命题》,载杨鹏飞:《在大数据时代相逢——对十六世纪以来世界历史恢宏场景的新解读》,兰州大学出版社,2017,第189-199页。入附录之际,原作者略作调整。

一

克罗齐的历史命题，解决了历史的本质问题，完成了对传统历史思维模式的转换与超越。

按照传统的思维模式，历史是按时间划分的，即以时间为尺度，把历史划分为古代、近代、现代和当代等几个阶段。克罗齐认为，时间是一种外在的尺度，用这种外在的尺度划分历史，是出于对历史本质的肤浅理解。这种按年、月、日顺序排列，按地点、人物、事件组合的编年史，有时虽有某些工具性的参考价值，但由于它不是一种精神活动，与我们的思想无关，所以，它只是一种声音与其他符号的复合物，一种空洞的叙述，是一种过去，而不是真正的历史。

一切历史，当它不再是思想而只是抽象的字句的记录时，就成了编年史。编年史是一种死的历史，它的缺失，是把古代和当代不可分割的关系割裂开来。在它看来，过去的一去不返，现在的也将成为不再有的过去。

历史是什么？克罗齐认为，历史不是尼罗河下游古埃及的金字塔群，也不是南亚次大陆裸露于荒野的古代的遗迹；不是古罗马帝国当年那烽火如烟的战场，也不是锁在博物馆、图书馆里的汗牛充栋的典籍。“当代性”，是“一切历史的内在特性”。[1]如果不具有当代性，那就不是历史。

克罗齐认为，“一切真正的历史都是当代史”。所谓当代，就是指“那种紧跟着某一正在被作出的活动而出现的，作为对那一活动的意识的历史”。[2]历史学家用“生活的体验”和“想象性的重建”注入凝固僵死的历史事件，使乏味的历史事件精神化。从时间上说，“当代史”并不在于时间的长短，[3]而在于过去的历史

1 Benedetto Croce, *History, Its Theory and Practice*, New York: Harcourt, Brace and Company, 1923, p.14.

2 Benedetto Croce, *History, Its Theory and Practice*, New York: Harcourt, Brace and Company, 1923, p.11.

3 长的哪怕是100年或50年，短的那怕是1小时或1分钟。

事件是否与我们今天的思想有联系，是不是被思想的光辉所照耀，在于过去的历史人物是否与我们的精神活动相联系。真正的历史，不仅仅具有“过去”的性质，而且具有“当代”的性质；不应该具有编年的性质，而应该具有观念的性质。“历史决不是关于死亡的历史，而是关于生活的历史”[1]“自然界没有历史”，[2]因为自然界不是一个有思想的理性生物。

克罗齐认为，历史所关怀的是人类的精神生活。历史不是对现象资料进行归纳整理和分门别类的研究，它是一种内在的研究，是从认识主体的心灵或精神出发的。只有被赋予精神时，历史才是活生生的，才是有灵魂的。历史的意义，不在于“过去”的时间的长短，而在于“过去”是不是与“今天”有联系。过去的历史，只有与我们今天的思想息息相关的时候，它才是一种真实的存在，才是活着的过去，才是真正的历史。

在历史研究方面，人们总是试图区分什么是有意义的，什么是没有意义的。其实，根本就没有那个必要。克罗齐认为，一个事实，只有在被人的思想利用时，它才能够进入历史。否则，它就没有任何意义。就像自然界的万物，本身无所谓假、恶、丑、损，所有的真、善、美、益等都是相对存在的。比如一盆花儿，有人说它美，有人说它不美。其实，它本身无所谓美或不美。之所以说它美或不美，完全来自人们的观念。历史研究的选材，也是一样的道理，它决定于现实生活的需要和历史学家个人主观的好恶。历史学家总是依据自己的精神再现、整理、分析和判断它。对过去历史的研究，实际上是当前精神的活动。历史是精神活动，而精神活动永远是当前的，所以，真正的历史永远是当代史。

克罗齐认为，历史学家的兴趣决不在过去，而在当前。实际

1 Benedetto Croce, *History, Its Theory and Practice*, New York: Harcourt, Brace and Company, 1923, p.92.

2 Benedetto Croce, *History, Its Theory and Practice*, New York: Harcourt, Brace and Company, 1923, p.133.

上，历史总是面向当代的需要和实际。“没有一部历史能使我们完全得到满足，因为我们的任何营造都会产生新的事实和新的问题，要求新的解决。”因此，罗马史、希腊史、基督教史、宗教改革史、法国革命史、哲学史、文学史，以及其他一切名目的历史，“总是经常被重写，但总是重写得不一样”。[1] 之所以重写得不一样，那是因为社会在前进，新问题在出现。同时，人们的认识也在永不停息地发展，历史学家对历史的理解也在不断地深化。

由于编年史具有记载特性，所以，传统观点总是认为：编年史先于历史，历史是编年史的派生。克罗齐则认为，上述观点是一种错觉，一种近视。编年史并不先于历史，历史更不是编年史的派生。事实是，先有历史，后有编年史；先有活人，后有死尸。正是活生生的人的思想、观念、意向、体验和灵感等与历史事件的结合，才使得真正的历史具有当代特性，从而先于并超越编年史。

历史是生活的导师[2]。历史关照生活，生活选择历史。历史学家当前的精神和观念不是凭空而来的，而是来自生活。克罗齐认为，是现实生活中的兴趣，促使人们去研究过去的事实，“这种过去的事实，只要和现在生活的一种兴趣打成一片，它就不是针对一种过去的兴趣而是针对一种现在的兴趣。”[3]

“历史并不包含在书本或文献之中。当历史学家批评和解释这些文献时，历史仅仅是作为一种现在的兴趣而活在历史学家的心灵之中”，“历史就是活着的心灵的自我认识”。[4]

1 Benedetto Croce, *History, Its Theory and Practice*, New York: Harcourt, Brace and Company, 1923, p.47.

2 “history is magister vitae“, *Benedetto Croce, History, Its Theory and Practice*, New York: Harcourt, Brace and Company, 1923, p.12.

3 Benedetto Croce, *History, Its Theory and Practice*, New York: Harcourt, Brace and Company, 1923, p.12.

4 R. G. Collingwood, *The Idea of History*, New York: Oxford University Press, 1956, p. 202.

克罗齐的历史命题，及其对历史的本质问题的解决，对传统历史思维模式的转换与超越的完成，为史学研究和历史学科的发展开辟了新的广阔天地。

二

克罗齐的历史命题，解决了当代史的实质以及过去史和当代史可以相互转换及其条件问题。

克罗齐提出的命题即“一切真正的历史都是当代史”，这里的“当代史”有两层含义，一是非当代时间的历史，二是当代时间的历史。

第二层含义易于理解，主要是第一层含义，为什么非当代时间的历史也是当代史呢？为消除字面上的矛盾，克罗齐进行了解释：“这种我们称之为或愿意称之为‘非当代史’或‘过去’史的历史已形成，假如真是一种历史，亦即假如具有某种意义而不是一种空洞的回声，也是就当代的，和当代史没有任何区别。它的存在的条件是，它所叙述的事实必须在历史家的心灵中回荡”。[1]

很清楚，非当代史因为是“具有某种意义”的真历史，从而等同为当代史。对这“某种意义”，克罗齐进行了具体阐述：当我所处的历史时期的文化，向我提出有关希腊文明或柏拉图哲学或其它问题时，那个问题跟我的生活、我所从事的工作、或我所沉溺的爱情、或威胁我的某种危险的历史跟我的关系是一样的。我用同样的焦虑去考察它，同样感到不快，直到把它解决为止。在这种情形下，希腊生活对我就是当前的。[2]这“某种意义”，就是现实生活的兴趣和需要，也是历史与现在生活的联系，历史因为这种联系而成为真正的历史即可以等同为当代史的历史。如果失去了那种联系，那就不能叫作真正的历史。“如果那种联系中

1 Benedetto Croce, *History, Its Theory and Practice*, New York: Harcourt, Brace and Company, 1923, p.12.

2 Benedetto Croce, *History, Its Theory and Practice*, New York: Harcourt, Brace and Company, 1923, p.13.

断了，我们就不能把下余的东西再叫作历史了，因为历史不是别的，而是那种联系”。[1]应该明白，是因为“非当代史”具有与现在生活的联系而被克罗齐称之为当代史的。那种联系，使非当代史具有了“当代性”，从而等同为当代史。

当代时间是当代史的存在形式，只是历史中一部分所具有的特点。非当代史不可能有当代的时间，但却可能因为与现在生活的联系而具有当代性。[2]“当代性不是某一类历史的特征，而是一切历史的内在特征”，[3]所以，如果从时间上理解，“一切真正的历史都是当代史”这一命题是矛盾、荒谬的，但从当代性上理解，却是合理的。一切真正的历史都是“当代性”上的当代史，这就是克罗齐的命题实质所在。[4]

克罗齐认为，使历史具有当代性的历史与现实生活的联系，是在现实生活的发展变化的召唤之下显现的。“当生活的发展需要它们时，死历史就会复活，过去史就会再变成现在的”“目前，被我们看成编年史的大段大段的历史、沉默的文献，是会依次被新的生活光辉所扫射，并再度发声的。”[5]这就解决了过去史和当代史怎样相互转换及其条件问题。

同当代史一样，过去史存在的条件是“它所述的事迹必须在历史家的心灵中回荡”，如果说，当代史是直接从生活中涌现出来的，那么“被称为非当代史的历史也是从生活中涌现出来的。因为，显而易见，只有现实生活中的兴趣方能使人去研究过去的

1 Benedetto Croce, *History, Its Theory and Practice*, New York: Harcourt, Brace and Company, 1923, p.16.

2 丁向阳:《对克罗齐“一切真历史都是当代史”的理解》,《江汉论坛》1988年第6期,第63页。

3 Benedetto Croce, *History, Its Theory and Practice*, New York: Harcourt, Brace and Company, 1923, p.14.

4 丁向阳:《对克罗齐“一切真历史都是当代史”的理解》,《江汉论坛》1988年第6期,第63页。

5 Benedetto Croce, *History, Its Theory and Practice*, New York: Harcourt, Brace and Company, 1923, pp.24-25.

事实。因此，这种过去的事实只要和现在生活的一种兴趣打成一片，它就不是针对一种过去的兴趣而是针对一种现在的兴趣的”。[1]

克罗齐认为，历史学家的本领再大，也没有办法把无限丰富的人类社会的历史全部展示出来。展示什么，肯定是有特殊原因的。

一个历史学家，注意到某一个历史事实，决不仅仅是历史事实本身的缘故，而是历史学家的缘故，即历史学家的兴趣。这个兴趣，就是为了解决当代人所需要解决的问题。每当这个时候，死历史就会复活，过去史就会变成当代史。古罗马人和希腊人躺在坟墓里，直到文艺复兴时期，欧洲人的精神有了新的发展和成熟，便根据时代的需要把他们唤醒，于是古罗马和古希腊的过去史就变成了那个时代的当代史。[2] 原始文明，因为它粗糙和野蛮而遭受人们的误解和冷遇，直到浪漫主义时代，它才被理解和注意。可见，“当代性”不是某一类历史的特征，而是一切历史的特征。人们活生生的兴趣，决不是对于已经死去了的过去的兴趣，而是对当前生活的兴趣。历史学家撰写历史，也不是为死去的人而撰写的，而是为活着的人而撰写的。所有这一切，都打有当代性的烙印。

三

克罗齐的历史命题，确定了假历史的主要形式及判断标准，解决了如何看待假历史的问题。

在克罗齐的命题中，既然有“真历史”这样的概念，是不是在它之外还有“假历史”呢？克罗齐认为是有的。其实，克罗齐的“真历史”，就是针对“假历史”而言的。由此出发，克罗齐进一步批判了在传统史学思维模式束缚下派生出来的假历史。

1 Benedetto Croce, *History, Its Theory and Practice*, New York: Harcourt, Brace and Company, 1923, p.12.

2 Benedetto Croce, *History, Its Theory and Practice*, New York: Harcourt, Brace and Company, 1923, p.24.

克罗齐认为，假历史有三种形式，即编年史、诗歌性的历史和实用性的历史。

首先是编年史。克罗齐认为，编年史即语文性的历史、语文文献学历史或考证的历史，是假历史的最主要的形式，它专致于文献的发掘整理、甄别考证、排列事实，是锁在图书馆、博物馆和档案馆里的历史，与我们的思想无关，与现实无关。不管怎么努力，不管怎么不辞劳苦，要用外在的事物写一部历史是不可能的。把编年史清除杂质、分成断简、重新加以组合、重新加以安排，它还是编年史，永远是，因为它还是空洞的叙述；把文献恢复过来、重现出来、加以描绘、加以排比，它仍旧是文献，因为它仍旧是无言之物。其实，编年史就是从一本或多本书中汇集出来的一本新书，说得通俗一点儿，叫作“汇编”。[1]尽管它非常渊博，尽管它“具有一副尊严和科学的外貌”，有时也不乏实用性，但它“缺乏滋养及温暖人们的精神与心灵的字句”，[2]不含任何历史意识和时代气息，只能是一种“华美的无知”，[3]不是真正的历史。

其次，诗歌性的历史。克罗齐认为，诗歌性的历史就是“感情的历史”，是用爱情、眼泪和蔑视写成的，充满着多情的、忧郁的、怀乡的、悲观的、自信的和欢乐的感情。[4]从表面来看，这种历史好像克服了语文性历史的冷漠态度，史料已被情感作为价值所支配。但是，历史是精神的历史，支配历史写作的是精神的价值、思想的价值。“情操是生活，不是思想，当这种生活在被思想所支配以前获得表达和表现时，我们得到的是诗歌，不是历

1 Benedetto Croce, *History, Its Theory and Practice*, New York: Harcourt, Brace and Company, 1923, p.27.

2 Benedetto Croce, *History, Its Theory and Practice*, New York: Harcourt, Brace and Company, 1923, p.28.

3 Benedetto Croce, *History, Its Theory and Practice*, New York: Harcourt, Brace and Company, 1923, p.30.

4 Benedetto Croce, *History, Its Theory and Practice*, New York: Harcourt, Brace and Company, 1923, p.35.

史。为了把诗歌性传记变成真正的历史性传记，我们必须压下我们的爱情、眼泪、蔑视，必须找出个人在社会活动或文明中起过什么作用；我们对国别史和人类史，对每一组无论是大事或小事的事实和对每一类事件都应当这样。[1]因此，历史学家必须用“思想的价值去代替，亦即改变情操的价值”，必须消除神话和偶像，正确估价一切人和事在社会活动和文明中所起的作用。如果说情感，那就是历史学家必须具有的寻求历史真理的情感。“如果我们不能达到这种思想‘主观性’的高度，我们只会产生诗歌，不会产生历史。”[2]历史是批判，不是情感的发泄，没有批判而只发泄情感，结果只是诗歌而不是历史。[3]诗歌性的历史，用情感价值代替了思想价值，因此，不是真正的历史。

再次，是实用性的历史。克罗齐认为，实用性的历史是用范例去传授哲理，激发善行、宣扬德政，把历史看成是一部演说家的讲稿，一种范例的哲学，看成是心灵的教育形式或具有感人、悦人、诲人等功能。[4]历史给人的教育应是高层次的历史哲学的教育，是历史感的教育，是对历史发展思想的理解和把握，但这种历史以道德为标准，把历史庸俗化了，脱离了真正历史的轨道，它只是“一种利用历史的讲述作为手段或手段之一的实际活动”，[5]有一个实用的目的，没有丝毫的哲学的批判，其价值本不足道，但影响却极为广泛，只要想一想任何国家的中小学教科书

1 Benedetto Croce, *History, Its Theory and Practice*, New York: Harcourt, Brace and Company, 1923, p.36–37.

2 Benedetto Croce, *History, Its Theory and Practice*, New York: Harcourt, Brace and Company, 1923, p.37.

3 朱光潜:《克罗齐哲学述评:欣慨室逻辑学哲学散论》,中华书局,2012,第66页。

4 Benedetto Croce, *History, Its Theory and Practice*, New York: Harcourt, Brace and Company, 1923, p.42.

5 Benedetto Croce, *History, Its Theory and Practice*, New York: Harcourt, Brace and Company, 1923, p.42.

就可以明白。[1]它只是说教或娱乐的工具，而不是真正的历史。

编年史是假历史的最主要的形式，克罗齐对“历史”和“编年史”作了严格的区别。他认为，“编年史与历史得以区别开来，并非因为它们是两种互相补充的历史形式，也不是因为这一种从属于那一种，而是因为它们是两种不同的精神态度”。

编年史学家所关心的是“不同时代”里的人和事，而“历史”所关心的是不同年代里的“人类的精神和思想”。研究基督教的历史学家，必须具有对基督教的热情和感受，否则，他就无法认识和表达福音书的真精神；研究法国革命的历史学家，他必须具有对自由、平等、博爱的热情和感受，否则，他就无法认识和表达法国革命的精神。

“流传下来给我们的伟大的希腊画家的名字，并不构成一部希腊绘画史，它们只构成一部希腊绘画的编年史。因而，编年史乃是仅仅根据证词而被相信的过去，但不是历史地被认识到的过去。这种信念是一种纯属意志的行为，它是那种要保存我们并不理解的某些陈述的意志。如果我们确实理解它们，它们就会是历史了。任何一部历史，当它由不能复活它那些人物的经验的人来叙述时，就变成了编年史：例如，由不理解所谈论的哲学家的思想的人来写出或者阅读的哲学史”。[2]

历史是活的编年史，编年史是死的历史；历史是当前的历史，编年史是过去的历史；历史主要是一种思想活动，编年史主要是一种意志活动；历史中有紧密联系，编年史中无联系；历史有逻辑顺序，编年史有编年顺序；历史深入事件核心，编年史停留于事件表面；历史有活文献和深刻思想，编年史有抽象词语记录和空洞叙述；先有历史，后有编年史；先有活人，后有死尸；先有思想，然后才有各种各样的历史记录。克罗齐认为，“把历

1 朱光潜:《克罗齐哲学述评:欣慨室逻辑学哲学散论》,中华书局,2012,第66页。

2 R. G. Collingwood, *The Idea of History*, New York: Oxford University Press, 1956, p.203.

史看作编年史的孩子，等于认为活人应该由死尸去诞生；死尸是生命的残余，犹如编年史是历史的残余一样”。[1]“要有编年史，就必须先有历史，因为编年史就是精神已经从其中消逝了的历史躯体，它是历史的残骸”。[2]

既然编年纪事、叙述和死证据之类都不是历史，那么人们为何还要搜集和保存它们呢？克罗齐认为，尽管它们不是历史，但也不是无用的垃圾。在一定的条件之下，死历史可以复活，过去史可以变成现在史。“一切历史，当其不再是思想而只是用抽象的字句记录下来时，就变成了编年史。”相反的情况是，即或是死的历史，一旦赋予它新的精神，它便会活过来，成为活的历史。所以，考古学家和语言学家的辛勤的搜集以及他们抱残守缺的苦心也不可轻视。[3]

作为一个极力强调精神的历史和思想的价值的历史哲学家来说，克罗齐能如此理性地关注并在一定的程度上肯定诸如史料的挖掘和整理等离实现社会价值较远的史学分支的存在价值来说，确实难能可贵，这也是我们所有知识分子所应具备的心理素质与学术品质。

四

克罗齐的历史命题，强调了认识主体在史学研究中的作用，深化了历史认识论，重建了史学精神，使史学功用得到了真正回归。

在传统的史学研究中，人们往往偏重客体的历史研究和分类，如战争、条约、典礼、仪节等，如政治史、经济史、制度史、习俗史等，而忽视了认识主体即历史学家在史学研究中的作

1 Benedetto Croce, *History, Its Theory and Practice*, New York: Harcourt, Brace and Company, 1923, pp.19–20.

2 R. G. Collingwood, *The Idea of History*, New York: Oxford University Press, 1956, p.203.

3 朱光潜：《克罗齐哲学述评：欣慨室逻辑学哲学散论》，中华书局，2012，第65页。

用，忽视了认识主体对历史事实“主观性”的思考和理解。克罗齐认为，历史不锁在档案馆和博物馆里，“历史存在我们每一个人身上，它的资料就在我们自己的胸中”[1]。对历史题材的选择和评价，永远受到当前生活中某种需要和兴趣的左右，永远受到认识主体心理的、伦理的、美学的、哲学的初始状态的支配。为什么希腊史、罗马史、基督教史、宗教改革史、法国革命史以及其他历史之所以一再被重写，而每次都写得不一样，就在于历史在本质上只能是认识主体对它们的理解和再造。所谓纯客观的历史，只是天真的幻觉，事实上是不存在的。历史总是主观的，历史总是要进行严格的判断的，这样才能接近历史的真正的客观性。“只有在我们自己的胸中才能找到那种熔炉，使确凿的东西变为真实的东西，使语文学与哲学携手去产生历史”。[2]

克罗齐对认识主体在史学研究中的作用的强调，深化了历史认识论，给了我们以深深的启迪，即在历史研究中，要突破僵化的学究味儿的研究，不要被纯客观的技术性描述遮挡判断的视野，影响结论的得出。[3]我们认为，克罗齐的这一思想是极为深刻的，那种热衷于下中立的无谓的判断和结论，是历史折中主义的表现，在本质上是违反历史认识论的。

除上所述，克罗齐还重建了史学精神，把以过去为轴心的传统史学转换成以现在为轴心的当代史学。

传统的史学模式，总是把活生生的历史看成是凝固僵化的历史，这就决定了其治史方法必然是静态的、封闭的一元模式，从而阻碍了历史科学的进步。“一切真历史都是当代史”，这种新的史学精神，把以过去为轴心的传统史学转换成了以现在为轴心的

1 Benedetto Croce, *History, Its Theory and Practice*, New York: Harcourt, Brace and Company, 1923, p.26.

2 Benedetto Croce, *History, Its Theory and Practice*, New York: Harcourt, Brace and Company, 1923, p.26.

3 姜建强:《试述克罗齐对传统史学思维模式是超越和转换》,《社会科学家》1987年第2期,第59页。

当代史学。从此，僵死的历史注入了现实的因素，成了为社会现实服务的活历史。重温或重修历史，是为了在想象中重现过去，即从现在去重想过去，不是使自己脱离现在而回到已死的过去。回首过去，是为了立足当前、瞻望未来，这也就决定了其治史方法是动态的、开放的多元模式，从而有利于历史科学的进步。[1]

一切学科的发展和科技的创新，皆以服务社会为目的，自然科学是这样，包括历史学在内的社会科学也是这样。热衷于纯学究式的研究，热衷于对死历史的考据、注释和甄别，这就脱离了现实生活和实践的需要，使史学研究之路越走越窄，从而窒息了史学研究的生机，最终使历史成了假历史，失去了其存在的价值和意义。

关于这一点，不仅众多的专家和学者深为赞同，而且，高校的一些学子亦深深地懂得。他们认为，克罗齐所提出的“一切真正的历史都是当代史”的命题、中国明清之际著名思想家顾炎武等提出的“经世致用”学说，与中国乾嘉学派[2]的“因考据而考据”的空谈之说形成鲜明对比，其意义不言而喻。历史学应当是务实的。今天，在以科学和技术为先导的现代化浪潮的席卷之下，历史学陷入了前所未有的危机。历史学出现危机，与当下学风和缺乏现实关怀有着密切关系。一切真正的历史都是当代史，历史所关怀的是现实生活，如果历史不能立足现实、超越现实、展望未来的话，那么它就理应被人忘记。

---

1 姜建强:《试述克罗齐对传统史学思维模式是超越和转换》,《社会科学家》1987年第2期,第59页。

2 乾嘉学派,又称“乾嘉之学”,是清朝前期的一个学术流派,以对于中国古代社会各个方面的考据而著称。由于学派在乾隆、嘉庆两朝达到鼎盛,故得名。因其学术研究采用汉代儒生训诂、考订的治学方法,所以又有“汉学”之称。学派研究的对象上至天文地理,下至各朝规章制度的细节,总体特点是避免涉及与明清有直接关系的事物,并有一定的压抑新思维和脱离社会的倾向。嘉庆之后,因内忧外患之故,清朝不得不在某种程度上放缓对思想学术等的高压统治,之后的部分学者便放弃只致经典不问世事的姿态。随着时局的变迁,学派逐渐淡出社会舞台。

在域外，克罗齐的命题对后世的影响更是深远，特别是对英国哲学家、历史学家罗宾·乔治·柯林武德的影响最为明显。克罗齐的思想对柯林武德哲学体系的形成起了关键作用。正是通过接受克罗齐的历史哲学思想，柯林武德才获得构建自己历史哲学体系的思想源泉，对分析的、批判的历史哲学的发展做出了重大贡献。[1]

克罗齐命题的影响是巨大的，学说是务实的。他所重建的史学精神，为传统史学注入了活力，有助于我们重新认识史学的功能，转换和超越旧的史学观，确立新的史学观，也有助于历史学科焕发新的生机。

综上所述，“一切真正的历史都是当代史”的命题，是克罗齐历史理论的核心。这一命题，解决了历史的本质问题，完成了对传统历史思维模式的转换与超越，深化了历史认识论，使史学功用得到了真正回归，是史学思想的一场革命。尽管命题过分地强调并夸大了精神的作用，忽视了历史过程的客观内容和历史发展的客观规律，但这都无法遮挡其强大的思想力量和理性思维的光辉。

二、学术评论

（一）学术评论一

现代中国社会的全景画卷

——评郑谦主编本《中华人民共和国史》[2]

摘　要：郑谦主编的《中华人民共和国史》上起1949年，下

1 康恩：《哲学唯心主义与资产阶级历史思想的危机——帝国主义时代历史哲学批判纲要》，生活·读书·新知三联书店，1961，第164页。

2 党庆兰：《现代中国社会的全景画卷——评郑谦主编本〈中华人民共和国史〉》，《史学月刊》2018年第6期。

迄2009年，前后60年。该书卷帙浩繁，310万言，充分吸收和借鉴了学界的各种新史料、新理论、新方法和新观点，对现代中国60年的发展脉络和规律进行了系统梳理和阐释，在突出国史的“通史”特点的同时，展现了中华人民共和国的历史全貌。对现代中国历史发展的主流进行了准确的判断和客观阐释，对社会主义建设的失误和挫折进行了客观分析，并把失误和挫折置于一个比较合适的位置。该书具有较高的学术价值、学术水准和鲜明的学术特色。

关键词：《中华人民共和国史》；成就；改革开放

1949年中华人民共和国的建立，开辟了中华民族历史的新纪元。早在20世纪50年代，就有人对中华人民共和国史研究做过初步尝试。伴随着对社会主义建设正反两方面历史经验的总结，从20世纪80年代初开始，中华人民共和国史研究逐渐在学术界兴起。在1989年建国40周年之际，“中华人民共和国史”著作开始面世。经过约30年的努力，这一研究取得了引人瞩目的成就，成为中国历史领域中的一个新学科。截至20世纪初，全面记述中华人民共和国史的学术性著作已出版近70种。90年代以来特别是近年来的一些著作，在突破“政治史”“革命史”和“党史”方面作出了不懈努力，方向值得肯定。不过，坦率地说，包括跨入新世纪以来的新版专著在内，从总体布局、史料取舍及学术创新来看，迄今未见重大突破。造成上述情况的原因可以理解，作为深层次全面反映建国数十年宏观变化的中华人民共和国史，从滞后到适应，自然需要假以时日。由郑谦主编的《中华人民共和国史》[1]一书的出版，有助于弥补上述的某些缺憾。郑编《中华人民共和国史》上起1949年，下迄2009年，前后共60年。该书卷帙浩繁，310万字，充分吸收和借鉴了学界的各种新史料、新理论、新方法和新观点，对现代中国60年的发展脉络和规律进行

1 由人民出版社于2010年出版。

了系统梳理和阐释，具有较高的学术价值、学术水准和鲜明的学术特色，是中华人民共和国史研究领域的一部佳作。纵览全书，可清晰地看出作者多年潜心研究的学术积累。同其他版本相比，该书的成就一目了然。

一、突出“通史”特点，展现中华人民共和国的历史全貌

线索清晰，结构合理，突出国史的“通史”特点，全面展现中华人民共和国的历史全貌，是郑编《中华人民共和国史》的鲜明特征。

郑本把中华人民共和国60年发展史，以1978年为界分为两大时期，即前后两个“30年”。1949—1978年为前期，1978—2009年为后期。1949—1978年即从中华人民共和国成立到中共十一届三中全会召开，这是社会主义革命和建设时期；1978—2009年即从十一届三中全会至2009年，这是改革开放和社会主义现代化建设新时期。在前30年里，中国确立了社会主义基本制度，建立了独立的比较完整的工业体系和国民经济体系，使旧时代积贫积弱的中国焕然一新。在后30年里，自十一届三中全会以来，全国上下解放思想、积极进取、勇于创新，在改革开放实践中成功地开辟了中国特色社会主义道路，走上了充满活力的现代化征程。这两个时期的历史，从探索适合中国国情的建设社会主义道路这条主线来说，是一个不可分割的整体，是前后衔接、一脉相承的[1]。我们注意到，前30年，重笔写政治；后30年，以政治经济为主线，全面铺开。相比较，后30年写得更实些。

全书共6卷，310万字，前后两个30年各占3卷。前三卷是前30年，约164万字，后三卷为后30年，约146万字。从字数上说，两个30年分量均衡；从章节上看，共70章，前三卷29章，后三卷41章。政治占51章，经济16章，文化教育2章，社会生

1 郑谦:《中华人民共和国史·1949—1956》,第一卷,人民出版社,2010,《总序》第2页。

活 1 章，上述四块分别占总章数的 72.86%、22.86%、2.85% 和 1.43%[1]。

从全局上看，该书的政治、经济线索最为清晰，比重也比较大。比如，就政治线索说，从中华人民共和国建立及初期行政主题的完成、抗美援朝战争、土地与民主改革、私有制的改造、社会主义制度的建立，到整风运动、反右派运动；从“大跃进”、社会主义教育运动、“特殊年代”的运动，到改革开放及全面惩治和预防腐败体系的建立等均有阐述。这种安排，在较高的程度上反映了实际情况。现代中国，是由一系列重大政治决策、重大政治战略和重大政治举措塑造起来的，现代中国社会是一个政治生活程度较高的社会，特别是在改革开放之前。“政治是人类最崇高的发明”，任何国家、任何社会形态都离不开政治的塑造，重笔写政治是应该的，也是可以理解的。

最初的中华人民共和国史研究，是从中共党史的社会主义时期研究中分化出来的，研究中存在着过多地集中于政治史研究、偏重国家的重大决策等倾向，而法制史、经济史、科技史、文化史、教育史、社会生活等领域的研究则比较薄弱。郑编《中华人民共和国史》克服了上述的一些不足，在突出国史的“通史”特点的同时，还进一步拓宽了视野，加强对薄弱领域的研究，更加全面、多彩地展现中华人民共和国的历史图景。

郑本按现代中国的发展轨迹进行纵向编纂，某些章节又以政治、经济、文化、社会、外交分类进行横向编纂。这样，就某一事件的发展线索而言是纵向的历史过程，而就某一时段的社会全貌而言是横向的历史断面，这就在某种程度上不仅避免了传统章节体叙述某一历史现象时所造成的过分分散的破碎感，同时又克服了传统纪事本末体叙述某一历史现象时所造成的过分集中的孤立感。全书围绕着中华人民共和国的发展主线，在政治、经济、

1 这种划分，是一种基本的、大致的划分，因为在很多地方，政治和经济甚至文化是联系在一起的。

文化、社会和外交等纵横交错的通史格局中再现了中华人民共和国的方方面面。

除政治、经济之外，特别是新时期，从2003年的抗击“非典”[1]，2008年抗击南方暴风雪自然灾害、抵御汶川大地震、举办北京奥运会、应对美国“次贷危机”引发的全球金融风暴，到2009年防控甲型H1N1流感等都有较为详尽的阐述，不仅显现了与“中国革命史”和“中共党史”质的差异，而且也反映了该书作者对“国史”学科有着准确的学术认知和把握能力。

对于“非典”，郑本作了较为详尽的阐述。认为面对突然袭来的夺命怪病，从政府高官到平民百姓，从白衣天使到科研人员，从一般工人到解放军战士，都纷纷加入了抗击“非典”的行列，在中国大地上演了一场同舟共济抗“非典”的感人故事。为渡过难关，中科院、北大、清华等单位的科研人员用百倍努力争取时间，找到病原，为抗击“非典”奠定了科学基石[2]。面对非典型肺炎这样一种突发疾病，科学家夜以继日地奋战在实验室里，一个多月即找出了“非典”病毒，36小时解开了这种病毒的基因图谱，4天研制出酶联免疫快速诊断试剂盒，8昼夜研制成“非接触性红外测温仪”，并很快完成了“非典”病毒的3个关键蛋白的表达，快速形成了围绕“非典”问题的多学科多角度的科学研究[3]。

对于抗击南方暴风雪，新作也泼墨较重，并列举了大量数据，显示了中央政府的务实态度、强大的组织能力和调配能力。对于同年5月发生的汶川大地震、8月举办的第29届夏季奥林匹克运动会，以及2009年春全面防控甲型H1N1流感等都给予了同样高的重视度。对这种非政治内容的泼墨程度，这在以前的任何同类著作中是难以寻觅的。

1 即SARS.

2 郑谦:《中华人民共和国史·2002—2009》,第六卷,人民出版社,第91页。

3 郑谦:《中华人民共和国史·2002—2009》,第六卷,人民出版社,第93页。

二、客观阐释现代中国历史发展的主流，准确判断失误和挫折

准确判断和客观阐释现代中国历史发展的主流，客观分析现代中国的失误和挫折，把失误和挫折置于一个合适的位置，是郑本《中华人民共和国史》的可贵之处。

郑本《中华人民共和国史》对社会主义教育运动、“特殊年代”的运动等重大运动和事件，都力求把它们放在当时特定的历史条件下进行分析和研究，对于所引发的失误的原因及其经验教训，都进行了中肯的分析。

关于社会主义教育运动，郑本认为，这次社会主义教育运动，是结合“纠正”包产到户、批判“单干风”进行的，并追查“单干风”的根源[1]。到1965年上半年，已有约1/3的县结束了运动，北京、上海两市基本结束，河北、辽宁两省完成了40%。从1965年下半年起，已开始酝酿一场新的运动，准备以此来解决社会主义和资本主义两条道路谁战胜谁的问题[2]。

编者认为，历时三年的城乡社会主义教育运动，对于解决干部作风和经济管理等方面的问题起了一定作用。但是，由于整个运动是在阶级斗争扩大化理论指导下进行的，把大量不属于阶级斗争的问题简单地看成了阶级斗争，以致造成越来越严重的“左”的偏差。

在经济体制和经济政策方面，不仅把包产到户等适合农业生产发展的责任制形式，看作是“单干”“走资本主义道路”而强行制止，而且把自留地、自由市场、自负盈亏与包产到户合称“三自一包”，作为“修正主义的国内纲领”加以批判。在商业方面，对大、中城市集市贸易采取缩小范围、逐步代替的方针，把个体商贩作为资本主义加以排挤；对长途贩运不加区别地一概当

1 郑谦:《中华人民共和国史·1956—1965》,第二卷,人民出版社,第393页。

2 郑谦:《中华人民共和国史·1956—1965》,第二卷,人民出版社,第411-412页。

作投机倒把行为加以打击。在工业交通部门，企业搞经济核算，注重物质利益和经济效果，被认为是“利润挂帅、物质刺激”，“搞资本主义经营管理”，遭到错误批判。

更主要的是，在政治上“左”的东西有了很大的发展。在阶级斗争形势估计上，运动一开始就认为阶级斗争和资本主义复辟的危险已经达到十分危险的程度；接着，又认为全国有1/3的基层单位的领导权在敌人手里，并提出“中央出了修正主义怎么办”的问题。由于对阶级斗争形势估计错误，在做法上“左”的错误也越来越严重，运动的矛头逐步由对准社会上的地、富、反、坏转向对准基层组织和基层干部，再转向对准各级领导机关。

在理论上，不仅提出“以阶级斗争为纲”，而且提出运动的重点是“整党内走资本主义道路的当权派”，使阶级斗争扩大化的理论进一步升级，从而为“特殊年代”运动的发动准备了理论根据。

作者又认为，由于这次社会主义教育运动是在局部地区进行的，是通过各级组织有领导地逐步展开的，在运动中，对于一些具体政策的规定还比较慎重，对一度出现的某些过“左”做法和现象也做了一些纠正，并且始终强调运动要和生产密切结合，许多工作队还比较注意按实事求是原则办事，因此，社会主义教育运动没有造成更大的危害。总的来说，当时的错误还是局部性质的[1]。

对于“特殊年代”的运动，除在介绍《关于建国以来党的若干历史问题的决议》的主要内容时作了和决议一致的结论以外，在总序里也有所谈及。编者认为，在“特殊年代”里，全党、广大工人、农民、解放军指战员、知识分子、知识青年和各级干部共同奋斗，使动乱的破坏受到一定程度的限制。我国国民经济虽然遭到重大损失，但仍取得了进展。粮食生产保持了比较稳定的

1 郑谦:《中华人民共和国史·1956—1965》,第二卷,人民出版社,第412页。

增长，工业交通、基本建设和科学技术方面取得了一批重要成就，中美两国关系正常化进程开始启动，我国恢复了在联合国的合法席位，这都为改革开放和更加积极地参与国际事务打下了基础。当然，这一切绝不是“特殊年代”运动的成果，如果没有“特殊年代”的运动，我们的事业会取得更大得多的成就。从另一个角度看，“特殊年代”的失误也是一种“财富”，它促使人们思考究竟什么是社会主义，怎样建设社会主义；促使我们下决心将工作重点由以阶级斗争为纲转到以发展生产力、建设四个现代化为中心，制定切合中国实际的政治、经济、文化和社会政策。“特殊年代”的运动提供了反面教训，也变成了我们的财富[1]。“任何一个民族想要取得更大进步，没有从自己所犯错误中吸取教训来得更快。”“特殊年代”所遭受的挫折，使党和人民吸取教训，经受锻炼，解放思想，立志改革，并以改革开放30年来马克思列宁主义的新发展和社会主义的巨大进步获得补偿[2]。

同时，在全面论及中华人民共和国60年所发生的历史巨变的基础上，该书对60年的中华人民共和国历史发展进程中的成绩和错误有一个科学的认识，对中华人民共和国历史发展的主流有一个科学的认识。取得的成就是主要的，错误是次要的。

除重大事件之外，对某些重要时期也给予了较为公允的评价。

关于中华人民共和国成立后的最初七年，编者认为，以毛泽东同志为领导核心的中国共产党带领全国各族人民，有步骤地实现了从新民主主义到社会主义的转变。从贯彻实施《中国人民政治协商会议共同纲领》，解放大陆，建立各地各级人民政府，没收官僚资本企业，统一全国财政经济工作，完成新解放区土地制度的改革，到开展镇压反革命运动，“三反”“五反”运动，对原

1 郑谦:《中华人民共和国史·1949—1956》,第一卷,人民出版社,2010年版,《总序》第6页。

2 郑谦:《中华人民共和国史·1949—1956》,第一卷,人民出版社,2010年版,《总序》第6页。

有的教育科学文化进行卓有成效的改造。在完成社会改革和进行抗美援朝战争的同时，新中国迅速恢复了国民经济。这一切，都为有计划地进行经济建设和逐步过渡到社会主义准备了必要的条件[1]。

关于开始全面建设社会主义的10年，编者认为，1956—1966年，是我国开始全面建设社会主义的10年。在这10年里，中国共产党对社会主义建设道路进行了艰辛探索，既积累了重要经验又留下了深刻的教训。

这个以“探索”为主题的时期，开始于1956年4月毛泽东总结我国社会主义建设的经验，提出了探索适合我国国情的社会主义建设道路的任务。同年9月召开的中国共产党第八次全国代表大会，比较正确地分析了我国社会的主要矛盾，提出了把工作重心转到社会主义经济建设上来等一系列新的思想和方针政策。“八大”坚持既反保守又反冒进，即在综合平衡中稳步前进的经济建设方针，着重提出了执政党的建设问题，强调要坚持民主集中制和集体领导制度，发展党内民主和人民民主，加强党和群众的联系。

1957年，毛泽东正确地分析了社会主义社会的矛盾问题，发展了马克思主义的矛盾学说和社会主义矛盾学说。认为，在缺少社会主义建设经验的情况下，能够作出符合历史发展方向的判断，是一件很不容易的事。上述判断表明中国找到了一条适合自己的发展道路。1956年，是探索适合中国国情的社会主义建设道路的良好开端。1957年的经济工作，也是建国以来效果最好的。但是，也就是在这一年，由于缺乏经验，由于没有对国际国内形势的变化及多种复杂因素作出正确的判断和处理，社会主义建设开始偏离了应有的方向，反右派斗争被扩大化，以致改变了“八大”对国内主要矛盾的正确论断，随后又提出了“鼓足干劲、力

1 郑谦:《中华人民共和国史·1949—1956》,第一卷,人民出版社,2010年版,《总序》第2页。

争上游、多快好省地建设社会主义”的总路线，发动了“大跃进”运动和农村人民公社化运动，使“左”倾错误严重地泛滥开来。编者认为，总路线虽然反映了全党、全国上下迫切要求改变我国经济文化落后状况的主观愿望，但忽视和违背了经济社会发展的客观规律。

同时，编者还认为，探索的过程出现了挫折，但并不代表没有正确思想的积累。1958年，毛泽东提出要把党和国家工作重点转到技术革命和社会主义建设上来；在纠正“大跃进”和人民公社化运动错误的过程中，又提出了不能剥夺农民和超越阶段、强调发展商品生产、遵守价值规律和做好综合平衡等思想，一再反对平均主义等观点；刘少奇、周恩来、朱德等党和国家领导人也提出了许多至今仍有借鉴作用的观点。这些都是“八大”探索的继续和发展。

1961—1965年，国民经济转入全面调整的轨道，全党上下大兴调查研究之风。党中央、国务院相继制定和试行的关于农业、工业、教育、科学、文艺等方面的工作条例，在实践中产生了积极的效果。由于这些措施的实行，1962—1965年的国民经济得到了比较顺利的恢复和发展。

在对成就作出肯定的同时，编者还认为，“左”倾错误在经济工作的指导思想上并未得到彻底纠正，在政治和思想文化方面甚至还有所发展。在1962年中共八届十中全会上，重提阶级斗争，把社会主义社会中一定范围内存在的阶级斗争扩大化和绝对化，断言在整个社会主义历史阶段资产阶级都将存在和企图复辟，并成为党内产生修正主义的根源。意识形态领域错误的、过火的政治批判更发展成为“特殊年代”运动的导火线。上述10年建设的曲折历程，反映了探索适合中国国情的社会主义建设道路的艰巨性、复杂性和长期性。

关于这10年历史的评价，编者认为，应着重把握1981年中共十一届六中全会通过的《关于建国以来党的若干历史问题的决议》的基本论断："我们现在赖以进行现代化建设的物质技术基础，很大一部分是这个期间建设起来的；全国经济文化建设等方面的骨干力量和他们的工作经验，大部分也是在这个期间培养和积累起来的。这是这个时期党的工作的主导方面。"同时，不能忽视历史的另一个方面，即"从1957年下半年开始，实际上违背了八大的路线，这一'左'，直到1976年，时间之长，差不多整整二十年"[1]。从执政党的指导思想来看，10年间没有彻底纠正反而有所发展的"左"的错误的积累，逐渐压倒了正确的或比较正确的趋向，终于导致了"特殊年代"运动的发生[2]。

除重大事件、某些重要时期以外，新作对前后两个30年也给予了总的较为公允的评价。编者认为，前30年里，党和人民创造性地开辟了一条适合中国国情的社会主义改造道路，实现了从新民主主义到社会主义的转变，建立了社会主义基本制度，展开了大规模的社会主义建设。这一切，为改革开放和现代化建设提供了重要的政治前提、制度基础和物质基础。后30年所取得的一切成就毫无疑问都是建立在这个基础上的。后30年中，我们见证了一个思想解放、经济发展、政治昌明、文化繁荣、社会和谐的时代。在改革开放这场新的伟大革命中，中国共产党创造性地把科学社会主义基本原则同当代中国的实际和时代特征结合起来，开辟了一条符合中国社会发展规律、顺应时代发展趋势的中国特色社会主义道路，中华民族的发展正面临着难得的历史机遇[3]。

三、充分展现现代中国人民生活形态的进步历程

客观展示现代中国人民生活形态的进步历程，充分展现中国普通民众生活的进步与甜美，是新作可贵而浓重的一笔。

1 邓小平:《我们干的事业是全新的事业》,载《邓小平文选》,第3卷,人民出版社,1993,第254页。

2 郑谦:《中华人民共和国史·1949—1956》,第一卷,人民出版社,2010,《总序》第3-5页。

3 郑谦:《中华人民共和国史·1949—1956》,第一卷,人民出版社,2010,《总序》第8页。

新作的社会生活部分，涵盖的面较广，其中包括文风、语言、阅读、家庭、爱情、婚姻、妇女、服饰、住房、消费、网络等。在这一部分，“特殊年代”在前，改革开放在后。

在文风和语言方面，认为“特殊年代”把“假、大、空”的文风推向极端，各种文章都遵循着“小报抄大报，大报抄梁效”的套路，言之无物，用语极度夸张，套话、空话、废话盛行，千篇一律的表面文章充斥各种报纸和杂志[1]。整整10年，各种报纸、广播和书刊，一副面孔、万众一词。编者认为，在当时政治环境与形而上学绝对化、片面化思维方式的影响下，中国的文字失去了本应有的丰富性和多样性，语言单调、专横、武断，空洞的同义重复等句法格式的使用频率极高[2]。

就社会风气来说，认为，不论是横向看还是纵向看，都已被分割为表面与实际、言语和行动、公共与个人、台上和台下、对上与对下、宣传和现实等诸多方面的两个空间。在这两个分裂的空间里，人们自觉地使用着不同的话语系统、遵循着不同的行为规则，扮演着不同的角色。稍有不慎混淆了两个空间的差别，往往会付出沉重的代价。弥漫于整个社会的“集体说谎症”使诚信缺失，人人言而无信，个个心照不宣，整个社会习以为常。在一个社会里，如果多数人说假话，或者在公开场合一定说假话，成为公认的潜规则，那它所反映的信仰危机、道德滑坡、人格分裂，是真正的可怕的灾难[3]。

改革开放以后，中国发生了翻天覆地的变化，社会风气也为之改变。新作认为，改革开放特别是十一届三中全会以后，中国加快了建立社会主义市场经济的步伐，产业结构不断升级，国有

1 郑谦:《中华人民共和国史·1966—1976》,第三卷,人民出版社,2010,第225页。

2 郑谦:《中华人民共和国史·1966—1976》,第三卷,人民出版社,2010,第226页。

3 郑谦:《中华人民共和国史·1966—1976》,第三卷,人民出版社,2010,第233页。

企业改革日益深化，个体经济、私营经济、三资企业等非公有制经济蓬勃发展，城镇居民开始转变就业观念，多种形式就业和自谋职业被越来越多的城乡居民所接受。

在消费观方面，由于收入来源多元化，城乡居民收入水平和消费水平大幅度提高，居民消费观也发生了巨大变化，即由以前量的扩张向质的提高转变，由生存型消费向享受型、发展型消费转变，人们的健康意识、环保意识、个性意识等逐渐增强。

在食品消费上，正从“吃饱”向“吃好”迈进。粮食、食用油、肉类、白酒等低层次食品的消费量大幅度减少，鲜奶、水产品、果酒等营养丰富的高层次食品的消费量大幅上升，消费从量的扩张阶段已进入质的提高阶段，高层次食品消费量上升，营养过剩问题开始显现。同时，食品消费已开始从传统的家庭式自我服务向省时省力的社会化服务过渡[1]，居民饮食正在从家庭走向社会。

在服饰方面，消费档次和质量大大提高，个性化、休闲化、场合化趋势明显。60年，变化极快。从20世纪60年代的“不爱红装爱武装”、祖国一片“蓝海洋”，到如今色彩缤纷“时装渐欲迷人眼”，可以说，这60年，是中国自有服饰历史以来变化最快的60年，是一场时尚大变革。随着经济的发展和生活水平的提高，城镇居民的衣着消费已进入一个新的阶段，人们不再满足于穿暖穿好的数量型消费，而是开始追求衣着的档次、款式、个性和品位，服饰消费逐步朝成衣化、个性化、品牌化、休闲化方向发展，人们的衣着支出越来越多。我们知道，当生活水平达到一定程度后，崇尚品牌、追求时尚、注重品位就成为人们的内心需要。从2005—2006年全国大型商场部分月份服装销售数据来看，城镇居民品牌意识较强，服装消费档次大大提高。在各类服装中，前10位服装品牌综合占有率都比较高。总体说来，人们的衣

1 郑谦:《中华人民共和国史·2002—2009》,第六卷,人民出版社,2010,第397-398页。

着消费品牌化趋势日益显著[1]。

在居住方面，住房成为消费热点，住房消费不断优化，住宅私有率大幅提高，居住面积不断扩大。1992年，社会主义市场经济基本框架更加明确，各项改革步伐明显加快，城镇住房制度改革也进入深化阶段。1994年，政府提出建立与社会主义市场经济体制相适应的新的城镇住房制度，实现住房商品化、社会化的改革目标，各地围绕住房公积金制度、租金改革、出售公有住房等方面加大改革力度。1998年，政府要求从本年度的下半年起停止住房实物分配，实行住房分配货币化制度，新建住房只售不租，不再进入无偿分配的旧体制。至此，实行了40年的住房实物分配制度退出历史舞台。实物分房制度的停止，转变了职工"等、靠、要"的观念，调动了人们购买商品房的积极性。同时，购房补贴和个人购房抵押贷款的开展，增强了居民买房的能力。住房问题的解决，逐渐由国家转向个人，城镇居民开始在国家的帮助下来解决自己的住房问题。在此情况下，房屋的多种产权格局也逐渐形成，住房配套设施日趋完善，住房消费支出迅速增加，住房私有率大幅提高，住宅使用面积大幅攀升，中国进入自主解决住房时代[2]。

在用品消费方面，进一步融入世界潮流，与世界各国差距呈缩小[3]，消费呈升级分化趋势，新作认为，进入20世纪90年代以来，城镇居民耐用品消费需求开始从传统耐用消费品向现代新型耐用消费品转移，从生存型向享受型、发展型耐用消费品转移。各种文化娱乐类耐用品都受到青睐，移动电话、家用电脑等电子信息类耐用品拥有量迅速上升，轿车也走进了百姓生活。从整体

1 郑谦:《中华人民共和国史·2002—2009》,第六卷,人民出版社,2010,第401-403页。

2 郑谦:《中华人民共和国史·2002—2009》,第六卷,人民出版社,2010,第409-410页。

3 郑谦:《中华人民共和国史·2002—2009》,第六卷,人民出版社,2010,第405页。

上说，城镇居民生活水平已由小康阶段转入比较殷实富裕的阶段。

在消费结构方面，结构变动剧烈。据统计，在1990—2008年的18年间，食品、服饰、用品的变动值为负，三项消费比重下降。在物质消费下降的同时，服务消费却在大幅度上升，医疗保健、交通通信、文化娱乐的变动值均为正值，三项消费共上升17%。实物消费的下降和服务消费的大幅上升，表明人们的消费重心正在发生转移。

在众多有关现代中国史的研究中，对消费的变迁特别是对食品消费的变迁，研究是少见的，这不能不说是一种遗憾。民以食为天，中华人民共和国成立以来，尤其是改革开放以来的许多制度安排与思想观念，都同食品消费问题有关，离开了食品消费问题，对现代中国社会变迁的反思就不够全面和完善。通过60年来，特别是改革开放以来中国人民对食品消费的视角来审视中国的社会变迁，让人们了解食品消费在社会变迁中扮演了不可忽略的角色，了解食品消费从低端植物性消费向高端动植物混合性消费过渡的情况，分析消费在社会变迁中的作用，是一个颇有价值的课题。

除上所述，编者还怀着强烈的现实关怀，指出了社会发展变迁中存在的隐忧。认为，随着改革开放进程的不断加快，我国正在迅速融入世界潮流，各种新思想不断冲击着国人固有的传统习惯，人们行为方式、价值观念正在发生着剧烈的变化，或积极的，或颓废的，各种各样的社会现象和行为模式不断涌现，有些反映出我国社会的不断进步，有些则暴露出我国经济发展进程中出现的严峻的社会问题。首先，婚姻观念变化中喜忧俱在。比如，结婚年龄普遍推迟，择偶标准和途径发生变化，涉外婚姻增加[1]；其次，家庭赡养、教育功能变化中存在不足；再次，吸毒和

1 郑谦:《中华人民共和国史·1966—1976》,第三卷,人民出版社,2010,第418页。

赌博等社会丑恶现象不容忽视。

在社会生活部分，互联网也是一笔。在这一部分，编者对网络时代的到来及其相关问题进行了阐述，认为，网络孕育新的财富和文明，网络时代提供了新的机遇和新的挑战[1]。通过互联网而表达的公众舆论，在中国的公共空间中占有独特和显著的地位。网络公共领域的兴起，改变了中国媒体的生态系统。在2003年之前，传统媒体与新媒体彼此隔绝，前者对后者表达的东西常常是充耳不闻，但在此后，在很多时候二者都进行了积极的互动并产生了良好的效果。新媒体的相对透明，促使原有的新闻机构变得更可接近和更具互动性。在过去几年中，互联网作为一种新闻生产、收集和议程设置的媒体的作用，已经得到较充分的发挥。

编者还认为，互联网将会促成中国社会的大幅转变。在帮助普通公民发出自己的声音，从而建立中国的公共领域方面，网络发挥了重大作用。到2009年，中国的互联网的普及率已达26%，超过世界平均水平。现在，在中国，几乎找不到不被互联网改变的行业。信息时代改变工业时代，也会像工业时代改变农业时代一样彻底，跨时代就意味着新的时代对旧时代的彻底改变。一个人在旧时代成功的理由，往往会成为新时代失败的原因。新的工具的出现，意味着极大地降低成本、提高效率，所以新工具会取代或否定旧工具。互联网这种新工具，所改变的不止是一两个行业的财富的重新分配，而是几乎所有行业。我们可能已经错过了一次又一次的财富重新分配，但如果错过互联网，那么我们所错过的就不止是一两次的财富重新分配，而是整个时代。

在对互联网的发展予以高度评价的同时，编者也指出，互联网在中国的发展仍有明显的不足，即全国的普及率仍然较低，以及中国社会仍然缺乏良好的公民网络文化等[2]。

1 郑谦:《中华人民共和国史·2002—2009》,第六卷,人民出版社,2010,第428页。

2 郑谦:《中华人民共和国史·2002—2009》,第六卷,人民出版社,2010,第433页。

上述社会生活的浓重一笔，中国普通民众生活形态的进步与甜美的展现，使这部中华人民共和国史更加大气和丰满。

四、不足之处和巨大的思考空间

不足之处、有待改进之处和仍需探索之处并存，是郑本的不容忽视的客观印记。

在取得成就的同时，郑本的不足之处和有待改进之处也略有所见。比如，对于所吸收和利用的学界研究的新成果、新材料包括基本的引文，都作了有意的省略，这就不便于读者找出史料的最初来源；某些章节分得过细，似有零碎之感；对于祖国统一问题特别是“一国两制”的理论与实践及港、澳、台着墨太少。还有，各卷学术水平不尽平衡，语言风格不尽一致，这是作者众多、文字功底和文风不同所致。

在仍需探索方面，新作为我们留下了巨大的思考空间。

现代中国史是从1949年开始的，但在过去的数十年间，这段历史一直是有史无学，真正进入学术领域，是在改革开放以后。在中华民族5000年文明史中，这段历史留下了前无古人的深刻印迹，其内容的丰富性和复杂性，研究领域的广阔性和深刻性，都是以往的历史所不能比拟的，再加上现代化建设与和谐社会建设的需要，研究现代中国史的意义显而易见。比如，资政功能强，能直接为现实政治服务；可以为我国的现代化建设服务，为建设和谐社会与小康社会服务，为社会发展指引方向；在学术上，具有开拓性和奠基性。现代史是正在沉淀但还没有完全沉淀下来的历史，是已有了公共性质但还没有完全进入公共空间的历史，是刚刚进入研究领域的新历史，学科构建尚未完善。从十一届三中全会以来，反映这段历史的各种文史作品可谓汗牛充栋，畅销不衰。这说明，在我们精神生活领域里，客观存在着一个巨大的现代史述事论事空间。这个空间，不仅存在于纸介、影视和网络等有形载体中，也存在于思想言论的无形载体中，容纳着个体的和官方的、学术的和大众的、公开的和私下的种种历史言说。可以说，现代中国史的复杂性和丰富性举世罕见，在它的述事空间里混杂着历史的和现实的、政治的和学术的各种言说。其中，既有严谨的科学之论、探微之作，也有大量的因袭旧说、重复雷同和粗制滥造的读物，还存在着许多造成误记和误读的情况[1]。在此情况下，史实的撷取和史料的鉴证都是原创性的，具有开拓和奠基意义。

当然，现代史的研究自有难处，比如，与现实关联密切，政治敏感度较高，受现实政治环境影响较大，与现实问题的研究往往有着相同的言说语境和相同的政治禁忌；在史料方面，既有头绪繁杂的问题，也有史源不足的问题。面上的材料似乎是铺天盖地、浩如烟海、状如乱麻、线索繁杂、难以梳理出头绪，但能够揭示历史内幕的核心材料，如档案材料和记录历史关键人物活动的历史资料等，又受到档案解密开放的限制。在历史某个片段上的个体记忆，还是零碎的、片段的和感知的。在自然叙述的状态下，会带来把历史琐碎化的倾向，还需要进行历史整合，才能形成完整的集体记忆。在集体的历史记忆上，目前还处在一个感性阶段。现代史的研究，在历史整合、史实清理和史观更新方面，还有大量的工作要做。

现代中国史是我们身边的历史，有很多内容还是现实政治，还决定着我们的政治生活，研究有一定的难度，再加上我们的社会是一个政治生活程度较高的社会，研究就更加严肃[2]。在研究过程中，需要注意以下几个方面。

第一，如何看待现代中国发展的主流。

对现代中国60年发展过程中的成绩和错误，要有一个科学的认识和准确的把握；对现代中国历史发展的主流，要有一个科学的认识和准确的把握。必须认识到，在这60年中，我们努力探索

1 王海光:《时过境未迁——关于当代中国史研究的几个问题》,《党史研究与教学》2004年第5期,第7页。

2 党庆兰:《史学研究的鲜活主题——关于当代中国史研究的思考》,《西北成人教育学院学报》2015年第2期,第43页。

中国特色的社会主义道路，推进现代化建设，取得了举世瞩目的成就。比如，在前30年里，我们历经曲折，实现了从新民主主义到社会主义的转变，确立了社会主义基本制度，展开了大规模的政治经济和文化建设，建立了独立的比较完整的工业体系和国民经济体系。这一切，为后来的改革开放和现代化建设提供了良好的政治环境、制度保证、物质基础和建设经验；在后30年里，我们坚持以经济建设为中心，改革开放，成功实现了从高度集中的计划经济体制到社会主义市场经济体制的转变，实现了从封闭半封闭到全方位开放的转变，使我们的综合国力大为增强。在取得成就的同时，我们也出现过严重失误，遭受过巨大挫折，甚至一度给国家和民族带来过灾难。但与成就相比，失误和挫折是次要的。肯定成绩，承认过失，我们要有这样一个健康的心态，有敢于面对过去、立足现实和展望未来的勇气。

第二，怎样看待改革开放，如何看待改革开放中出现的问题。

我们必须承认，改革开放的成就是主要的，问题是次要的。如果没有改革开放，我们的国家不是现在的这个样子，我们的工农业生产没有今天这个水平，国防建设成就也没有这么多，国内生产总值就不可能年均达8%甚至9%；如果没有改革开放，就没有我们今天大地上一望无际的雪白的楼群、宏伟的立交桥、四通八达的高速公路和密如蚁群的车流，普通百姓的餐桌就没有今天这么丰盛，也没有随处可见的五彩缤纷的服饰，更不会有高等教育今天的这个规模。

对改革开放过程中出现的一些问题，比如环境污染、官员腐败、道德沦丧和食品安全等，我们应该理性地看待。这些问题，西方国家在他们的工业化过程中都曾出现过，后来他们慢慢地根治了。马克思说过：“人类始终只能提出自己能解决的任务”[1]。我们也一样，始终只提出自己能落实的任务。我们搞改革开放，

1 马克思:《政治经济学批判》，人民出版社，1976，第139页。

提出了一些目标，这就是我们能落实的任务。在改革开放过程中出现一些问题，是很正常的，不出现问题才不正常，我们不能因为出现的那点儿问题而否定改革。有人怀念过去，认为改革开放之前没有这些问题。实际上，改革开放之前也有问题，只是人们不知道或程度不同而已。改革开放前，没有电视、没有网络，消息闭塞。今天，传播信息的渠道较多，大家获得的信息也较多较快。今天，问题是有，但我们不能向后看，而应该向前看，我们不能回到改革开放之前，而应进行新的改革。改革是一场伟大的事业，也是一个漫长的过程，它不可能在几天或几年之内完成。

第三，如何看待改革开放与贫富分化现象的出现。

改革开放前，大家普遍贫困，无法分化，即使分化，距离也不会很大。现在财富多了，分化起来距离就大了。其实，这很正常。我们搞的不是平均主义，大家都一样是不可能的。改革开放后，贫富出现分化，一提起两极分化人们就害怕。其实，两极分化并不可怕，关键是怎样使贫穷阶层不再贫穷，怎样通过政府的手对国民财富进行第二次分配，在一定程度上实行财富的共有共享。

我们认为，改革开放的成就与所带来的问题相比，成就是大的，问题是小的，二者不成比例。在人类历史上，没有问题的改革、完美无缺的改革是不存在的[1]。

综上所述，郑谦主编本《中华人民共和国史》线索清晰，结构合理，在突出国史的“通史”特点的同时，全面展现中华人民共和国的历史全貌是其鲜明特征；准确判断和客观阐释现代中国历史发展的主流，客观分析现代中国的失误和挫折，把失误和挫折置于一个合适的位置，是其可贵之处；客观展示现代中国人民生活形态的进步历程，充分展现中国普通民众生活的进步与甜美，是其可贵而浓重的一笔。从总体上说，新作视野广阔、资料

1 党庆兰:《史学研究的鲜活主题——关于当代中国史研究的思考》,《西北成人教育学院学报》2015年第2期,第44页。

翔实，既有宏观把握，又有微观描述，既注意吸纳新史学的数据统计、百姓生活等内容的治史方法，也不忘传统史学注重叙事生动的长处，把中华人民共和国60年的历史勾画得棱角分明、有声有色，是中华人民共和国史领域的一部力作。

（二）学术评论二

穿越冰雪世界的思想春光
——《沁园春·雪》的艺术特色与价值取向[1]

摘　要：《沁园春·雪》是毛泽东诗词的代表作，词章有叙有议，写景、怀古、抒情，融然一体。上阕写景从大处落笔，气魄雄伟，下阕论史气贯长虹、目空千古。全词不仅构思奇巧、层次分明、结构严谨，而且意境阔大、气势雄浑、收纵联密，充分彰显了国家至上、世道必进和以天下为己任的崇高的价值取向，达到了艺术性和思想性的高度统一。

关键词：《沁园春·雪》；艺术成就；价值取向

《沁园春·雪》是毛泽东诗词的代表作，作于1936年2月。1945年8月，诗人赴重庆同国民党谈判之时抄给了柳亚子[2]。起初，这首词在重庆传抄。后来在《新民报》的晚刊《西方夜谭》上发表。词的发表，轰动了整个山城重庆，也在全国范围内引起了巨大反响。词章大气磅礴，目空千古，词中所体现出的胸襟、气魄和文采不能不令中国知识分子震惊和敬佩，使中国知识分子

1 党庆兰：《穿越冰雪世界的思想春光——〈沁园春·雪〉》的艺术特色与价值取向》，《西北成人教育学院学报》2021年第2期。

2 民主人士、诗人。曾与宋庆龄、何香凝等从事抗日民主活动，还曾任孙中山总统府秘书，中国国民党中央监察委员、上海通志馆馆长，中国国民党革命委员会中央常务委员兼监察委员会主席、三民主义同志联合会中央常务理事，中国民主同盟中央执行委员。1949年，出席中国人民政治协商会议第一届全体会议。中华人民共和国成立后，曾任中央人民政府委员、全国人大常委会委员。此后任政务院文教委员、华东行政委员会副主席、中央文史馆副馆长。

认识到，国家治理就要寄托于这样的风流人物。当中国知识分子为这首词所倾倒并纷纷提笔唱和之时，已经流露出他们的价值取向和选择意向。中国知识分子这种心理上的倾斜，实际上已经不自觉地为日后在政治上的选择奠定了心理和文化基础。词章的发表虽已70余年，但它所蕴含的巨大的艺术成就和思想财富仍吸引着人们予以更加深入的研究。

一

《沁园春·雪》综合地运用了叙述、描写、议论、抒情等多种表达方式，大处落笔，过渡、照应、承转极富新意，巧妙程度登峰造极。

“北国风光，千里冰封，万里雪飘。”[1]祖国的北方，一派严冬景象，无边的大地被坚冰封冻，万里长空正大雪纷扬。

词章的起始，就写出了北方冬日雪景的壮伟场面。首句点明地域，虽是泛说，却有笼罩全局的作用。二、三两句紧承起句，显得十分开阔，把第一句所说的风光落实了。“千里冰封”写大地，“万里雪飘”写长空。“千里”“万里”是交错着说的，即千万里都是冰封，千万里都是雪飘。这是写景，是明写。字虽不多，却写得壮阔宏伟，气象雄浑。

“望长城内外，惟余莽莽；大河上下，顿失滔滔。山舞银蛇，原驰蜡象，欲与天公试比高。”[2]放眼远望，长城的里里外外，只剩下飘飘而落的大雪；黄河的上游下游，顷刻间失去了滚滚的波涛。披着厚厚白雪的千山万岭，像银蛇在舞动，盖着厚厚雪花儿的高原如白色的象群在奔驰。群山、高原竞跃竞驰，仿佛要和老天一比高低似的。

上述七句，用一个“望”字领起，承前三句，对北国风光作了进一层的描绘。“长城”二句，承上“雪飘”而来，是“雪飘”的结果。“大河”两句，承上“冰封”而来，是“冰封”的结果。

1 中共中央文献研究室:《毛泽东诗词集》,中央文献出版社,1996,第68页。

2 中共中央文献研究室:《毛泽东诗词集》,中央文献出版社,1996,第68页。

这四句都是写景，是暗写。“长城内外，惟余莽莽”，这是雪，飘飘而落的大雪，但没有直接点明是雪；“大河上下，顿失滔滔”，这是写冰、写河、写黄河。黄河为什么一下子失去了它那滔滔的波浪呢？那是千里冰封、万里雪飘的缘故，河水被冰封冻、被雪覆盖了。由于冰封、雪飘，长城、大河尽改旧观。紧接着，诗人又用拟人的手法，把静止的群山和高原描绘成活动的姿态。群山像银蛇在舞动，高原像蜡象在奔驰。用“银”“蜡”写色，用“蛇”“象”描形，用“舞”“驰”绘态，化静为动，化无生为有生，赋“山”“原”以蓬勃的生命力。“欲”字紧承上文，化无意为有意，把群山写得跟人一样，也有意志、有愿望了。这是多么神奇的境界、多么丰富的想象！这几句，没有一个字说雪，但却句句是雪。尽管句句是雪，却丝毫显不出严冬的酷寒，也没有万物凋零的悲切。如果没有对祖国的深情厚爱，这样的诗句是写不出来的。诗人明写暗写，勾画了一幅无比壮丽的图画。祖国的山河好不好？好！至此，可以说是淋漓尽致了，可是诗人又说了：

“须晴日，看红装素裹，分外妖娆。”[1]等到天晴了看吧，红红的阳光照耀着白白的雪色，红日白雪交相辉映，那才美呢！

继前面七句实写雪景之后，笔锋一转，化实为虚，由现实引出理想，描绘出诗人想象中的雪后天晴的壮丽景色。此句甚妙！妙在从雪后着笔，给人以充分想象的余地。这是写景，也是抒情，情景交融，字里行间处处洋溢着强烈的爱国激情。诗人的情到此抒完了吗？没有，远远没有！看下阕：

“江山如此多娇，引无数英雄竞折腰。”[2]祖国的江山这样壮丽，使得历史上无数的英雄为之争相倾倒。

这两句是全词的关键，起承上启下、总结上阕、领起下文的作用。诗人在上阕把北国风光描写尽了，下面来了个概括、转折：“江山如此多娇。”妙极了！只能这样写。寥寥六个字，就总

1 中共中央文献研究室:《毛泽东诗词集》,中央文献出版社,1996,第68页。

2 中共中央文献研究室:《毛泽东诗词集》,中央文献出版社,1996,第68页。

结了上阕。下面很自然地接上去："引无数英雄竞折腰。"这一句领起下文，过渡得极为巧妙自然。它把空间与时间、江山和历史，把写景、抒情和议论都结合起来了，使前后两部分连成一个有机的整体。

"惜秦皇汉武，略输文采；唐宗宋祖，稍逊风骚。一代天骄，成吉思汗，只识弯弓射大雕。"[1]可惜的是，秦始皇、汉武帝、唐太宗、宋太祖这些人，虽有武功，但在文治方面是有欠缺的，至于显赫一世的成吉思汗，则是有武无文了。

这七个句子，用一个"惜"字统领，与上阕的"望"字相对应。前面用"望"来展现眼前的奇景，此处用"惜"来引起对历史人物的评说，不仅把绘景、抒情和议论作了有机的结合，而且显示出一种高度和谐而工巧的结构美。

秦始皇、汉武帝、唐太宗、宋太祖和成吉思汗这些人，在我国两千多年的封建社会中，都具有显赫的声威，是封建统治阶级中有所作为的人物。在他们所处的时代，都产生过一定影响，在历史上起过一定的进步作用，可以说是古代无数英雄中的佼佼者。

秦始皇建立了中国第一个中央集权的封建国家，汉武帝推进了这个多民族统一的国家的发展，他们不愧为封建阶级的杰出代表。但词章打破了传统评价，明确指出："秦皇汉武，略输文采"！对于促进多民族封建国家的发展和社会经济繁荣的唐太宗，对于结束分裂割据、强化中央集权的宋太祖，封建阶级也历来推崇备至。然而，词章却指出："唐宗宋祖，稍逊风骚"！至于元太祖成吉思汗，自古诩为"天之骄子"，可是词章评论他"只识弯弓射大雕"，比起秦皇汉武唐宗宋祖来自然就更差一筹。

诗人选择五个封建王朝的著名帝王，概括了中国两千多年封建主义统治的历史。在这里，诗人不是否定他们，而是承认他们

1 中共中央文献研究室：《毛泽东诗词集》，中央文献出版社，1996，第68–69页。

也是英雄，认为他们所励精图治的英雄业绩也是值得钦佩的，只是和今天的英雄比起来相形逊色罢了。

诗人在对这首词的自注中说：“文采、风骚、大雕，只能如是，须知这是写诗啊！难道可以谩骂这一些人们吗?”[1]在和身边工作的同志讲到这首词时，诗人这样说：“惜秦皇汉武，略输文采；唐宗宋祖，稍逊风骚。是从一个侧面来批判封建主义制度的，只能这样写，否则就不是写词，而是写历史了。”[2]

诗人站在时代所提供的高度，纵观历史长河，雄视千古伟人，运用“惜”“略输”“稍逊”“只识”等字眼，极有分寸地肯定了上述五个帝王在历史上所起的作用，同时又痛惜他们由于时代和阶级的局限，虽有作为，但也终究是有限的。用词既轻松幽默，又极有分寸。诗人认为，两千年来不管他们有着何等的雄才大略，与今天的英雄来比，都算不得什么。词章对历史人物的评点，为词的收束作了铺垫。

“俱往矣，数风流人物，还看今朝。”[3]那些封建帝王都随着时光的流逝而成为过去了，真正的伟大人物还要看今天。

“俱往矣”一句，语意雄浑，撇开过去，结束历史。“数风流”两句，笔力千钧，折入今天，直抒胸意。这两句，一共九个字，是词的高潮、词的主题，全词的力气都集中在这里，它最能表现诗人的心迹。凡是能领略其中意味的人，都能猜到诗人的博大胸怀与政治抱负，都能清楚地认识到词中所说的风流人物就是当代英雄。

二

《雪》词构思奇巧、情景交融、意境阔大、收纵联密，充分地运用了动作性很强的词语和表示有所作为的心理的句子来状写

1 中共中央文献研究室:《毛泽东诗词集》,中央文献出版社,1996,第70-71页。

2 毛泽东:《对〈毛主席诗词十九首〉的批注》,载中共中央文献研究室:《毛泽东文集》,第七卷,人民出版社,1999,第461页。

3 中共中央文献研究室:《毛泽东诗词集》,中央文献出版社,1996,第69页。

江山，用气贯长虹、目空千古的语气来评价历史，巧妙地展示了丰满的思想感情。

《沁园春·雪》是诗人诗词中的代表作，是一首豪迈奔放、雄视百代的名词，也是一首爱国主义的颂歌。它意境高妙，气势雄浑，其胸襟气魄的雄伟浩阔，可谓“横绝六合，扫空万古”而有余。

咏雪是中国传统诗词中常见的题目，自古及今，写雪的诗词很多，但大多只是着眼于雪本身的描摹刻画，抒发人的乐趣，而且，写的雪景往往是小家、小院、小景。唐五代皇帝李煜，写了宫廷的“玉彻银装”算是大的了，而毛泽东的这首咏雪词，一下写了长江以北的半个中国，实际上写了整个中国的横断面。这首词是咏雪，而又未停留在雪上。与一般的咏物词不一样，《雪》词是通过描写北国冬日雪景，歌颂祖国江山的壮丽，进而纵论千古英雄，抒发伟大的抱负与豪情。上下数千年，纵横几万里。

词的上阕主要是写雪景，并通过对雪景的描绘来赞美祖国的大好山河，抒发强烈的爱国激情。为了写壮丽的雪景，一是借助于巨大的背景，在偌大的空间里来写雪；二是借助于雄奇的想象，使雪中的景物充满了生机。这里的空间是如此广阔，竟至容纳了整座长城、整条黄河和整个秦晋高原，竟至以“千里”“万里”来计算。如果背景不宽、空间不广，就无法表现“千里冰封，万里雪飘”的北国风光，更无法表现“长城内外，惟余莽莽；大河上下，顿失滔滔”的气势。这里的想象是如此新颖，使人读后不禁拍案叫绝。假如不用这种雄奇的想象，就不能使“山”“原”分别与“银蛇”“蜡象”紧密地联系在一起，更不能使群山齐“舞”、众丘竞“驰”。由于诗人展开了想象的翅膀，把“山”“原”分别比之为“银蛇”“蜡象”，并以“舞”“驰”这种动作性很强的词语来描绘它们蜿蜒起伏的形态，用“欲与天公试比高”这种表示有所作为的心理的句子来状写它们几与高天相接的气势，使之活跃起来。这样，这个雪的世界，不仅丝毫显不出荒凉寒冷，而且处处都勃发着生机。至此，诗人已经把祖国大地雪中的壮伟风貌写得淋漓尽致了，没法再写了。可是，诗人还是要写的！于是，把笔锋一转，化实为虚，开拓出一片新意。“须晴日，看红装素裹，分外妖娆。”一个想象中的景色，把北国风光写得更是气象万千、瑰丽无比。

词的下阕，主要是引史抒情。面对祖国的壮丽江山，诗人即景生情，想起了历来主宰这片江山的英雄人物，并对他们逐一进行了评论。

从“秦皇汉武”句起，一连七句，分三层直铺而下，气脉流畅，言如贯珠，真是满心而发、肆口而成，写得英气凌人。祖国的壮丽山河，衬上秦皇、汉武、唐宗、宋祖和成吉思汗这样一些杰出英雄的名字，在读者心中唤起一种雄壮的情感。这一阕，虽然没有一个字谈到雪，但词的意脉未断，新意的抒发完全是在上阕咏雪的基础上进行的。江山如此美好可爱，但历史上主宰它的英雄人物不是“略输文采”“稍逊风骚”，就是“只识弯弓射大雕”，并不是那么理想。秦皇汉武在“文采”上不太令人满意，唐宗宋祖也不够“风骚”，也不够风流，成吉思汗就更不行了。

评论历史人物，并非这首词的主要内容，也不是诗人的主要目的，而是为了让他们起陪衬作用，借以突出今天的风流人物，抒发伟大的抱负。诗人很自然地把它安排在结尾处。当词章在上阕描绘一派雪景，下阕铺叙历代英雄之后，忽然涌出“俱往矣”三字煞住，急转直下。“数风流人物，还看今朝”，一语作结。这是全词最重要的一句，最警策的地方，也是诗人的精神眼光所聚，它展示了诗人最丰满的思想感情，诗人的政治抱负和对未来的自信在这里表现得特别充沛而动人。

三

《雪》词的以国家至上、世道必进、民族主义和以天下为己任的精神，彰显崇高的价值取向。

首先，爱国主义、国家至上观，是词章最为鲜明的价值取向。

《雪》词的作者不仅是革命家、战略家、理论家，而且是一位气质非凡、风格特异、充满浪漫激情的诗人，这种诗人气质和“偏于豪放，不废婉约”的诗风，又与其世界观、价值观、思维方式和独特性格密切相关。

《雪》词的核心价值取向是爱国主义，它所展示的爱国主义思想，内涵丰富，表现在诸多方面，但主要是讴歌祖国的大好河山：“千里冰封，万里雪飘。望长城内外，惟余莽莽；大河上下，顿失滔滔。”“须晴日，看红装素裹，分外妖娆。”除《雪》词之外，诗人的其他词章亦是如此。南国景色，秀美迷人，“看万山红遍，层林尽染；漫江碧透，百舸争流。鹰击长空，鱼翔浅底，万类霜天竞自由。”[1]“赤橙黄绿青蓝紫，谁持彩练当空舞？雨后复斜阳，关山阵阵苍。”[2]东部海疆，壮阔辽远，“大雨落幽燕，白浪滔天，秦皇岛外打渔船。一片汪洋都不见，知向谁边？”[3]

《雪》词所展示的爱国主义思想、国家至上观，从对美的追求和表现都充分地得到了展现。这个展现，最主要和最为引人注目的是词章伟岸的形象美和力度美。

《雪》词伟岸的形象美，体现在自然美、社会美、伦理美等诸多方面，绚丽多姿。诗词艺术形象的表现手法，是为思想服务的，有什么样的思想，就运用什么样的艺术表现形式，使思想与艺术形式做到高度统一，这是诗人诗词伟岸的形象美的最大优点和特点[4]。“形象思维第一流，文章经纬冠千秋。素笺画出新天地，赤县翻成极乐洲。”[5]

1 中共中央文献研究室:《毛泽东诗词集》,中央文献出版社,1996,第6页。

2 中共中央文献研究室:《毛泽东诗词集》,中央文献出版社,1996,第44页。

3 中共中央文献研究室:《毛泽东诗词集》,中央文献出版社,1996,第92页。

4 李子建:《论毛泽东诗词伟岸的形象美》,载中国毛泽东诗词研究会:《毛泽东诗词研究丛刊》,第二辑,中央文献出版社,2005,第56页。

5 郭沫若:《七律·纪念毛主席诞辰》,载《郭沫若选集》,第二卷,四川人民出版社,1979,第397页。

就力度美来说，它是诗人全部诗词的内核和精髓，也是《雪》词的内核和精髓，磅礴的冲击力、巨大的摧毁力、美好的趋向力都是词章的形态及其特征。词章的力度美，不是剑拔弩张式的直露描写，也非标语口号式的直呼呐喊，而是力的艺术表达，是力与美的结合，是深邃的思想与完美的艺术形式的统一。单纯地描写“力”，那是物理学家之事。只有形象化、抒情化了的“力”，才能成为审美对象，给人以美的感受。

《雪》的力度美，已完全摒弃了抽象的概念，而代之以美的艺术形象。“山舞银蛇，原驰蜡象，欲与天公试比高。”形象是如此生动逼真、壮丽新奇，写出了江河大地的动感和活力。此外，词章的语言也是那样的炉火纯青、出神入化，既准确传神，也给人以极大的力度感[1]。

《雪》词所显示的力度美，特别是其美好的趋向性更是不可企及。力的冲击、力的摧毁，只是手段，不是目的，力的终极目的是创造，是建设。诗人是一个敢于破坏旧世界的人，更是一个敢于建设新世界的人。因此，在词章中所表现的力，具有明显的趋向性。这种趋向性，表达了诗人对美好明天的向往[2]。

祖国的江山是极为壮丽的。这种壮丽，为什么能在诗人心中又化为如此动感的美？那是诗人爱国情怀的自然流露，是国家至上观的真实写照。更为可贵和重要的是，上述赞美和讴歌，不仅是表达诗人触景生情的雅兴和对祖国山河的热爱，而且是对祖国命运的关切和展望：“须晴日，看红装素裹，分外妖娆。”“数风流人物，还看今朝。”此种情怀，在诗人的其他词章里也能领略到：“怅寥廓，问苍茫大地，谁主沉浮？”“书生意气、挥斥方遒。指点江山，激扬文字，粪土当年万户侯。”[3]

1 蒋力余:《试论毛泽东诗词的力度美》,载中国毛泽东诗词研究会:《毛泽东诗词研究丛刊》,第一辑,中央文献出版社,2000,第357页。

2 蒋力余:《试论毛泽东诗词的力度美》,载中国毛泽东诗词研究会:《毛泽东诗词研究丛刊》,第一辑,中央文献出版社,2000,第353页。

3 中共中央文献研究室:《毛泽东诗词集》,中央文献出版社,1996,第6-7页。

其次，世道必进，后胜于今的历史进步观，是词章价值取向的重要之点。

翻阅中国数千年诗卷，咏雪诗篇数不胜数，然而没有一首如《雪》词这样独具魅力，尽得风流。《雪》词不仅写活北国雪景，更由此引出评古话题。评古诗篇亦不可胜数，然而没有一首如此感天动地，空前绝后[1]。

《雪》词的上阕是词，下阕是政治哲学，是对中国传统“文治”“武功”的马克思主义认识[2]，对“世道必进，后胜于今”的哲学阐释。

“江山如此多娇，引无数英雄竞折腰。”词章从人与高山巨川的对话开始，然后进入对历史的纵览。上阕写景从大处落笔，下阕论史气贯长虹。全词情景交融，意境阔大，收纵联密。可谓“落笔绝尘，力可扛鼎。如天宇四垂，浩气凌空；似月涌大江，一碧万顷。”气魄之大，前无古人。秦始皇、汉武帝、唐太宗、宋太祖和成吉思汗，都是中国历史上有所作为的帝王。诗人在推崇人民史观之时，并没有完全摈弃早年的“巨夫伟人”情结，而是把他们置于历史动力结构的不同位置。值得注意的是，词章对五大帝王所采取的并非“劝君少骂”的态度，而是惜其文采和风骚之不足。

谙熟历史的诗人，对那些过往的“英雄”有着独特的理解，认为“有豪杰而不圣贤者，未有圣贤而不豪杰者也。圣贤，德业俱全者；豪杰，歉于品德，而有大功大名者。”[3]据此认为，豪杰只能实现武力统一，而圣贤既能实现武力统一，又能实现思想文化统一。这一思想，与《沁园春·雪》中的“惜秦皇汉武，略输

1 王惠明：《一个极其重大的主题——试论毛泽东词〈沁园春·雪〉》，载中国毛泽东诗词研究会：《毛泽东诗词研究丛刊》，第二辑，中央文献出版社，2005，第336页。

2 张晓亮：《毛泽东〈沁园春·雪〉的政治哲学解读》，载《毛泽东思想研究》2015年第1期，第24页。

3 中共中央文献研究室：《毛泽东早期文稿》，湖南出版社，1990，第589页。

文采；唐宗宋祖，稍逊风骚；一代天骄，成吉思汗，只识弯弓射大雕。都意在说明封建帝王虽有大功大名，但是“歉于品德”，不过豪杰而已，离圣贤甚远。

为了做“圣贤”，诸多封建帝王都费尽了心思。秦始皇一统天下之后，采纳禁止百姓以古非今、以私学诽谤朝政的建议，下令焚烧《秦记》以外的列国史记以及不属于博士馆的私藏《诗》《书》，并立严酷法令，对“越轨”者予以严惩。

汉武帝时代，为达控制思想之目的，罢黜百家，只许民众读儒家经书。“国人之对于六经，只许征引，只许解释，不许批评研究。”[1]这种儒家发明的“正统思想”，在经过数代的强化之后，形成了古代中国社会生活秩序的法则，使民众不敢稍有背离和异念，甚至忘记了国家和自身的存在。“恨偏所在，三纲之末。有志未伸，有求不获。精神痛苦，以此为卓”[2]，此即诗人对中国漫长阶级社会下层群众精神状态最透彻的分析。

批判整个封建制度，而不是谩骂某一个封建帝王，这是科学世界观的反映。无论是思想层面还是其实质，中国传统的政治哲学都不能与毛泽东政治哲学同日而语。在近现代中国，传统政治哲学性质保守，严重地阻碍了中国社会的发展，而毛泽东政治哲学则为中国社会的发展提供了强大的哲学思想武器。毛泽东政治哲学思想的产生，宣告了中国传统政治哲学的终结，开启了马克思主义中国化的科学世界观和方法论的新征程，而词章《雪》正是这一征程开始的诗意坐标。自此以后，毛泽东哲学思想尤其是政治哲学思想，即成为中国哲学的主流话语[3]。

列举五个封建帝王，是在写帝王、写王朝，更是写时代。秦皇汉武、唐宗宋祖，这些君主所开辟的时代已经过去了，他们所

1 魏斐德:《历史与意志:毛泽东思想的哲学透视》,中国人民大学出版社,2005,第102页。

2 中共中央文献研究室:《毛泽东早期文稿》,湖南出版社,1990,第410页。

3 张晓亮:《毛泽东〈沁园春·雪〉的政治哲学解读》,《毛泽东思想研究》2015年第1期,第29页。

创立的基业已成为过眼云烟。今天的中国，已不是封建时代的中国。物竞天择，适者生存；世道必进，后胜于今。诗人从横的空间轴线转入纵深的时间轴线，立于时空交错的轴心[1]，展望抗战胜利和即将建立的超越以往任何时代的新的政治体系，思接千载，心驰神往。

再次，鲜明的民族性，强烈的使命感，是词章价值取向的重要内涵。

《雪》的价值取向，不仅有深刻的现实性，同时也有鲜明的民族性和使命感。诗人的一生，是爱国的一生，从其诸多诗词中即可感受到强烈的民族主义气息，《雪》词更是如此。

民族主义，是词章《雪》的价值取向的重要内容。“北国风光，千里冰封，万里雪飘。望长城内外，惟余莽莽；大河上下，顿失滔滔。山舞银蛇，原驰蜡象，欲与天公试比高。须晴日，看红装素裹，分外妖娆。”《雪》词对祖国壮丽江山的热情歌颂，充分彰显了诗人的爱国情怀和鲜明的民族性。立于民族主义的高度，纵观中国历史长河，诗人深刻地意识到历史所赋予的使命。在中华民族危亡之际，这种感觉愈加深刻：“我怀郁如焚，放歌依列嶂；列嶂青且茜，愿言试长剑。东海有岛夷，北山尽仇怨。荡涤谁氏子，安得辞浮贱。”[2]

《雪》的民族主义思想和使命感，既来自诗人，也来自时代。马克思主义认为：“人们的社会历史始终只是他们个性发展的历史”[3]。同时，马克思主义还认为：“一个人的发展取决于他直接或间接交往的其他一切人的发展”“单个人的历史决不能脱离开

1 万文武：《介体——诗艺之灵魂：兼论〈沁园春·雪〉的双层意象构筑》，载中国毛泽东诗词研究会：《毛泽东诗词研究丛刊》，第二辑，中央文献出版社，2005，第353页。

2 中共中央文献研究室：《毛泽东诗词集》，中央文献出版社，1996，第156页。

3 马克思：《马克思致巴·瓦·安年柯夫》，载《马克思恩格斯选集》，第四卷，人民出版社，1972，第321页。

他以前的或同时代的个人历史，而是由这种历史决定的。”[1]即使是伟大的思想家，“也同他们的一切先驱一样，没有能够超出他们自己的时代使他们受到的限制”[2]，不管个人在主观上怎样超脱各种关系，他在社会意义上总是这些关系的产物”[3]。诗人所处时代，正是中国历史大转折时期。从一定程度上说，诗人的思想和抱负，是时代的产物，是时代呼唤的产物，而《雪》也是时代的产物，只是这种使命感是以艺术的形式表现出来的。自然，诗人以天下为己任，为国家、为民族建功立业的强烈愿望和从事改造客观世界的那种融洽的心境美就通过词章涌现出来[4]。

哲学是人类智慧的最高成果，哲理性为诗美的最高之境。《雪》词的作者是诗人，也是哲学家，长于将唯物论与辩证法通过清新明快的语言展示出来。“美不是物理的事实，它不属于事物，而属于人的活动，属于心灵的力量。”[5]“在审美的事实中，表现的活动并非外加到印象的事实上面去，而是诸印象借表现的活动得到形式和阐发。”[6]《雪》词正是诗人以“改造天下为己任”这种特有的审美襟怀来审视他所从事的前所未有的事业，[7]所以，那种执着的追求格外感人。

综上所述，《雪》的成就是辉煌的。全词情景交融，有叙有议。写景、怀古、抒情，融然一体。上阕写景从大处落笔，气魄雄伟；下阕论史气贯长虹，目空千古，充分彰显了国家至上、世

1 马克思、恩格斯：《德意志意识形态》，载《马克思恩格斯全集》，第三卷，人民出版社，1965，第515页。

2 恩格斯：《社会主义从空想到科学的发展》，载《马克思恩格斯文集》，第三卷，人民出版社，2009，第524页。

3 马克思：《资本论》，载《马克思恩格斯文集》，第五卷，人民出版社，2009，第10页。

4 徐涛：《略论毛泽东诗词的史诗美》，载中国毛泽东诗词研究会：《毛泽东诗词研究丛刊》，第一辑，中央文献出版社，2000，第345页。

5 克罗齐：《美学原理 美学纲要》，人民文学出版社，1983，第89页。

6 克罗齐：《美学原理 美学纲要》，人民文学出版社，1983，第20页。

7 徐涛：《略论毛泽东诗词的史诗美》，载中国毛泽东诗词研究会：《毛泽东诗词研究丛刊》，第一辑，中央文献出版社，2000，第345页。

道必进和以天下为己任的崇高的价值取向。词章不仅构思奇巧、结构严谨、气势雄浑，而且层次分明、意境阔大，收纵联密，达到了艺术性和思想性的高度统一。

三、考场作文

（一）考场作文一

心里的话儿献给华主席[1]

我在词汇的花园里采集，构筑我心中最美好的诗句；我在音韵的瀚海上游渡，谱写我心中最庄严的乐曲。啊，英明的领袖华主席，我把心里的话儿献给您；我把火热的颂歌献给您。

是您，在革命航船临险触礁的时刻，用伟大的胆略消除了沉沦的危机；是您，在失去了导师的时刻，用播春的大手驱散了“四人帮”蒙在我们心头的忧郁。谁能忘，那1976年揪心撕肺的九月九日，我们伟大的领袖和导师毛主席逝世的消息，惊哑神州大地；悲恸的哀乐，化作倾天泪雨。仿佛是，革命的心脏停止了跳动，阶级的大脑停止了思虑，历史的前进停下了步履。不呀不！我从没怀疑，胜利将永远归于无产阶级；光明将永远属于共产主义。因为导师留下的光辉思想——这克敌制胜的锐利武器，已紧紧地攥在八亿英雄人民的手里。我们的心里忧虑重重，谁不在萦怀着这个问题：革命的航盘谁来掌？导师的业绩怎继续？未来的舵手呀，驾驶神州巨舰向东还是向西？会不会像今日苏联出现巨大的弯曲？是谁道，担忧没有道理，君不见：那阴暗的角落里，磷火般的昏黄灯下，正在彩排一幕篡党夺权、称帝登基的丑剧……啊，我的心它怒火憋压，简直要腾空而起，我的心呀火燎

1 边新文:《心里的话儿献给华主席》(1982年春季山西考生边新文的高考作文答卷),《人民日报》1978年4月7日。

刀搅，简直要窒息呼吸。多少次啊多少次，我们挥动着银镰，擦拭着机床，肩挎着武器，想着祖国的过去、现在，以至将来，缅怀毛主席的洪海恩情，丰功伟绩；心里在问，难道导师用全部心血浇灌的壮丽江山，就被他们——“四人帮”一朝毁灭？多少次啊多少次，我从托儿所门口走过，天真烂漫的孩子们呀，有的才呀呀学语，刚刚学会喊“毛主席万岁”，他们望着毛主席遗容的照片，还说：“毛主席累啦，正在睡觉，休息。”我的心呀如雷炸，似电辟。鲜花般的孩子们哟，会不会重新穿起阶级教育展览馆里那件件血衣?！我仿佛看到巴黎公社社员墙边那殷红殷红的鲜血遍地；我仿佛听到波罗的海“阿芙乐尔号”，在叛徒手中沉沦的凄厉、揪心的汽笛。啊，是谁和着我们起伏的心潮，在他的心里集聚下荡涤邪恶的震天霹雳？是谁同着我们急促的呼吸，在他心里筹划下铲除“四人帮”的宏略大计？

啊，怎能忘，1976年那振奋人心的10月6日。看到啦，看到啦！我心中的希望之星冉冉升起——是您啊，英明的领袖华主席，以擎天的胆力，伟大的气魄，一举粉碎了王张江姚“四人帮”阴谋篡党的诡计，挽救了党，挽救了国家，挽救了革命，使革命巨舰化险为夷。您大步跨上神州革命巨舰的舵位——天安门，您的巨臂一挥，一挥，集聚了无产阶级的全部严厉；您的深思熟虑的眉宇，凝聚着人民八亿的意志。……啊，九月的愁云，化作十月的虹霓，九月的悲泪，化作十月的喜雨。我们胸潮沸腾，犹如大海狂澜，呼喊着拯救了危亡的敬爱的领袖、英明的舵手华主席，华主席，华主席。

我呼喊着您的光辉的名字，感到如此亲切，如此熟悉。忘不了，汾河湾畔怒浪激，吕梁山里杀声起，您走遍千山万水，砍断过日本侵略者的铁蹄，创造过飞歼蒋闫匪帮的奇迹；忘不了，翠竹千里，稻香吐绿，送走晚霞，迎来晨曦，您在太阳的故乡扶持过合作化田野上的耕犁，斩伐过公社化道路上的丛丛荆棘；忘不了，珠峰起舞，捧起哈达万匹，渤海扬波，笑成万朵金菊，您在雅鲁藏布江滨访问昔日的奴隶，您在唐山、营口灾区撒下党的春雨……啊，华主席，华主席，华主席，我千声万声地呼喊着您的光辉名字，心里回响着一个马列主义的哲理——革命铸造了领袖伟岸的身躯，领袖体现着人民的根本利益。这就是啊，我人民八亿为什么如此激动、狂喜、心旷神怡，这就是我八亿人民为什么如此亲切、熟悉，因为您的脉搏过去、现在以至将来都将和八亿颗心啊紧紧地跳在一起。

啊，敬爱的领袖华主席，我有多少热情的歌儿要给您唱，我有多少贴心的话儿要给您讲。我的颂歌呀，也就是我的誓言，也就是我的红心，我要全部献给您。您的每一个指示都将是未来胜利凯歌的旋律，您的每一滴心血，都将化作革命排山倒海的动力。征途呀，纵有千座浪屿、万丛荆棘；革命呀，纵有千道险隘，万道难关，我八亿人民跟着您呀，丹心不变，壮志不移！让伟大领袖与他的伟大战友周总理、朱委员长含笑千秋吧！他们开创的事业呀，将永远和胜利不可分离。敬爱的领袖华主席，您必将用马列主义、毛泽东思想的光辉，照耀通向共产主义的新的伟大长征的千里万里。

（二）考场作文二

语文，心中的一泓清泉

——乐语文赋[1]

挈竹榼以逸致兮，披鹤氅而登台。揽清风以盈袖兮，乐语文而开怀。

乐语文也，胜景每览，好怀常开。

若夫春也，初雷数声，残冰几块；近郊紫红，远山青黛；飞

1 付义琳:《语文,心中的一泓清泉——乐语文赋》(2007年江西考生付义琳的高考作文答卷,被评为高考满分作文),载《课堂内外·创新作文》2008年7—8月号,总第392、395期,第77页。

絮竞逐，游丝相赛；粉蝶恋花，黄蛱绕菜；帘外燕舞堪怜，柳底莺穿可爱；鸟鸣春眠不觉，花落未扫犹在。

夏也，朝雨迷蒙，暮云叆叇；叶浮飘萍，波翻细麦；浅涧水灵，深林天籁；东海涛惊，北泽浪骇；芰荷覆水景致，牛鹭留人风采；西园草盛径迷，南岭藤多路窄。

秋也，落日榴赤，流云梨白；薄雾可织，明霞堪裁；山前秋草，庭下凉槐；静菊独傲，过雁相排；丹枫烂漫之极，白鹤野闲之太；碧落爽朗无云，银河澄莹如带。

冬也，巷陌流光，亭榭溢彩；苏幕密遮，红樱轻摆；寒烛影煌，暖日杳霭；丝竹冬丁，舟桡欸乃；翠竹环绕地阁，蜡梅暗发山脉；凉风遍地骤驰，瑞雪漫天扑盖。

语文者，信有醉人之姿，更有养人之态。

语文者，如桑前之所，泉后之宅；高朋座满，雅客常来；美韵众和，佳酿频酾；歌阑箸落，宴罢冠歪。

语文者，如同窗旧交，忘机少艾；垂虹胸襟，捉月气概；可与登楚岫，渡秦淮，游阆苑，醉蓬莱，攀绝壁之青松，抚穷乡之古柏；指杏酒以约沽，临陂路而议买。

语文者，如绮阁绿眉，雕楼青睐；雾寰杏眼，云鬓桃腮；可与之泛舟江南，系马河外；尽历三湘，遍游九派；高歌土家，低吟苗寨，品笛中原，吹笳边塞。

无语文也，则竟夜无眠，终宵多恢。

苔痕侵壁隐忧，蛛网挂檐叵耐，尽怀低落之情，更无高驰之态，若抑郁于前失，如欷歔于新败，顾瘦影以自怜，遣愁怀而无赖。

以致伤途穷而路末，怨时蹇而命乖，向墙隅以流涕，闻画角而生哀。

嗟乎！草木一秋，人生几载？每登高临远，观云望海，必曰：“不登象牙之塔，何爱鸡肋之才？不付此生语文，何惜数尺病骸？”

故出师访友，夜坐书斋；遗策常求，古书每猜；阅文沉醉，读诗尽呆；眼涩流血，骨瘦如柴；朝兢夕惕未休，口诵心惟不怠。

语文者，洵为一泓清泉也，可逸致，可遣怀；语文者，洵为一泓清泉也，可逸致，可开怀。

后　记

这部作品，是本人多年学术积累的成果，也是立于巨人肩膀之上所取得的成果之一。在作品出版之际，谨向责任编辑、被引证作品的作者致以崇高的敬意和极大的谢意！

由于著述的“谋篇”“布局”“表达”等部分的材料支撑和“佳作”论析性质的需要，作为论据而使用的“材料”必不可少。有些文字，是直接引用的，已作注释。出于表述风格和一致性的考虑及需要，有些文字是间接引用的，亦已注出。尽管出于对原作和作者劳动成果的高度尊重，对两种引用均作了来源说明，但深信仍存瑕疵。如有由于本人非有意的“疏忽”而导致的个别地方没有注出或注释有欠完整之处，还请予以批评和海涵，本人就此提前致以诚挚的歉意。对于作品的其他不足和不妥之处，尚祈惠赐教言。

作　者

2024 年 11 月 6 日